余 德

여덕의

택견이야기

余 德

여덕의

택견이야기

글 — 여 덕

학민사

여성 택견의 선구자
여덕 선생

여덕(余德) 하면 아는 사람은 다 안다. 더구나 택견을 수련한 사람이나 택견에 관심과 애정을 갖고 있는 사람이면 모르는 사람이 없다.

여덕, 그는 택견의 여성 간판이다. 택견 여성유단자 제1호, 택견 7단, 한국여성택견연맹 부회장 겸 전무이사란 직함보다 한국택견의 산실역(産室役)을 했던 이용복 선생 옆에서 조산원(助産員)의 기능을 해낸 사람이란데 더 크고 깊은 의미가 있다.

그는 한국 택견의 중흥지라 할 수 있는 부산 출신으로 단발머리 소녀 때부터 택견의 보급과 저변 확대를 위해 혼신의 노력을 다 해온 주역(主役)이다. 마흔을 넘긴 그는 '택견 곧 나요 나 바로 택견' 이라는 신념으로 살아가고 있다.

한편 그는 택견의 정통성과 정체성을 정립하기 위해 한국전통택견연구회(부산 이용복)가 주축이 되고, 전통택견계승회(서울 도기현)와 전통택견전승회(충주 정경화)의 화합과 단결을 위해서도 누구 못지않게 고심하고 노력해온 사람이다.

대한 택견의 살아있는 증인이며 대한 택견의 역사를 누구보다 직필(直筆)할 수 있는 사람인 여덕이 『여덕의 택견 이야기』라는 책자를 발간하게 되었다. 정말 반가운 일이요 기뻐해야 할 일이다.

애띤 소녀 여덕이 어느덧 성큼 자라 택견의 역사를 정리, 기록할 사관(史官)을 자임하고 나선 것이다. 그의 성심(誠心)과 욕력(勇力)에 어찌 박수, 갈채를 보내지 않으랴. 필자의 졸시(拙詩) 「돌」을 여덕에게 보낸다.

나는 한 개 돌이고 싶다.
가장 밑바닥에 놓이는
돌이고 싶다.

비 바람 찬 서리에 깎이고
이끼 끼어도
성채(城砦)를 받들고 앉은
돌이고 싶다.

대궐(大闕)을 받치고 선
돌이고 싶다.

억천년 흘러
성채와 대궐 다 무너져도
묵묵(默默)히 그 흔적(痕迹)으로 남을
돌이고 싶다.

말없는 말로
역사를 증언(證言)하는
돌이고 싶다.

그 동안 여덕은 택견 중흥을 위해 이렇게 살아왔던 것이다.

지금 우리 겨레가 해야 할 과제 중에 가장 시급한 하나는 우리
민족의 본래적자기환귀작업(本來的自己還歸作業)이라고 하겠다.
우리의 핏빛, 우리의 식성, 우리의 목소리, 우리의 참모습을 찾아
서 바로 세우는 일이다.

택견은 우리 민족 고유의 전통무예이다. 우리의 기층문화, 전통문화, 모태(母胎)문화의 하나이다. 따라서 택견의 보급과 현대화는 바로 민족의 자기환귀작업, 그것이다. 외래문화의 수용과 접목도 우리 문화의 튼튼한 바탕 위에서 선별적으로 이루어져야 새로운 민족문화의 창조가 가능한 것이다.

더구나 우리는 지금 무국경(Borderless)시대, 무벽문화(Wallless Culture)시대에 살고 있기 때문에 전통문화의 독창성과 개별성으로 초경쟁(Hyper-Competition)에 대응해야 한다.

그러한 뜻에서 『여덕의 택견 이야기』는 그 의미가 더 높고 크다고 하겠다. 대한 택견의 자랑, 『여덕의 택견 이야기』 출판을 다시 한번 충심으로 경하해 마지 않는다. 사랑스럽고 자랑스러운 우리 모두의 꽃이며 희망인 여덕, 그의 앞날에 더 눈부신 영광 있어라. 여덕 만세!

2007년 9월

民笠 金尙勳

(시인/대한택견연맹 상임고문)

『여덕의 택견이야기』
출간을 축하하며

우리 민족 고유의 문화유산인 택견은 오랜 세월 동안 민중 속에서 전해오면서 보편성과 일반성을 지니고 발전해 왔습니다. 한동안 잃어버리고 잊어버렸던 우리의 몸짓 택견이 이용복 회장의 열정과 각고의 노력으로 되살아난 것은 참으로 다행한 일입니다.

택견은 우리나라 체육정책을 엘리트 체육 위주에서 모든 국민들이 참여하며 즐길 수 있는 생활체육으로 변화시키는데 중요한 역할을 하고 있습니다.

생활체육은 일등을 하여 메달을 목에 걸고 높은 점수를 얻는 것이 목적인 엘리트 체육과는 달리, 참가함으로써 누구나 기쁨과 즐거움을 얻고 보다 나은 삶을 영위할 수 있는 패자 없는 스포츠입니다. 그런 의미에서 상대를 배려하는 택견은 진정한 무예이자 스포츠라고 생각하며, 앞으로 세계를 향해 뻗어나갈 것으로 확신합니다.

택견 행사장에서 여덕의 특별 시연을 본 적이 있습니다. 그 자그마한 체구에서 뿜어 나오는 기운은 결코 작지 않았으며, 오랫동안 수련한 깊이와 우리 민족의 힘을 느낄 수 있었습니다. 여자가 택견 7단이라고 하니 우락부락하거나 무서울 것이라는 선입견을 갖는 사람들도 있으나, 그는 소녀다움을 간직한 부드러운 여성이며 후배들을 꼼꼼히 챙겨주는 많은 택견 지도자들의 큰누나 역할을 해온 것으로 알고 있습니다.

여덕(余德)은 평생을 전통무예인 택견의 발전을 위해 헌신하여 살아온 이른바 택견의 살아있는 전설이라 할 수 있습니다. 그가 20여 년 간 택견과 함께한 시간들을 엮어 출간하는 본 저서는 여덕 개인의 자전적 이야기이기도 하지만 택견의 현대사이기도 합니다.

아무쪼록 본 저서의 출간이 택견을 바로 알고 택견의 저변을 확대하는 소중한 계기가 되기를 바라며, 여덕의 성공적인 인생을 위한 든든한 밑거름이 되길 기원합니다.

2007년 9월
문 학 진
(국회의원/
국민생활체육전국택견연합회 회장)

23년을 돌아보며

택견은 조선시대 이전까지 성행하였던 우리 민족의 고유무예다. 태권도와 유사한 것으로 잘못 알고 있는 사람들도 있으나 그 역사와 기술이 전혀 다르다. 일제 강점기 때 맥이 끊어질 뻔하였으나 다행히 1983년 중요무형문화재 제76호로 지정되어 맥을 이어 나갈 수 있게 되었다.

1984년 한국전통택견연구회가 부산에서 설립되었고, 1991년 사단법인 대한택견협회가 만들어졌다. 2007년 현재 택견을 배울 수 있는 전수관 300여 개, 지도자는 1,800명을 넘어섰고, 택견 동호인 100만 명 등 많은 발전을 하여 왔다.

그 역사적인 현장에 있을 때 겪었던 일들을 기억에서 사라지기 전에 이야기로 엮어 보려고 마음먹고 있었다. 그냥 기억들을 글로 정리하면 되리라 단순하게 생각했던 것이, 막상 시작하려고 보니 책이란 두고두고 남는 것이라 보통 고민되고 신경 쓰이는 게 아니었다.

몇 번을 긁적였다가 버리고 뒤로 미루게 되더니 어느새 용기마저 사라지고 포기 지경에 이르게 되었다. 그렇게 몇 년이 더 흐른 지금, 당시 생각만으로 책을 쓴다는 것이 현 상황과 안 맞는 부분도 있겠지만, 다시 한 번 용기를 내어 마무리지었다.

필자가 책을 써 보겠다고 마음먹었던 이유는 간단하다. 초창기 몇 안되는 사람들이 일할 때는 힘들거나 불편함이 있어도 서로 이해하고 힘을 모을 수 있었는데, 택견 지도자들이 늘어나면서 점점 견해 차이로 각자 주장들은 강해지고, 전체를 바라보는 시각은 좁아지는 것 같아 안타까운 마음이 들었기 때문이다.

현재 택견 관련 단체는 대한택견협회, 결련택견협회, 충주문화재택견 등으로 나눠져 있다. 이들간에 어떤 차이가 있는지 일반인들은 잘 모르므로 이 책이 참고가 되었으면 한다. 그리고 현대택견이 어떻게 성장해 왔는지 많은 분들이 알아주기를 바라는 마음이다.

이 책을 읽기 전에 미리 밝혀둘 것이 있다. 택견이 무형문화재로 지정된 이후 실제 있었던 일과 개인적 경험을 중심으로 하였기 때문에 내용이 자의적일 수 있다. 이로 인해 불편해 하는 분이 있겠지만, 어디까지나 필자 개인의 생각임을 이해주었으면 한다.

현재 택견전수관들은 엄청난 어려움을 겪고 있다. 필자 또한 같은 처지이다. 경제적으로 심적으로 힘든 일선 택견 지도자들에게 어려웠던 시절을 회상케 함으로써 심기일전하여 힘든 상황을 잘 극복해 나가는데 이 책이 조금이나마 도움이 되었으면 하는 마음이다.

많은 분들께 감사를 드려야 하지만, 먼저 큰선생님께 진심으로 감사드린다. 이런 내용을 글로 쓸 수 있게 용기를 주신 분이 큰선생님이시다. 그리고 김상훈 초대 회장님, 김상현 회장님, 임채정 회장님, 유인태 회장님, 문학진 회장님, 정장선 회장님, 그린조이 최순환 회장님께도 경의와 감사를 올린다.

또 항상 따뜻하게 이끌어주시는 손일환 선생님, 윤종원 선생님 등 선배님들을 비롯하여 부족함이 많은 필자를 깍듯이 선배 대접을 해준 여러 택견 후배님들에게도 항상 고맙게 여기고 있다.

특히 이 책 출판을 허락해 주신 학민사 김학민 사장님께 깊은 감사를 드리며, 학민사의 무궁한 발전을 기원한다.

2007년 5월
양천구전수관에서 여 덕

차례

아하!

보이는 것,
알고 있는 것이
모두가 아니다

택견 '분양'

택견 역사에 길이 남을 제1회 택견대회가 1985년 6월 30일 부산 구덕체육관에서 있었다. 대회 며칠 전 경찰서에서 전화가 한 통 걸려왔다. 이용복 회장님과 통화하는 것을 옆에서 듣고 있는데 의사전달이 잘 안되는 듯 했다. 전화를 끊고 말씀해 주시는데,

"택견대회를 하신다면서요?"

"네. 구덕체육관에서 합니다."

"현장 질서문제로… 경찰이 몇 명이나 필요한지요?"

"그리 많은 인원은 필요없을 듯 합니다."

"그래도 택견경기를 하려면 안전에 신경 써야지요!"

"네. 감사합니다."

"그런데, 서울서 인간문화재도 오신다던데 어케 오시나요?"

"기차를 타고 오셔서 부산역에 내리실 겁니다. 택견연구회 사무실이 역 바로 앞입니다."

"그러면… 개는 어떻게 오나요?"

"무슨 개?"

"택견대회 한다면서요?"

경찰서 정보과가 이 정도 수준이니 일반인이야 오죽하겠는가? 그리고 대회 당일 투견대회로 잘못 알고 들어왔다며 입장료

를 돌려달라고 하는 사람도 있었다. 택견은 개〔犬〕 이름이 아니라 한국 고유의 전통무예이다. 한참 분당 아파트가 분양될 때 있었던 일이다.

"택견협회죠!"

"네. 택견협회입니다."

"저… 분양받으려고 하는데요."

"전화 잘못하신 것 같은데요!"

"택견협회 아니예요?"

"택견협회는 맞습니다."

"제가 애견센터를 하는 데요, 웬만한 개들은 다 있는데 택견은 한 번도 못 봐서, 분양 좀 받을까 해서요."

아파트 분양이 아니라 강아지 분양을 원했던 것이었다.

"아… 택견은 개가 아니고 전통무예입니다."

또 이런 일도 있었다. 모 신문사에서 전화가 왔다. 신문사라고 하기에 특별히 예쁜 목소리로 친절하게 받았다.

"감사합니다. 택견협회입니다."

"택견에 대해 좀 물어보려고 전화했습니다. 기사를 쓰고 있는데, 택견을 한자로 어떻게 씁니까? 견(犬)자는 알겠는데, 택자는 어떤 자를 쓰는지요?"

"택견은 한자 표기가 없습니다. 그냥 한글로 택견이라고 쓰시면 됩니다."

"그래요?"

아직도 택견을 개 종류로 알고 있거나, 태권도와 비슷한 것이라 잘못 알고 있는 사람들이 많다는 것은 참 슬픈 일이다.

택견이라는 명칭이 언제부터 사용되어 왔는지는 명확하지 않다. 일반적으로 사전적 해석은 '발로 차서 쓰러뜨리는 경기. 각희(脚戲)'라고 하여 주로 발로 차거나 다리를 걸거나, 상대방이 찬 다리를 손으로 잡아서 쓰러뜨리는 것으로 승부를 내지만, 상대방 얼굴을 차는 것으로도 이기게 된다. 손질도 자유롭게 할 수 있다. 격렬한 투기임에도 상대방에게 상해를 입히지 않는 독특한 경기 방법으로 민속경기놀이로 전승되어 왔다.

조선 정조 때 사람 이성지가 지은 『재물보』에 택견에 관한 글이 있다. 『만물보』라고도 하는 이 책에는 만물의 이름 혹은 별칭을 하나하나 주를 달고, 간혹 한글로 풀이를 해두었는데, '卞'이라는 항목에 '手搏爲卞 角力爲武 若今之 탁견'이라고 나와 있다. 풀이를 하면 "수박을 변이라 하고, 힘을 다투는 것을 무술이라 하는데, 지금에 이르러 이것을 탁견이라 한다"는 뜻이다.

'수박 (手搏)' 또는 '수박희(手搏戲)'가 『고려사』『조선왕조실록』 등에 보이고, 『청구영언(靑丘永言)』, 『재물보』에 '탁견'이 등장한다. 이외에도 '착견' (오가전집, 1935, 리선유), '택견' (조선무사 영웅전, 1919, 안자산), '덕견' (조선상고사, 1946, 신채호), '탁견, 托肩戲' (해동죽지, 1921, 최영년) 등의 표기가 있다.

송덕기는 '탁견' 이라 하고, 탁견하는 사람을 '택견꾼' 이라 한다고 증언하였다. 그러나 서울에서 오래 산 대부분의 사람이 '택견' 이라 하고 있어서 문화재 지정 당시 '택견' 으로 정하였다.

『조선어 사전』(1921, 조선총독부)에는 '택견' 으로 표기되어 있으나, 1933년 맞춤법 통일안 발효 이후 출간된 국어사전에는 "태껸" 으로 적고 있다. 현재 대부분의 국어사전에 '태껸' 으로 표기되어 있으며, '태껸＝태권' 이라고 잘못 풀이한 것도 있다. 가끔 방송이나 신문에 '태껸' 으로 표기하는 것을 보게 되는데, 택견은 고유명사로써 '택견' 으로 해야 맞는 것이라 생각한다. 하루빨리 바로잡아야 할 일이다.

'여성 최초 택견 지도자' 라는 타이틀 때문에 각 방송과 신문 등 언론에 많이 보도가 되었다. 그때마다 받는 질문이 "어떻게 택견을 하게 되었냐?"는 것이다. 이 질문을 받을 때마다 간단히 답하기가 어렵다. 왜냐하면 처음부터 택견을 배워보겠다고 시작한 것이 아니기에 어설픈 부연설명이 따르게 된다.

필자의 첫 직장은 '한국전통택견연구회' 라는 단체였다. 이 단체는 대한택견협회의 모체로, 1984년에 설립되었다. 당시 부산여상 3학년이었는데 취업담당 선생님께서 교육청에 계신 분이 소개해 준 곳이라며 권해주셨다. 전화번호를 들고 만덕에 있는 한 학교 서무과로 갔다.

서무과장님은 몇 가지 물어보고는 어디론가 전화를 했다.

"학생이 괜찮은 거 같은데 보낼까요?"

그 쪽에서 보내보라고 한 듯, 전화번호를 메모해 주면서 다시 부산역 앞 초량으로 가라고 했다. 뒤에 알게 되었는데, 그 분은 이용복 회장님의 제자였다. 만덕에서 바로 결정될 줄 알았는데, 버스를 타고 1시간 가까이 걸리는 초량까지 가려니 맘이 내키지 않았다. 당시 집이 부산 문현동이었는데, 버스를 타고 가는 동안 '그냥 집으로 갈까?' 하는 생각이 자꾸 들었다. 그래도 선생님께서 특별히 추천해 주셨는데, 어떤 곳인지 알아보고 가기로 마음먹고 부산역 앞까지 갔다. 이때 그냥 집으로 갔었다면 지금 무엇을 하고 있을까.

조그만 낡은 건물 4층이었다. 좁은 계단을 올라가보니 시설을 마무리하고 있는 듯 여기저기 합판 조각이 널려 있었다. 사무실에 들어갔을 때 남자 세 분이 계셨는데, 이용복 회장님의 첫인상은 무섭고 근엄한 모습이었다. 가족관계랑 이것저것 물어보시더니, 이곳은 월급은 많이 못 준다며 대신 좋은 일을 하는 곳이니 근무를 해보면 어떻겠냐고 하셨다. 뜻깊은 일을 하는 곳이라는 말씀에 마음이 움직였던 것같다. 다음날 학교 선생님께 근무하기로 했다고 말씀드렸다.

첫 출근이라 긴장되기도 하고, 어떤 일을 하게 될까 궁금하기도 하였다. 그런데 사무실 청소하고 나면 특별히 할일이 없었다. 사무실 옆에는 수련장이 있었는데 일반 회원은 없었고, 매일 10여 명의 태권도 관장님들이 7시부터 10시까지 운동을 하였다. 사무실과 전수관 칸막이에 미닫이창이 있었는데, 그 창 사이로 보이는 모습이 춤추는 듯 재밌게 보여 흉내를 내보곤 했었다.

그러던 어느 날 회장님께서 사무실로 들어오다가 그런 모습을 보고 정식으로 운동을 해보라고 하셨다. 제대로 일을 하려면 택견을 직접 하는 것도 좋겠다는 생각도 들었다. 그래서 남자 관장님들 사이에 끼이 귀여움(?)을 받으며 수련을 시작하게 되었다.

당시 이용복 회장님은 송덕기 선생님과 신한승 선생님께 배운 것을 제자들에게 전달교육하면서 택견을 보급하기 위한 준비를 하고 계셨던 것이다. 이용복 회장님은 태권도 도장을 여러 개

운영하고 계셨고, 그 백석회 사범들이 택견을 배우고 있었던 것이다. 백석(白石)은 이용복 회장님의 호다. 태권도를 하던 분 중에는 부산시태권도협회 전무를 지낸 사람이 택견을 한다고 비난하는 사람도 있었고, 제자들 중에서도 회장님의 뜻을 따르지 않고 끝까지 태권도를 하는 분, 또는 다른 사업을 하는 분들도 있었다. 이용복 회장님은 택견에 대한 믿음이 확고하셨기에 함께 하지 않는 사람들을 조금은 안타깝게 생각하는 눈치였다.

처음 택견을 배울 때 지도자가 되리라는 것은 생각도 못했는데 '여성 택견 1호'라는 별칭을 갖게 되었다. 그런데 그보다 더 자부심을 갖는 것이 '유단자 1호'이다. 1985년 9월 6일 제1회 심사 때 6급을 받고 그해 12월 제7회 심사 때 초단을 땄다. 다른 무술을 하지 않고 순수하게 택견만 한 유단자 1호*라는 점이다.

자격증이나 단증같은 증명서는 절차나 심사가 제대로 지켜질

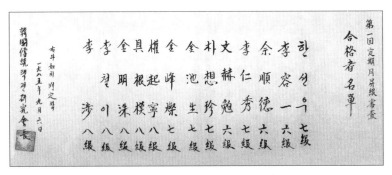

본명이 여순덕이었으나, 여덕으로 개명하였다

* 필자보다 먼저 시작한 분들도 있지만, 단증 발급 대상자 중 1호인 셈이다.

때 소중한 가치와 의미가 있을 것이다. 1986년에 있었던 단증에 대한 '사건' 하나. 그 동안 말하지 않았던 것을 조심스레 밝히려 한다. 그에 얽힌 당사자를 폄하하려는 것이 아니며, 단증의 존엄성을 강조하고자 실제 있었던 일을 이야기하려는 것이다.

요즘은 단증 발급량이 많아 컴퓨터로 작업을 하지만, 당시는 수동타자기로 만들면 회장님께서 직접 도장을 찍어 주셨다.

어느 날 밤 10시 반쯤 사무실 앞 육교에서 한 사범을 만났다.

"할 얘기가 있으니 잠시 사무실로 가자."

퇴근하다가 끌려가다시피 사무실로 다시 들어갔다.

"5단 단증 하나만 만들어줘!"

"네? 그건 안 되는데요."

"그럼, 4단으로 하나 만들어줘"

"그건 정당한 일이 아니기에 할 수 없습니다."

"뭐야! 그냥 있는 용지에 한 장 찍어주면 되잖아!"

"내일 회장님께 말씀드려 허락하시면 만들어 드리지요."

그러자 그는 나를 구석으로 몰아세워 놓고 윽박지르기 시작했다. 끝까지 버티자 때리기 시작했다. 늦은 밤 도와줄 사람도 없고 정말 무서웠다. 입술이 터지고 얼굴에 빨간 손도장이 찍힌 채 간신히 도망쳐 집으로 달려왔다. 12시가 다 되어 들어온 딸의 얼굴을 보고는 부모님께서 많이 놀라셨다.

"얼굴이 왜 그래?"

"별일 아니에요."

"싸웠냐? 맞은 거 같은데…"

"그냥 말대꾸 하다가 몇 대 맞았어요."

"누구한테?"

더 이상 말하지 못하고 엉엉 울기만 하였다. 매일 밤늦게 들어오는 딸이 못마땅하던 차에 아버지는 다음날 고모부와 함께 회장님을 찾아가 자초지종을 따졌다. 회장님도 당황해 하며 무슨 일인지 궁금해 하셨다.

"어젯밤에 무슨 일이 있었던 거냐?"

"그냥 제가 말대꾸하다가 화를 돋우어 몇 대 맞았습니다."

필자는 회장님께서 제자들을 무섭게 다루는 모습을 본적이 있어 사실대로 말씀드릴 수가 없었다. 만약 그 사실을 아셨다면 그 사범은 혹독한 벌을 받았을 것이다. 회장님은 어쨌든 폭행이 있었던 일은 정말 죄송하다며 아버지와 고모부께 정중히 사과하셨다.

20년이 지난 지금, 그 일로 회장님께서 그 사람을 혼내지 않으시리라 믿으며, 단증은 초창기부터 쉽게 남발한다든지, 부정으로 만들어진 것이 하나도 없음을 자신있게 이야기할 수 있다.

단 하나. 택견계승회 소속 최유근씨가 호주로 갈 때 4단 단증을 만들어 준 적이 있다. 그것은 송덕기 선생님께 직접 택견을 배웠고, 당시 협회에서 공증하는 단증이 필요했었기에 특별히 발행된 것이다. 앞으로도 당연히 단증은 심사를 거쳐 적정한 실력을 갖춘 사람에게 합당하게 발급되어져야 함은 두말할 필요가 없을 것이다.

단(段)

단 제도는 바둑에서 비롯되어 무술에 원용된 것으로 일본에서 발달하여 왔다. 이 제도의 연원은 중국 송나라의 장의(張擬)가 저술한 『기경(棋經)』의 '위기구품(圍棋九品)'에서 찾을 수 있다. '위기구품'에 수졸(守拙), 약우(若愚), 투력(鬪力), 소교(小巧), 용지(用智), 통유(通幽), 구체(具體), 좌조(坐照), 입신(入神) 등으로 구분되어 있던 것을, 일본에서 1~9단으로 쉽게 고쳐 사용한 것이다.

품계를 아홉 단계로 나누어 9를 최상의 경지로 둔 것은 『역경(易經)』에서 9라는 숫자를 성수(成數 혹은 聖數)로 받드는 것과 관계가 있다. 단 아래에 품(品)을 두고, 이것을 무품, 8품, 7품 … 1품까지 9개 품계로 나눈 것은 기초과정의 중요성 때문인 것으로 보인다.

초단 수졸(守拙)─모자라나마 지킬 줄 아는 실력을 갖추었다.
2단 약우(若愚)─아직도 어리석기는 하지만 최소한의 도모를 할 줄 안다.
3단 투력(鬪力)─싸울 만한 힘이 생겨 이제 나설 수 있다.
4단 소교(小巧)─어느 정도의 기교를 부릴 줄 안다.

5단 용지(用智)—지략을 부릴 줄 안다.

6단 통유(通幽)—상대의 속임수를 꿰뚫어 볼 수 있는 깊이에 도달했다.

7단 구체(具體)—기예의 근간을 구체적으로 구비하고 어떠한 기술도 다할 수 있다.

8단 좌조(坐照)—가만히 앉아서도 훤히 내다보는 수준으로 기예의 개념을 넘어섰다.

9단 입신(入神)—신의 경지에 들어섰다.

부산

내 고향 부산은
필자가 성장한 터전이자
민족무예 택견의 중흥지이다.

1985. 6. 30. 제1회 택견경기회 기념사진(부산구덕체육관)
1.신한승 2.송덕기 3.김상훈 4.이용복 5.도기현 6.이상열 7.박만엽 8.정경화 9.손일환 10.윤종원 11.여 덕

쉼표와 마침표

　　한국전통택견연구회는 고 송덕기 옹과 신한승 선생님, 김상훈 회장님을 고문을 모시고 이용복 회장님이 1984년 10월에 창립, 1985년 4월 부산시로부터 허가를 받은 단체다. 당시 사회단체는 요즈음 사단법인을 만드는 것보다 훨씬 까다롭고 어려웠다.

　　1985년 6월 제1회 전국택견경기회를 개최하였고, 제1회 애기택견경기회와 택견을 알리기 위한 무료 강습회도 여러 차례 가졌었다. 단체 이름을 연구회로 한 것은 택견에 대해 더 많은 연구를 하겠다는 취지가 있었으며, 1991년 사단법인 대한택견협회로 발전하게 된다.

　　1986년 들어 택견연구회 재정 사정이 많이 어려워졌다. 택견을 보급하기 위해 활동을 하는 것은 둘째 치고, 일정한 수입이 없어 건물 임대료는 물론이고 총무일을 보았던 정수은 사범님의 활동비 지출조차 어려웠다. 점심은 항상 400원짜리 보리밥*을 먹었다. 무료강습회를 해도 택견이 뭔지 알지 못해 회원이 늘어날 리만무했다. 그래서 전문 홍보팀을 구성해 회원모집을 하기로 했다.

---

* 부산역 앞 그 보리밥집은 아직도 영업을 하고 있다. 작년에 옛생각을 하며, 가서 먹어봤다, 밥값은 2,500원으로 올랐는데, 옛날 그 맛은 아니더라.

필자도 보험 영업사원마냥 홍보 파일을 만들어 집집마다 찾아다니며 꼬마 회원들을 모아 왔지만, 수련생이 20명을 넘지 못해 여전히 재정상태는 어려웠다.

어느 날 회장님의 형님이 사무실을 찾아오셨다. 화공약품 관련 일을 하다가 신제품을 개발했는데 회사에 불이 났다며 의논하러 오신 것이다. 택견 보급을 위해 자금이 필요하던 회장님은 형님과 회사를 잘 운영해 자금을 마련하겠다고 함께 하기로 하셨다. 그래서 개인회사를 주식회사로 만들고 직접 경영에 뛰어드셨다. 조일산업(昭一産業)이다. (불이 났던 회사라 照가 아닌 昭를 사용함)

회장님 뵙기가 점점 어려워졌다. 손일환 부회장님이 계셨지만, 따로 전수관을 열고 있었기에 아침저녁으로 전화 보고만 하고, 수련 끝나고 밤늦게 퇴근을 하며 혼자 있는 시간이 대부분이었다. 지난번 폭행사건도 그렇고, 매일 밤늦게 귀가하는 딸을 못마땅하게 여긴 부모님께서 그만두라고 하셨다. 그리고 아버지 회사 거래처였던 우성식품에 취직을 시켜주셨다. 해운대 본사에 근무하게 될 줄 알았는데, 양산지사로 출근하게 되었다. 매일 새벽같이 일어나 동래 전철역까지 가서 통근버스를 타고 양산을 오가는데 너무 힘들었다. 결국 두달만에 그만두었다.

그러던 어느 날 회장님과 연락이 되었는데, 조일산업으로 출근을 하라고 하셨다. 회사는 소가죽을 가공하여 운동화나 가방용 원단 가죽*을 만드는 곳이었다. 회사라기보다 공장이었다. 사상

---

* 가죽 위에 Pollyulethane을 입혀 Release paper 위에 접합시켜 무늬를 찍어 만든 Leather라고 하는 원단.

공단 안에 있는 소규모의 열악한 조건이었지만, 회장님을 모시고 일할 수 있다는 게 좋았다.

처음엔 총무과, 자재과 등에 근무하였다. 당시는 대부분의 공장과 회사가 토요일은 5시까지 일하고 일요일은 첫 주와 셋째 주만 쉬었다. 밤늦게까지 야근하는 날도 많았고, 일요일도 쉬지 못하는 날이 많았다. 수출물량이 급할 때는 사무실 직원들도 모두 팔을 걷어붙이고 현장에서 일하였다. 환경은 매우 열악하여 약품 냄새와 먼지가 수북이 날아다녔다. 처음 현장에 들어갔을 때는 무서웠는데, 조금씩 익숙해져 현장일도 곧잘 도와주곤 했었다.

회장님의 조직 운영능력은 대단하였다. 현장 직원들도 파트별로 팀을 만들어 책임자를 배치하고, 조직적이고 체계적으로 돌아가게 만드셨다. 각 부서 책임자들은 전과 달리 열심히 일했고, 불량률도 줄어들었다. 개발팀도 구성하여 화공약품 전문가를 초빙, 다음 제품을 준비하기도 하였다. 처음엔 조그만 공장에서 무슨 개발팀이냐며 못마땅하게 여기는 사람들도 있었다. 그냥 놀며 월급 받아가는 것 같아 보였다고나 할까. 자기들은 죽어라고 땀 흘려 일하는데, 개발팀은 이것 만들었다, 저것 좀 했다 하는 것이 장난하고 있는 것처럼 보였던지, 툭하면 개발팀에게 시비를 걸곤 했다.

그러나 회장님의 판단은 현명했다. 우리 회사 제품을 이미 다른 회사에서 만들어내기 시작한 것이었다. 그래서 색상도 더 정확하게 하고, 접착면이 떨어지지 않게 계속 연구를 하면서 생산하여 업계에서는 우리 회사 제품을 선호하게 되었다. 나중에는 영업부에서 주문을 받아와도 생산라인에서 다 만들어 내지 못할 때도 있었다. 그래서 옆 공장을 사서 공장을 두 배로 확장하였다.

원자재 수급이 문제되자 가죽을 직접 수입하여 1차가공 처리하는 공장을 또 만들었다. 그리고 생가죽을 직접 수입하여 안정적인 생산체계를 구축했다. 그러나 국내 신발업체들의 주문량이 일정하지 못하고 불안정하여 수출 쪽으로 판로를 넓혔다. 무역부를 만들고, 내수와 수출을 함께 하게 되었다. 그때부터 무역업무를 맡게 되었다. 고등학교 때 무역업무에 대해 배우긴 했지만, 교과서에서 배운 것과 현장업무는 차이가 많았다.

필자는 주로 은행업무를 담당했다. 기업은행 사상지점과 부산은행 광안리지점, 그리고 국민은행 가야지점, 부용동의 동남은행이 거래은행이었는데, 주로 부산은행 광안리지점을 많이 이용했다. 부산 지리를 아는 사람은 알겠지만, 삼락동에서 광안동까지는 상당히 먼 거리다. 필자는 회사에 있는 시간보다 밖에서 보내는 시간이 더 많았다.

기업은행 사상지점 2층 외환계에는 여러 업체 무역과 직원들이 매일같이 드나들며 은행원들과 함께 살다시피 했다. 필자는 Nego*서류 하나 제대로 못 챙겨 쩔쩔매어, 은행원에게 눈치뵈곤 하였는데, 다른 업체 직원들과 친해지면서 일을 배웠다. 새로운 일을 배우는 것이 재미있었다. 서류 몇 장 잘 챙겨서 외환계에 제출하면 회사 통장으로 몇 천만원씩 들어오는 것이 신기하기도 하고 재미있기도 했다.

그러나 항상 즐거운 것만은 아니었다. 회사마다 은행에서 많

---

* 선적서류에 하자가 있을 때 개설은행으로부터 부도·반환되는 경우, 즉시 대금을 지급하겠다는 보증서 L/C letter of guarantee를 수익자로부터 차입받고 매입하는 보증서부 매입을 가리킨다

은 돈을 대출해서 사용한다. 무역금융* 상환일자에 통장잔고가 없거나 돈이 입금 안될 때는 정말 애가 탔다. 은행 마감 때까지 입금이 안되어 결재를 못할 때는 괜히 은행원의 눈치가 보이고 초라해 보이기도 한다. 외형이 커지는 만큼 대출금과 무역금융액도 많아지기 때문에 돈을 갚을 일은 점점 자주 있게 되었다.

자금이 넉넉한 회사 직원이 항상 큰소리 뻥뻥 치고 다니는 것이 부럽기도 하였다. 그래도 월급날 어렵게 결재가 되어 돈을 찾아서 회사로 올 때는 정말 뿌듯하고 보람이 있었다. 현장 직원들은 마치 필자가 돈을 벌어 가져오기라도 한 듯 수고했다며 고맙다는 인사를 하기도 했다.

영어를 잘하는 회장님 조카 이동혁**씨가 근무하고 있었는데, 유학문제로 오래 있지 못하고 몇 달만에 그만두었다. 그뒤 세관업무를 담당하던 무역과장도 그만두었는데, 새로 직원을 채용하지 않아 그 업무까지 다 맡게 되었다. 신용장(Letter of Credit)이 들어오면 온통 무역 전문용어들이 영어로 쫙 종이 가득 널려 있다.

필자는 학교 다닐 때 영어공부를 통 안했다. 처음 영어를 익히던 중1 때 선생님도 별로 마음에 들지 않았지만, 공부 잘하는 오빠에게 모르는 것을 물어보면 때리기부터 하기에 맞기 싫어 아예 물어보지 않았다. 그때 야단맞더라도 공부 좀 해 둘 걸 하는 후회도 많이 했다.

---

* 무역금융은 물품의 수출 및 용역의 제공을 통한 외화 획득을 촉진하기 위해 수출업체 등에 대하여 수출물품의 생산, 원자재 및 완제품 구매에 필요한 자금을 원화로 대출하는 단기 금융지원제도이다.
** 이동혁씨는 중앙일보 시카고지사 편집국장을 거쳐 2005년부터 미국정부가 운영하는 아시아소리 방송의 한국방송국장으로 재직하고 있다.

관리부장은 참으로 까다롭고 모시기 힘든 분이었다. 짧은 영어실력 때문에 신용장을 복사하여 집에 가져가 사전을 찾아가며 일일이 번역, 아침 일찍 출근해서 번역한 내용을 깔끔하게 타이핑해 결재를 올리곤 하였다. 잠자는 시간조차 쪼개어 일을 해내다보니 그 성실성에 부장님도 조금씩 부드럽게 대해 주셨다.

수출을 하다 보니 관세환급 업무도 생겼다. 원재료 수입면장과 완제품 수출면장에 원재료 소요량을 정해진 공식대로 계산해서 수입할 때 낸 관세를 완제품 수출량에 환산하여 세금을 돌려받는 것이다. 관세환급은 수입면장에 따라 유효기간이 2년인 것도 있고 1년 이내인 것도 있다. 그 기간 안에 환급받지 못하면 전액 국고로 들어간다. 그래서 수입관세를 100% 환급받는 건 쉬운 일이 아니었다.

필자는 사장되는 면장이 없도록 최대한 신경써서 환급받을 수 있도록 노력하였다. 관세환급 서류를 완벽하게 준비해서 제출했다고 생각해도 서류 접수는 늘 거부되었다. 어떤 곳이 잘못되었냐고 알려달라고 하여 수정해서 접수하면, 또 다른 트집을 잡아 거부하기를 몇 번씩 했다. 알고 봤더니 중요한 '봉투'가 빠졌던 것이다.

당시 사상세관에서는 관세환급서류를 제출할 때 그 사이에 돈 봉투를 끼우는 것이 관행이었다. 서류뭉치 위에서 두세 번째 사이에 1mm 정도로 봉투가 표시날듯 말듯하게 끼워 제출하는 방법까지 정해져 있었는데, 그걸 몰랐던 것이다. 서류를 아무리 꼼꼼히 챙겨서 제출하더라도 트집을 잡으려면 다 잡힐 수 있기 때문이다. 서류가 완벽하면 문제 없이 당연히 관세환급은 되어져야 된다는 생각에, 세관 직원에게 일을 가르쳐 달라고 매달렸다.

각 업체에서 던져 놓고 간 서류를 정리하는 것도 도와주고, 커피 뽑아다주고 매일같이 귀찮게 했더니, 지금 이름은 기억이 안나지만 세관직원 아저씨가 체계적으로 틈틈이 가르쳐 주었다. 너무 고마웠다. 그래서 봉투 없이 서류 제출만으로 환급을 받곤 하였는데, 그분이 다른 곳으로 발령 나 가신 다음에는 아무리 서류를 완벽하게 만들어도 접수시키기가 어려웠다.

꾀를 내어 부산세관까지 가서 환급서류를 접수시켰다. 부산세관에서는 사상세관이 있는데 왜 여기에 접수를 하냐며 투덜댔다. 업무량이 너무 많아 안받아주려고 트집을 잡기 시작했다. 부산세관 과장 성함을 알아 와서는 회장님께 택견 책에 저자 서명을 해 달라고 부탁드렸다. 그리고 그 책을 갖고 부산세관 과장님께 직접 찾아갔다.

"택견 하는 사람인데요, 서류에 하자가 없으면 접수해서 검토한 후 관세환급을 해줘야 맞는 거 아닌가요? 세관 들어올 때 분명히 문턱이 없었던 거 같은데, 서류 접수하는데 왜 이렇게 턱이 높은가요?"

나이 지긋한 과장님은 나를 한참 보시고는 담당직원을 불렀다. 그리곤 조일산업 서류는 다 받아주라 지시를 했다. 처음엔 담당직원이 몹시 못마땅해 하였으나, 시간이 지나면서 친한 사이가 되었다.

다른 업체 사람들은 관세환급 많이 받는다고 월급 더 주는 것도 아닌데 뭘 그렇게까지 애를 쓰냐며 대충대충 하라고 했다. 회사 사정이 어려워져 한 푼이 아쉬운 때 조금만 부지런히 챙기면

환급받을 수 있는데, 왜 국고에 넣는지 그 사람들이 이해가 가지 않았다.

회사 직원들은 틈틈이 택견 일을 하는 것을 보고 월급을 더 받을 것이라 오해를 하기도 하고, 퇴근 이후에 하는 데도 회사에서 월급 받으면서 딴일을 한다며 눈치를 주기도 했다. 회장님은 전 직원에게 택견을 시켰다. 현장직원들 안전사고 예방도 할 겸 단결도 잘 되게 하려고 매일 아침 조회시간에 전 직원이 택견 동작으로 체조를 했다.

회사는 외형이 엄청 커져 정말 바쁘게 돌아갔다. 직원들이 100명 정도로 늘었다. 그래서 구내식당도 열었는데, 그 앞에 경비 아저씨의 도움을 받아 화단을 만들었다. 필자는 시골에서 자라 그런지 풀과 나무를 참 좋아한다. 식당 앞과 약품창고 옆에 화단을 만들어 두고 계절마다 여러 가지 꽃들과 풋고추, 딸기 등을 가꾸었다. 식용이 아니라 관상용으로 키운 것인데 사람들은 모르게 하나씩 따먹곤 하였다. 하얀 박꽃이 너무 예뻐 박을 심었는데, 박이 제법 탐스럽게 열렸었다.

매일매일 그 박에 정을 쏟고 있었는데, 어느 날 제일 크고 예쁜 박 하나가 없어졌다. 너무 화가 나서 누가 따갔는지 꼭 찾아 혼내주겠다며 범인을 찾는데, 모두 잘 모르겠다고 한다. 분명 알고 있는 것 같은데 아무도 말해 주지 않았다.

사무실에 앉아 분을 삭이지 못하고 있는데 "아~그거 참 담백하고 맛있더라"며 이사님이 들어오셨다.

순간 사무실 사람들이 모두 필자를 쳐다보았다. 이사님이 그러셨구나 눈치를 챌 수 있었다. 이사님이 그러셨으니 아무도 알려주지 못했던 것이다. 그래서 남은 박에 꼬리표를 달아두었다.

〈제발 따가지 마세요〉

　　1987년 5월 17일 서울놀이마당에서 중요무형문화재 발표회
가 있었다. 다행히 일요일이라 부산에서 이용복 회장님, 손일환
선생님, 그리고 필자와 박상만 등 7명이 올라갔다. 행사장 분위기
는 매우 산만하고 어수선하였다. 이 날 택견계승회와 충주 택견인
들도 함께 하였다. 붉은 철골들이 얼기설기 높게 솟아있는 것이
신기하게 보였다. 지금 잠실에 있는 롯데월드다.

　　신한승 선생님은 택견을 무형문화재로 지정받게 하는데 큰
공헌을 하신 분이다. 1928년 서울 하왕십리에서 태어나 그곳에서
자라셨다. 종조부 신재영에게 13세 때부터 택견을 배웠고, 16세
때 씨름을 배우고, 18세 때에는 레슬링과 유도를 배워 4단을 보유

서울놀이마당 공연

하고 있다. 1970년대에 송덕기 옹을 찾아가 택견을 배워 1983년 6월 1일 송덕기 옹과 함께 택견기능보유자가 되었다.

행사를 마치고 기념사진 찍을 때 신한승 선생님께서 몸이 많이 불편해 돌계단을 오르는데 무척 힘들어하셔서 필자가 부축 해 드리며 올라갔던 기억이 생생하다. 필자는 암으로 돌아가신 분을 몇 번이나 뵌 적이 있어 행사 마치고 부산으로 내려오면서 이용복 회장님께 신한승 선생님께서 암인 것 같다고 조심스럽게 말씀드렸다. 회장님은 대장염으로 전해 들었기에 그렇지 않을 것이라고 하셨다.

두 달 뒤인 7월 2일 신한승 선생님이 하늘나라로 가셨다. 이용복 회장님께선 너무 일찍 가셨다며 무척 당황해 하며 안타까워 하셨다. 필자 또한 그 소식을 듣고 한 동안 멍하니 서 있었다. 회장

서울놀이마당 공연 후 신한승 선생님과 함께

님은 제자 10명을 데리고 조문을 가셨다. 사모님께서는 신선생님이 대장암으로 돌아가셨다고 이야기해 주면서 이용복 회장님도 알고 계신 줄 알았단다. 대장암였다는 것을 충주 사람들이 이야기해주지 않아 모르고 계셨던 것이다. 세월이 흐를수록 신한승 선생님께서 일찍 가신 것이 안타깝다.

서울놀이마당에서 있었던 택견 공개시연을 마치고 이용복 회장님과 나, 손일환 선생님 등 세 사람은 오후 늦게 송덕기 선생님 병문안을 갔었다. 당시 송덕기 선생님의 모습을 생각하면 지금도 눈시울이 붉어진다.

송덕기 선생님은 1893년 서울 종로구 필운동에서 태어나 사직골에서 살았으며, 12살 때부터 사직골에서 택견꾼으로 이름이 높았던 임호에게서 택견을 배워 택견판에 나가기도 하셨다고 한다. 22세 때부터는 황학정에서 국궁을 배우기 시작하였고, 최초의 국궁 심판으로『한국인물도감』에 소개되기도 했다.

1958년 3월 '이승만 대통령 생신축하 경찰무도대회' 때 김성한이라는 분을 한 달 동안 가르쳐 함께 시연을 하였다고도 한다. 송선생님은 현대 택견의 맥을 이을 수 있도록 옛 택견 모습을 기억하고 계셨던 유일한 분이다.

1983년 6월 1일 초대 인간문화재로 지정되었고, 1985년 부산에서 열렸던 제1회 택견대회에 아흔이 넘은 연세에도 직접 시연을 보여주실 만큼 건강하셨던 분이었다. 그러나 2년 뒤 건강이 많이 안 좋아지셔서 서대문에 있는 적십자병원에 입원을 하게 된 것이다. 병실에서 송덕기 선생님의 모습을 보고 무척 놀랐다. 몸은 엄청 마른데다가 손발이 침대에 꽁꽁 묶인 채 눈만 뜨고 누워 계

송덕기 선생님과 수련하는 이용복 회장님

셨다. 회장님께서 간호사에게 왜 이렇게 묶어 두었냐고 물었더니, 할아버지가 힘이 너무 좋으셔서 감당이 안되기 때문에 할 수 없이 묶어두었다고 하였다.

이용복 회장님께서 "저희 알아보시겠습니까?"라고 여쭙자, 송선생님은 고개를 끄덕이며 뭐라고 말씀을 하시려는데 입안이 너무 말라 도저히 알아들을 수가 없어 안타까웠다. 아무 것도 드시지 못하고 입술과 입안이 바짝 말라있어 말씀을 못하셨다. 키가 작은 필자가 제일 앞에 서 있었는데, 송선생님은 필자의 손목을 꽉 잡으셨다. 그때 정말이지 손목이 부러지는 줄 알았다. 보기와는 달리 힘이 너무 좋으셨다. 그제서야 선생님을 왜 묶어두었는지 알 것 같았다. 기차시간 때문에 오래 있지 못하고 1시간 가량 있다가 나와야 했다. 회장님께서 정중히 송선생님께 인사를 드리고 나가는데 송선생님께서 나의 손목을 놓아주지 않는 것이었다. 얼마나 외롭고 사람이 그리우셨을까? 가족도 없이 홀로 누워계신 선생님을 뒤로 한 채 발걸음이 쉽게 떨어지지 않았다.

왜 늦었느냐고 하시기에 선생님께서 내 손목을 안 놓아주시려 했다고 말씀드렸다. 병원 입구에서 한참을 머뭇거리다 서울역으로 발걸음을 옮겼다. 그것이 마지막이 되지 않기를 바랬지만, 두 달 뒤인 7월 22일 송선생님은 먼 길을 떠나셨다.

필자가 기억하는 송덕기 선생님은 유머 감각도 있으신, 정겨운 할아버지였다. 1985년 제1회 택견대회 때 정수은 선생이 모시고 부산시내 구경을 하고 사무실로 들어왔을 때였다.

날씨가 더워 시원한 음료수를 공손히 드렸는데 "내가 금붕어 따야?" 하는 것이었다.

필자가 당황해 하니까 "자꾸 물만 주니까 그러지!" 하며 껄껄 웃으셨다.

신한승 선생님과 송덕기 선생님이 돌아가신 후 회사 일도 중요하지만 빨리 택견을 보급하는데 매진해야겠다고 생각한 이용복 회장님께서는 1988년 1월 15일자로 조일산업과 가까운 모라동에 택견전수관을 이전하였다.

손일환 선생님이 전수관 관리를 맡았다. 필자도 퇴근 후 운동을 하러 다녔으며, 김상민, 김현국 선생이 여기에서 택견을 시작하였다. 박소순, 안대일 등 당시 유단자 모임이 활발했다. 한번은 유단자 송년모임 때 10여명이 나이트 클럽에 갔다. 처음엔 각자

취향대로 춤을 추기 시작했는데, 몇 분 지나자 약속이라도 한 듯 모두가 품밟기를 하는 것이었다. 꽤 큰 무대였는데, 가운데에 둥글게 모여 똑같은 동작으로 춤을 추니 연주하던 밴드와 DJ, 그리고 놀러온 수 백 명의 시선을 사로잡았다. 굼실굼실 춤추듯 움직이다 한 번씩 발도 툭툭 차올리고 하는데, 어떤 음악이 나와도 박자를 다 맞추어가며 신명나게 놀았다. 사람들이 신기해 하며 새로 나온 춤이냐고 물어왔다.

　대구의 정석재 관장도 이때 부산 모라동까지 배우러 왔다. 당시 택견을 배울 수 있는 곳은 충주와 거기밖에 없었으므로 전국 각처에서 찾아왔다. 광주 임동규 선생이 만든 경당에서도 사범들이 몇 달씩 묵으면서 택견을 배웠고, 우리 유단자들은 경당무예를 조금씩 익혔다. 택견기술을 가장 빨리 익힌 사람은 서울대생 이창

도기현 선생(가운데)

후군이었다. 그는 1주일만에 본때 8마당을 다 외웠는데, 한번 알려주면 다시 묻는 일이 없었다. 필자는 이창후군으로부터 되새김식 기억법을 배웠다.

1988년 9월 3일 미국 유학에서 돌아온 도기현 선생이 심사보던 날, 송덕기 선생님께 배운 택견 이야기와 미국에서 공부하며 택견 보급을 한 이야기들을 들려주었다.

열심히 택견수련을 한 덕(?)을 본 일도 있었다. 삼락동의 조일산업에 다닐 때 집은 문현동이었다. 퇴근시간이 7시인데다가 버스를 타려면 15분을 걸어야 했고, 도로 사정도 안 좋아 집에는 항상 밤늦게 들어갈 수밖에 없었다. 새벽에 일어나 아침도 못 챙겨 먹고 다니다 보니 너무 힘들었다. 그래서 부모님과 상의하여 회사 가까운 곳에서 자취를 하기로 했다.

사상역 옆 동네로 교통도 편리하고 산이 가까워 좋았다. 그런데 자취집으로 올라가는 길목에는 유흥업소들이 많아 사건이 종종 일어났다. 추석연휴 들어가는 날이었다. 자취집은 버스 다니는 큰 도로에서 400m 정도 걸어 올라가야 하는데, 중간지점에서 한 남자가 갑자기 필자를 골목 안으로 끌어당겼다. 연휴를 앞두고 한 탕 해보려는 노상강도였다. 나보다 서너 살 어려보이는 아이들이었는데, 한 명은 골목 입구에서 망을 보고 두 명이 달려들었다.

핸드백에는 월급과 추석 보너스까지 64만원이 들어 있었다. 당시 월급이 28만원이었으니 꽤 큰돈이었다. 한 명은 때리고, 다른 한 명이 핸드백을 뺏어 달아나려고 했다. 다행히 핸드백을 어깨에 대각선으로 메고 있어 쉽게 빼앗기지 않았다.

순간적으로 당한 일이라 정신이 없었다. 왼쪽 눈을 주먹으로 사정없이 맞아 앞을 제대로 볼 수가 없었다. 그리고 한 손으로는 내 옷을 바짝 움켜쥐고 목을 죄여왔다. 너무 가까이 붙어 있어 발차기를 할 수가 없었다. 당황스러웠지만 정신을 차리려 애를 썼고, 맞은 만큼 때려주려고 발버둥을 쳤다. 그 와중에도 이놈들을 꼭 잡아야겠다는 생각이 들어 오른손 손가락을 가지런히 모아 손톱으로 얼굴을 그었다. 쉽게 상황이 끝나지 않자 망을 보던 공범이 빨리 끝내라며 재촉하였고, 필자는 소리를 지르며 더 거세게 대항하였다. 필자에게 얼굴이 긁히고 몇 대 맞은 녀석이 도망을 치자, 나머지 한 놈도 따라서 줄행랑을 쳤다.

바로 아래 골목에 파출소가 있었는데, 달려가 상황을 이야기하고 강도를 잡아줄 것을 요청했다. 그런데 파출소 순경아저씨 왈 "아니, 그런 불량배들이랑 맞서 싸우면 어떡해!" 오히려 피해자인 필자에게 화를 내는 것이었다.

"손에 칼이라도 들고 있었다면 어쩔려구!"

어처구니가 없었다. 얼굴에 상처를 내었으니, 약을 사러 가든 병원을 갈 테니 찾기 쉬울 것이라 했다. 그 순경 아저씨 왈.

"아가씨나 빨리 병원을 가보든지, 약을 사먹든지 해!"

"아니 무슨 경찰이 이래요!"

경찰은 잃어버린 것이 없으니 그냥 집으로 가라고 했다. 다음에 그런 일 낭하면 그냥 핸드백 주란다. 다음에 또 만나면 그때는 꼭 잡아서 경찰에 넘길 거라고 하고 씩씩거리며 집으로 왔다.

거울을 보니 얼굴이 말이 아니었다. 왼쪽 눈은 퉁퉁 부어 제대로 보이지도 않고, 광대뼈는 계란만한 혹이 나 있고, 입술과 입안은 터져 너덜거리고, 다리도 후들거렸다. 그 일만 없었으면 옷 갈아입고 선물 잔뜩 안고 문현동 집으로 갔을 텐데 도저히 갈 수가 없었다.

연휴 5일 동안 집안에서 꼼짝없이 있었다. 모두 명절이라고 고향에 가 동네가 쥐죽은 듯 조용했다. 식당도 대부분 문을 닫아 3일 동안 라면만 끓여 먹으며 방안에서 TV보며 계란으로 눈가만 문지르고 있었다. 연휴 끝난 다음날까지도 상처가 다 아물지 않아 출근을 할 수가 없었다. 회사에 전화해서 몸이 많이 아프다고 이야기하고 하루를 더 쉬었다. 다음날도 결근을 할 수가 없어서 평소 안하던 화장을 짙게 하고 출근했다.

1987년 이후 노조활동이 거세어지면서 노동집약형 산업인 신발제조업의 경영악화로 원자재를 생산하는 피혁제조업계도 비상이 걸렸다. 이용복 회장님은 사업을 하면서 얻은 것도 많지만, 운동하던 사람은 운동을 해야 한다고 판단하고 과감하게 회사를 정리하기로 결정하셨다. 은행과 거래처 외상값은 뒤로 미루고 직원들의 월급과 퇴직금부터 처리하셨다. 그런데도 현장에서는 사장이 뒤로 빼돌렸다고 오해를 하는 사람도 있었고, 영업과, 자재과, 경리과의 몇몇 직원들은 자기 것을 챙기느라 꼼수를 부리다가 시말서 쓰고 망신당한 사람도 있었다.

회장님은 이곳저곳에서 외상대금을 달라고 찾아오면 피하지 않고 당당하게 만나 줄 수 있는 것은 주고 능력이 안되는 것은 오랫동안 거래하면서 많은 이익을 봤으니 손실을 감수해 달라고 당당하게 해명하셨다. 신용대출을 해준 거래은행에도 직원들을 먼저 챙겨야 하니 이해해 달라며 설득하였다. 회사를 만드는 것보다

조일산업 임원실에서 택견협회 창립총회 결산작업을 하며

정리하는 게 더 힘들다는 것을 옆에서 지켜보았다.

필자는 회사가 폐업하기 한 달 전에 사직을 하고 다시 택견으로 복귀해 있었다. 1986년 9월 8일 입사하여 91년 4월 20일자로 퇴사했으니 4년 7개월 12일을 근무했다. 쉼표(,)와 마침표(.)의 차이가 얼마나 큰지 일깨워준 소중한 시간들이었다

1991년 3월 16일 사단법인 대한택견협회 창립기념식이 부산
일보 대강당에서 있었다. 내빈들이 상당히 많이 오셨고, 이용복
회장님의 스승이신 조중덕 관장님께서도 오셔서 축하를 해주셨
다. 풍물패의 축하 공연에 이어 택견 시범이 있었는데, 이 날 처음
으로 택견을 봤다고 하는 분들이 많았다.

4월 13일 동일체육관 개관식이 있었다. 이용복 회장님께서 택
견을 보급하기 위해 조일산업 거래처였던 동일화성 김지태 전무
님께 부탁해 공장 옥상에 50평 규모의 체육관을 가건물로 지었다.
그곳이 동일체육관이다.

5월 15일자로 부산 범천동에 있는 광무체육관 옥상에 대한택
견협회 사무실을 마련하였다. 광무체육관 황몽수 관장님과 상의
하여 옥상에 가건물을 짓고 보증금 500만원에 월 40만원의 임대
료를 내었는데, 보증금은 모두 조립식 가건물 증축비로 사용되었
다. 1층에는 헬스, 2층에는 복싱, 3층엔 유도, 4층엔 태권도를 하
는 종합체육관으로 부산에서는 꽤 오래되고 규모가 큰 곳이었다.

3층의 비어 있는 유도장을 택견수련장으로 사용하였다. 나는
아침 7시부터 광무체육관에서 택견 지도를 하고는 9시부터 5시까
지 옥상 사무실에서 업무를 보고는 저녁에는 동일체육관으로 가

광무체육관 3층 유도장에서의 택견 수련

서 동일화성 직원들에게 택견을 가르쳤다.

　회장님은 몇 달 동안 회사정리 문제로 바쁘셨다. 택견협회는 재정이 부족하여 내 월급은 내가 자급자족해야 했다. 동일화성에서 받은 강사료 50만원을 회장님께 드리면 〈수고했습니다〉라고 쓴 새 봉투에 회장님의 마음을 담아 도로 나에게 주셨다.

　이때 가슴아픈 기억이 하나 있다. 당시 유단자들이 그리 많지 않아 매달 모임도 갖는 등 유단자회가 꽤 활성화되어 있었다. 그때 군입대를 하는 후배들에게 항상 송별회를 해주곤 하였는데, 송별회를 해주지 못한 후배가 한 명 있다.

　광무체육관과 동일체육관을 오가며 바쁘게 지낼 때였는데, 다음 주에 입대하니 저녁을 사달라고 찾아온 후배가 있었다. 필자는 도저히 시간이 없어 첫 휴가 나오면 그때 맛있는 거 많이 사주겠노라고 했다. 그런데 후배는 "해병대 가면 못 볼 수도 있는데…
해병대는 다른 부대와 달라 손톱도 깎아놓고 머리카락도 잘라놓
고 입대를 한다"며 졸졸 따라다녔다.

옛말에 말이 씨가 된다고 했던가. 정말 무섭게도 그 후배는 다
시 볼 수가 없었다. 그 후배는 당시 4대독자라 면제대상이었는데
해병대를 자원했던 것이다. 그런데 입대 후 한 달도 안돼서 훈련
도중 죽어버렸다. 믿을 수가 없었다. 그 후배가 몇 번씩 했던 말이
지금도 귓가에 맴도는데, 안타까운 마음을 말로 다 표현할 수가
없다.

주경야동(晝耕夜動)

　부산에는 신발공장들이 많았다. 사하구 신평공단에 있던 동일화성은 직원이 3천명이나 되는 중견기업으로 조일산업의 거래처였다. 사무동 건물과 공장 건물이 있었는데, 체육관은 공장 옥상에 가건물로 택견을 할 수 있도록 특별히 만들었으며, 한쪽에는 최신 헬스기구들을 멋지게 넣어두었다. 이용복 회장님의 권유로 동일화성 김지태 전무님이 사원복지시설로 만든 것이 동일체육관이다.

　조일산업을 그만둔 후 엄궁 주공아파트로 이사를 했다. 택견 사무실이 있는 곳은 부산 범천동이었다. 일과는 새벽 6시에 집을 나와 1시간 거리인 범천동 광무체육관에서 7시부터 아침부 수련 지도를 하고, 업무 보고 오후 5시에 전철 타고 서대신동(전철 종착역)에서 버스를 타고 동일체육관으로 가서 저녁에 운동 지도하고, 버스를 두 번 갈아타고 밤늦은 11시쯤 되어야 집에 들어갔다.

　집과 사무실과 동일체육관의 거리가 다 멀었으므로 매일 부산을 한 바퀴씩 도는 듯한 생활을 하였다. 동일체육관 수련자는 10대 후반부터 40대까지 주로 현장에서 근무하는 사람들로 20명 가량 되었다. 20대 중반이었을 때라 정말 열심히 지도했고, 배우는 사람들의 열기도 대단하였다. 우리는 택견하는 것이 무슨 벼슬이라도 되는 냥 모두 어깨에 힘을 잔뜩 주고 다녔다.

하루도 수련 지도를 빠지는 날이 없었다. 그해 여름에 폭우로 부산 시내가 다 잠기고 교통이 두절되는 날이 있었다. 버스가 제대로 다니지 못했다. 택시를 잡으려니 아예 보이지도 않고, 공단이 거의 다 잠겨버렸다. 도로는 모두 강이 되어 버려 물이 허벅지까지 차올랐다. 오물들이 둥둥 떠다니는 도로를 헤치며 동일화성은 괜찮을까 걱정을 하면서 자석에 끌리듯 갔다.

회사에 도착해 보니 수 십대의 통근버스에 마치 피난이라도 가듯 아수라장이었다. 안전관리과장으로 계시던 최재윤* 과장님은 그 난리통에 택견 지도를 하러 온 필자를 보고 "정말 대단하다. 이 회장 판박이네. 그 스승에 그 제자다. 오늘은 수련 쉬고 그냥 보내줘라"고 하셨다.

오래 전에 회장님과 최 과장님이 태권도를 배울 때 태풍이 부는 날에도 도장에 나가 연습을 했다는 이야기를 들은 적이 있다. 최 과장님이 그 말씀을 하신 것이다. 필자도 초등학교부터 고등학교 졸업할 때까지 9년간 개근을 했다.

"일단 왔으니 체육관은 괜찮은지 올라가보고 가겠습니다"하고 체육관에 갔더니 그 난리통에도 4명이 몸을 풀고 있는 게 아닌가. 그들을 보고 필자도 최 과장님 흉내를 내어 말했다.

"대단한데… 역시 그 스승에 그 제자야!"

정말 대단한 일은 다이너마이트 사건이다. 동일화성 뒤편에 돌산이 있었다. 골재 채취하는 곳인데, 작업자 실수로 다이너마이

---

* (주)치우 대표이사. 택견 8단. 이용복 회장님과 10대 때부터 태권도를 함께 함.

트가 밖으로 터져 돌덩이들이 날아와 마당에 있는 차량 7대와 유리창 등 여기저기가 부서지고, 부근 공장 3곳이 피해를 입는 난리가 났었다. 그런데 사무동 2층에 있는 회사 회장님 집무실과, 공장 옥상에 있는 택견전수관만 멀쩡한 것이었다. 옥상에도 주먹만 한 돌들이 날아왔는데, 체육관은 창문 하나 깨어지지 않아 아무 이상이 없었다. 모두 신기해 하였고, 최재윤 과장님은 지독한 여덕이가 무서워서 돌들이 피해갔다며 놀리셨다.

넘치는 의욕 때문에 때때로 힘들기도 하였지만 그 덕분에 잊지 못할 추억들도 많다. 시골에서 돈을 벌겠다고 부산까지 온 젊은이들이 대부분이라 기숙사 생활하는 사람들이 많았다. 힘든 현장근무에 기숙사 생활을 하다 보니, 정이 그리웠던 사람들이라 더욱 택견회원들끼리 정으로 뭉쳤다. 두 달에 한번 야외수련 겸 나들이를 갔었는데, 한번은 동래산성엘 갔다. 당일 일기예보에 비가 온다고 해서 취소를 할까 하다가 모처럼의 나들이라 그냥 가기로 했다.

온천장에서 만났는데, 비가 조금씩 내리기 시작했다. 산성 입구에서 정상까지 올라가는 마이크로 버스가 있었다. 몇몇은 버스를 타고 올라가자고 했다. 사람들은 대부분 버스를 타고 올라간다. 산성까지는 꽤 멀지만 운동하는 사람이 버스 타고 가냐며 그냥 모두 걸어올라 갈 것을 지시했다. 20분쯤 올라갔을 때 빗줄기는 점점 더 굵어졌고, 바람까지 불기 시작해서 우산도 비를 막아주지 못하였다. 모두 우산을 접으라고 했다. 우리는 굵은 장대비를 맞으며 줄지어 걸었다. 가끔 버스를 타고 가는 사람들이 우리를 구경하듯 쳐다보았다. 누군가 노래를 부르기 시작하니 자연스럽게 모두 따

왼쪽 건물이 체육관이 있던 공장, 오른쪽이 사무동이다

동일체육관 수련생들과
동래산성에 올라

동일체육관 수련생 발표회

라 부르며 걸었다. 다리가 아프고 힘들었지만, 나무 한 그루 풀 한 포기 빗방울 하나하나를 느끼며 산길을 올라가는 기분은 버스 타고 편하게 가는 것과는 비교할 수 없을 만큼 좋았다.

1시간 반쯤 걸어 동래산성 동문에 도착하니 비가 그치고 산은 온통 구름이 삼켜버린 듯 뽀얀 안개들이 바람결에 유유히 떠다니는 것이 너무너무 신비로왔다. 우리는 모두 산등성이에 한 줄로 두 팔을 벌리고 오랫동안 서 있었다.

다시 한참 걸어서 북문을 지나 범어사 쪽 계곡에 왔을 때는 언제 비가 왔냐는 듯 햇살이 눈부셨다. 모두 가방에서 택견복을 꺼내 갈아입고, 젖은 옷들은 바위 여기저기에 마르도록 널어놓고 '이크 에크' 몸을 풀었다. 넓고 큼직큼직한 바위들이 많아서 수련하기에 좋았다.

한참을 푸른 하늘과 바위와 한판 놀고는 맑은 공기를 반찬 삼아 도시락을 맛있게 먹고 내려오려는데, 그때까지도 옷이 다 마르지 않았다. 그래서 모두 흰 고의적삼을 그대로 입고 산을 내려오는데, 사람들마다 신기한 듯 우리를 쳐다보고는 뭐하는 사람들이냐 물어왔다. 범어사 아래 지하철역은 종점이라 모두가 앉을 수 있었는데, 한 줄로 쫙~ 흰 고의적삼을 입고 있으니 어떤 사람이 다가와서 "산에서 내려왔어요?"하며, 마치 우리를 청학동 마을에서 내려 온 도사(道士)보듯 하였다.

"네!"

한 명이 짧게 대답을 하고는 약속이라도 한 듯 도사인양 폼 잡고 앉아 있었다.

택견부가 어느 정도 자리를 잡을 즈음 근로자의 날에 회사 강당에서 택견발표회가 있었다. 처음으로 음악과 조명이 있는 무대에서 하려니 모두 떨려 제대로 실력발휘를 하지 못했다. 특히 품밟기를 할 때 관객들이 키득키득 웃는 바람에 더욱 기가 죽어 기합소리도 제대로 못내고 실수를 하였다. 연습을 많이 했는데 안타까웠다.

최재윤 과장님께서 너무 혼내지 말라고 당부를 하셨다. 체육관에 올라가보니 모두가 무릎을 꿇고 앉아 있었다.

"너희들 뭐하는 거야? 왜 이러고 있어!"

"선생님 죄송해요… 훌쩍훌쩍~"

"너희들 잘못한 거 없어… 울지마. 처음 한 것 치고는 잘했어! 연습한 것만큼 실력을 못 보여준 것은 아쉽지만 좋은 경험을 한 것이고, 멋있었어. 앉아서 키득키득 웃은 사람들 무대 위로 올라와 해보라고 할까 하다가 참았다. 이 회사 3천명중 너희들이 택견을 가장 잘 한다는 거 잊지 말고, 자부심을 가져. 알았어!"

사실 필자도 많이 속상해서 속으로는 눈물을 흘리고 있었다. 이후 모두 더욱더 열심히 목청껏 '이크 에크'를 외쳤다. 더욱 열심히 한 덕분에 처음으로 대회에 나가 우승을 했다. 얼마나 기뻤는지 서로 얼싸안고 눈시울을 붉혔다. 김지태 전무님께서 특별히 택견부 직원들을 임원실로 불러 따뜻한 격려의 말씀도 해주셨다. 현장 직원이 전무님 방에서 차를 대접받고 왔다는 것은 대단한 자랑거리가 아닐 수 없었다. 그날 이후 더욱더 열심히 수련하고, 택견복 입고 회사 안을 활보하고 다녔다.

필자가 직접 만들었던 동일체육관 깃발을 들고

    전광민은 이용복 회장님이 저술한 『위험할 때 호루라기 세 번』에 필자와 사진촬영을 했고, 김현미는 부산택견협회 사무원으로 일하기도 하였다. 귀염둥이 최태선은 제빵기술 배우러 서울 응암동에 올라와 있으면서 스승의 날과 필자 생일날 직접 정성스럽게 만든 케익을 여러 차례 신사동 택견협회로 가져와 다른 택견선생들이 부러워하기도 하였다.

    김예태, 김태훈, 전범철, 최성우, 임장원, 박경애, 김수연, 이정숙, 남명희, 이형선, 이현영 등등… 대부분 이제는 가정을 이루어 엄마 아빠가 되었다. 모두 보고 싶다. 우리는 피를 나눈 가족 이상이었다.

희망

희망의 문은
항상 열려 있다.

경남 하동 화개면 범왕리, 할아버지께서 만드신 물레방앗간을 바라보며..

경북 지부

대한체육회 가맹하려면 16개 시·도지부 설치가 필수조건이다. 경북지부가 처음으로 1991년 8월 31일 김천관광호텔에서 창립총회를 가졌다. 이때 도기현(결련택견) 선생과 만화가 한재규 씨도 함께 자리를 했었다. 대구지부가 조금 먼저 설립됐지만, 박종한씨가 서둘러 경북지부 창립행사를 먼저 했다.

박종한씨는 큰 체격에 열정이 강한 사람이었다. 1991년 5월쯤 부산 엄궁에 있는 남태평양호텔 커피숍에서 이용복 회장님과 박종한씨의 첫 만남이 있었다. 중국 무술을 오랫동안 했다며, 자기가 경북지부장을 맡아 택견을 보급시켜 보겠노라며 간곡히 부탁하였다.

그래서 처음으로 사단법인 대한택견협회 지부를 설립하여 나름대로 열심히 노력했지만 택견전수관 운영은 쉽지 않았다. 늦게 결혼을 하여 예쁜 딸도 낳았는데, 경제적 어려움을 겪던 부인이 자기와 택견 중 하나를 선택하라고 강요했단다.

박종한씨는 택견을 택하고 이혼을 했다. 택견에 대한 열정은 대단하지만, 가정을 제대로 지키지 못한 점은 모두가 마음 아프게 생각한다. 아직도 경북지부는 다른 지역에 비해 활성화되지 못하고 있어 안타까울 뿐이다.

지리산 모꼬지

매년 여름이면 '택견 큰 모꼬지*' 행사를 갖는다. 예전에는 여름과 겨울 두 차례 합동수련회를 열었다. 요즘은 청소년수련원같이 시설이 잘 되어 있는 곳으로 간단한 개인 소지품만 가지고 가면 되지만, 90년대에는 배낭에 이불, 코펠, 라면, 쌀 등을 한 짐 챙겨서 갔다. 지역별로 팀을 나누어 식사당번도 정하고, 설익거나 탄 밥도 모두가 즐겁게 먹었다.

수련회는 그냥 놀러가는 것이 아니라 고생을 사서 하는 시간이다. 힘들었던 일이 많을수록 추억이 남는 것이다. 요즘 모꼬지는 예전같은 맛이 없는 것 같다.

전국의 택견 가족들이 한 자리에 모여 새벽부터 수련하고, 밤에는 모닥불에 이야기꽃을 피우며 별들과 함께 새벽을 맞이하기도 했었다. 2000년 강릉 경포대 바닷가에서 있었던 모꼬지가 가장 성황을 이루었던 것으로 기억되며, 1995년 제주도에서 가졌던 모꼬지도 재미있고 아름다은 추억들을 많이 남겨줬다.

1992년 1월 겨울 모꼬지는 3박4일 예정이었는데 눈이 너무 많이 와 5박6일을 지리산 골짜기에서 지냈다. 함박눈이 펑펑 내리던

* 여러 사람이 놀이나 잔치 따위의 일로 모이는 일.

밤, 군불을 잔뜩 땐 방바닥이 지글지글 끓어 방문을 열어둔 채 하염없이 쏟아지는 눈을 바라보며 웃음 한 잔, 막걸리 두 잔, 이야기 세 잔을 함께 했었다.

그때 도기현 선생의 택견, 경당 임동규 선생의 무예24반중 본국검, 이애주 선생의 한국 춤사위를 함께 배웠다. 가랑잎초등학교 작은 운동장에서 모닥불을 피워놓고 이애주 교수님의 장구 장단에 맞춰 신명나게 춤을 추기도 했다.

필자는 지리산에서 이애주* 교수님과 한 방에서 3일을 지냈다. 무척 조심스러웠으나 당대 최고의 명인과 함께 할 수 있었던 귀중한 시간이었다.

필자는 지리산 토끼봉 줄기에서 태어났다.

하늘 아래 첫 동네로 10가구가 채 안 되는 작은 산골이다. 필자의 기억 속엔 어릴 적 풍경이 생생히 살아있다. 닭울음소리로 새벽을 알리면 집집마다 밥 짓느라 초가지붕 위로 모락모락 하얗게 피어오르는 연기와 산자락에서 기지개 켜며 나오는 안개가 어우러져 이곳저곳을 누비는 풍경, 논두렁 밭두렁을 걷다보면 달콤한 흙 내음과 상큼한 풀 향기가 청량한 공기와 함께 코 속으로 들어와 온몸을 정화시켜준다. 그때 그 신선한 기분은 지금은 어디를 가도 느낄 수 없지만 필자의 기억 속에 또렷이 살아있다. 자연이 그만큼 오염되었기 때문일 것이다. 계곡물은 한여름에도 5분 이상 발을 담그고 있을 수 없을 정도로 차갑다.

* 서울대학교 체육교육과 교수. 중요무형문화재 제27호 승무예능보유자(96년)

사람은 서울로

인연은 우연히 만나 필연적인 관계로 맺어지는 것같다. 전통 문화에 애정이 깊은 김학민* 이사님께서 부산의 한 서점에서 시로 출판사에서 펴낸 『한국무예 택견』을 우연히 보고 시로출판사를 통해 이용복 회장님과 연락을 하게 되었고, 학민사에서 그 책을 재출간하였다.

김학민 이사님께서는 이용복 회장님께 서울로 올라올 것을 권하셨다고 한다. 주변에서는 그냥 부산에 있는 게 어떻겠느냐고 했지만, 회장님은 경제, 문화, 교육, 언론 모든 것이 서울 중심으로 되어 있어 부산에서 아무리 전국대회를 열고 열심히 활동한다고 해도 택견을 대중화시키기에는 근본적으로 한계가 있다고 판단해서 김학민 이사님의 권유도 있고 하여 고심 끝에 서울행을 결심했다.

1992년 2월 군입대를 앞둔 김현국을 데리고 서울로 올라가셨다. 그리고는 추운 겨울날 전수관 자리를 알아보려고 신촌 부근과 강남 일대를 1주일을 다니다가, 이왕이면 강남에 내야 좀 더 빨리 보급할 수 있을 것이라 생각하고 도산 사거리의 낡은 건물 시하를

---

* 대학재학 중 민청학련 사건으로 투옥된 이래 1970, 80년대 민주화 운동에 적극 참여함. 현 대한택견협회 이사, 생활체육경기도연합회 회장, 한국사학진흥재단 이사장으로 재직중.

얻으셨다. 부산 사무실에 있던 손일환 사무처장의 책상과 필자의 책상만 남겨두고 모든 사무기기와 서류를 서울 사무실로 보내게 되었는데, 손일환 부회장님은 전수관을 운영하고 계셔서 1주일 동안 혼자 이삿짐을 쌌다

이삿짐이란 정리되어 있을 때는 작어 보여도 풀어놓고 보면 놀랄 정도로 많다. 필자가 직접 짐을 챙겼으므로 많다는 것을 알았다. 최소 2.5톤 트럭을 불러야 한다고 했다. 회장님과 손일환 부회장님은 1.5톤만 해도 된다고 하셨다. 필자는 2.5톤을 해야 한다고 고집부렸다. 이삿짐센터에서도 작은 차가 없다며 2.5톤 차가 왔다. 짐을 싣고 보니 2.5톤 차도 작게 느껴졌다.

필자는 혹시라도 서울까지 가다가 없어지는 것이라도 있을까 봐 물품 박스마다 표를 만들어 번호표를 붙이고, 짐을 내릴 때 체크할 수 있도록 따로 목록을 만들어 보냈다.

다음날 아침 7시에 짐을 받아본 회장님께서 놀란 목소리로 전화를 하셨다.

"뭘 이렇게 많이 보냈냐?"

"그냥 있는 거 다 보낸 건데요."

전화를 끊고 나서는 '그러니깐 1.5톤으로는 안된다고 말씀드렸는데…' 하며 혼잣말을 했다.

회장님 가족은 부산에 있었고, 따로 집을 구할 수 있는 여건이 안되었으므로 서울 전수관 안에 칸막이를 하여 탈의실을 만들어 그곳에서 생활하셨다. 연 100억 매출을 하던 기업의 대표이셨고, 100평이 넘는 2층집에서 살던 분이 일시에 2평 남짓 되는 지하실 골방으로 거처를 바꾼 것이다. 부산 사무실은 필자 혼자 지키기

시작했다. 새벽에 나와 수련하고, 낮에 사무실에 있다가 동일체육관 가는 생활을 하며 서울로 대전으로 택견 행사를 따라 전국을 다니는, 1년 동안 주거부정의 상태가 되었다.

　서울로 이삿짐을 보내고 얼마 뒤 보라매공원에서 택견계승회* 회원들과 함께 'KBS 건강시대' 촬영을 했다. 당시 택견계승회는 여의도고등학교 뒤에 있는 태권도체육관을 빌려 저녁시간과 주말에 수련을 하고 있었다. 방송 녹화를 마치고 이용복 회장님과 함께 그곳을 둘러보고 근처 찻집으로 옮겨 몇 시간을 이야기한 일이 있다.

　대한택견협회가 서울로 올라오자 충주 택견인들의 반발이 거세졌다. 언론에 택견 보도가 나가면 항의전화를 해대고, 필자가 지도하던 대전의 한국과학기술원과 서울대학교 택견동아리 등 택견협회가 활동하는 곳마다 따라다니며 방해를 하기 시작했다.

　심지어 자기들 외에는 모두가 사이비 택견이라 매도하고, 때와 장소를 가리지 않고 대한택견협회를 비난하고 다녀 더 이상 택견이 왜곡되기 전에 바로잡아야 한다고 판단, 송덕기 선생님의 택견을 배웠던 도기현 선생과 많은 이야기를 하셨던 것이다.

　택견을 어떤 방향으로 발전시켜나가야 하는가 하는 이야기들이었는데, 이용복 회장님께서는 무술, 무도, 무예의 개념 정립부터 다시 해야 한다고 하셨나. 그리고 공중부양, 축지법같은 신비주의에 빠져서는 안되며, 택견을 신비한 무술적 개념으로 보는 것

---

* 1983년부터 송덕기 선생님에게 배웠던 도기현 선생을 중심으로 '택견계승회'가 창립되고, 2000년 8월에 사단법인 결련택견협회로 발전함.

보다 그냥 생활 속에서 함께 전해 온 무예였음을 강조하셨다.

도기현 선생은 그래도 너무 적나라하게 밝혀버리는 것보다 최소한 무언가 신비한 것이 있을 수도 있다는 여운을 남겨두는 것이 좋지 않겠냐며, 택견이 별거 아닌 시시한 무술로 보여질까 염려된다고 했다.

문화재청에 등록되어 있는 택견은 신한승 선생님이 재정립하는 과정에서 송덕기 선생님의 택견과 너무 다르므로 바로잡아야 한다며, '송덕기 택견'을 배웠던 도기현 선생에게 택견 원형 바로 세우는 일을 함께 하자고 제의하였다. 도기현 선생은 수련체계를 정리해야 한다며 시간을 달라고 했었다.

이후에도 몇 차례 만남이 있었는데, 매번 장시간 토론하였지만 특별한 결론없이 열심히 노력하자는 것으로 마무리를 지었다. 필자로서는 재미난 이야기들을 들을 수 있었으므로 즐겁고 흥미로운 시간이었다. 계승회에서는 1992년 11월, 혜화동 로터리의 한 건물 지하를 임대해 계승회 전수관을 만들었다.

KBS '건강시대' 촬영을 마치고(1992년 2월, 보라매공원에서)

꿈과 열정

꿈이 있으면
열정은 솟아난다.

회원들이 많이 늘어 야외에서 수련지도하는 모습. 한국과학기술원

결혼

어릴적 누구나 한번쯤은 연예인이 되고 싶다거나 신문이나 방송에 나와 보고 싶었을 것이다. 필자 또한 사춘기 시절 유명한 연예인들을 선망의 대상으로 여겼었다.

1992년 4월 14일 「스포츠 조선」에 전면 가까운 크기의 기사가 났었다. 필자의 의지와는 관계없이 주례도 하객도 없는 '결혼'을 하게 된 것이다. 부산에서 혼자 본부전수관 지도하고, 사무 보고, 저녁에는 동일체육관 지도를 하고 있던 필자는 이 기사 인터뷰를 위해 4월 9일 야간열차로 서울에 올라와, 다음날 「스포츠 조선」에 가서 사진 촬영을 하고 인터뷰를 했다.

김동국 기자님은 인터뷰를 마친 뒤 "하루만 더 있다가 내려가면 안되나요?" 하고 물었다.

"내일 강습이 있어서 오늘 내려가야 합니다. 그런데 왜요?"

"개그우먼 김미화씨랑 많이 닮아서요. 연락해서 같이 만나보면 어떨까 하는 생각이 들어서요" 하면서 국내 홍일점 여성 지도자라는 것보다 김미화씨랑 닮은 모습에 더 관심을 갖는 듯 했다.

"하루만 더 있다가 가세요!"

"저도 닮았다는 이야기를 여러 번 들어서 궁금하긴 한데, 아쉽지만 그냥 내려가야겠어요. 다음에 만날 기회가 있겠죠."

'째차기'명수 무림여걸

'택견'과 결혼했어요

국내 홍일점
처녀사범
여덕

입문 8년…
반대 하던 부모님

부산 '동일화성' 서 제자양성
대회 우승하자 적극 후원

〈사진=신보선 기자〉

「스포츠 조선」의 기사

여 덕

「르네상스」 기사

아쉬운 마음만 남겨두고 부산행 기차를 타러 갔다.

그런데 '택견과 결혼했어요' 라고 광고(?)를 내는 바람에 아직까지 진짜 결혼을 하지 못하고 있다. 예전에 김상훈 초대 회장님께서 멋진 남자를 소개시켜 주겠노라고 말씀하신 일이 있었다. 그래서 2005년 행사 때 더 늦기 전에 결혼을 해야겠다 싶어 "회장님, 멋진 남자 언제 소개시켜 주시겠습니까?"

회장님을 본김에 농반진반 말씀드렸다.

"여덕이 결혼했잖아!"

"저, 아직 결혼 안했는데요?"

"택견하고 결혼했잖아~!"

옆에 계시던 임채정 회장님, 문학진 회장님 모두가 껄껄껄 웃으셨다. 얼마 전 정기총회 때 김상현 회장님께서는 "여덕씨는 택견 하고 결혼했지요" 하며 아예 기혼녀로 인정을 하셨다. 이러다 정말 결혼을 못하는 건 아닌지 모르겠다. 택견과 결혼했다고 광고 기사를 낸 김동국 기자님께 책임져 달라고 해야 하는 건 아닌지….

1992년 6월호 『르네상스』지에 필자 기사가 전면 사진과 함께 실렸다. 대전과기원 지도를 하고 서울 사무실에 올라와 있던 어느 날 아침 한 아주머니께서 전화를 했는데, 딸이 필자를 만나러 갔다는 것이다. 중학교 2학년인 딸이 택견사범이 되고 싶다며 택견을 배우게 해 달라고 부모님께 떼를 썼던 모양이다. 그 학생의 집은 부천이었는데, 당시 택견을 배울 수 있는 곳이 부천에는 없었다. 아무리 얘기해도 말을 안 들어 속상하다며 잘 설득시켜 달라고 간곡히 부탁했다.

10시가 조금 넘어 학생이 왔다. 차를 마시며 마주 앉아 이야기를 나누었다. 감수성 예민한 나이에 충분히 그럴 수 있다고 이해를 하고 차근차근 설득하기로 했다. 필자 또한 중학생 시절 조용필을 좋아했던 이야기도 들려주며, 지금은 공부를 해야 할 때니 열심히 학교 다니고, 대학 들어가고 나서 다시 오면 정말 열심히 가르쳐 주겠노라고 약속하였다. 일도 많고 바쁜 때였지만 그 아이에겐 중요한 결정이었으므로 손을 꼭 잡고 설득시켜 집으로 돌려보냈다. 지금쯤 어른이 되었을 텐데, 하고 싶은 일을 하며 잘 살고 있으리라 믿는다.

한번은 한 총각이 기사를 보고 사귀고 싶다며 찾아온 일도 있

었다. 그 강원도 총각은 필자가 나이가 더 많아 그냥 누나 동생하
자고 했더니 실망을 하고 가버렸다. 순수한 총각 마음에 상처를
준 것 같아 미안했다. 요즘은 연상연하 커플도 많은데… 그 총각
지금 어디서 무엇을 하고 살고 있을까?

1992년 6월 대전의 과기원에 택견을 알리게 된 것은 당시 노
조위원장이었던 박재욱씨가 협회로 출장지도를 요청한 것이 계
기가 되었다. 그때 회장님께서 『위험할 때 호루라기 세 번』을 준
비하고 계셨었는데, 사진 촬영과 협회, 이사회 등 일이 많아 부산
에 자주 내려오셨다. 처음엔 큰선생님께서 지도가실 때 따라다니
다가 나중엔 혼자 1주일에 두 번씩 서울 부산을 오가며 대전에 들
러 지도를 했다.

고속버스로 유성에 내려 택시를 타고 과기원으로 가서 지도
를 하고, 끝나고 나면 최상용씨가 항상 터미널까지 태워 주었다.

과기원 수련생들의 첫 심사를 끝내고

그런데 추운 겨울 어느 날 운동을 끝냈는데도 최상용씨가 안보였다. 집에 급한 일이 생겨 일찍 퇴근을 했다는 것이다.

그날 따라 박재욱씨도 없었고, 늦은 시간에 정문까지 걸어 나왔는데 버스도 오지 않고 지나가는 택시도 한 대 없었다. 추워서 더 이상 기다릴 수가 없었다. 그래서 아무 차라도 태워달라고 손을 들고 한참을 서 있었다. 어느 남자분이 차를 세우고 시내까지 태워주겠다고 했다. 낯선 사람이라 조심스럽기도 했지만, 그냥 길에서 떨고만 있을 수도 없었다. 차 번호를 확인하고 고맙게 올라탔다.

"늦게까지 공부하고 가나 봐요."

"아니요 운동하고 갑니다."

"무슨 운동을?"

"네, 택견 선생입니다."

"어이쿠~ 잘못하면 맞겠네요."

농담을 하고는 유성 터미널까지 태워주었다. 그때 명함이 없어 연락처를 못 드렸는데 정말 고마웠다.

윤성기 교수님을 비롯하여 과기원에서 택견을 하던 사람들은 정말 열성적이었고, 또 받아들이고 이해하는 게 무척 빨랐다. 수련 분위기는 점점 무르익어 80명이 넘었다. 실내체육관에서 수련을 했는데, 농구하는 사람들과 검도하는 사람들이 있어 택견 하기에는 체육관이 좁았다. 그래서 가끔은 체육관 앞 공터에서 수련하기도 했다.

과기원의 택견 수련생들보다 더 열성적인 아리랑극단 사람들을 만났다. 과기원 지도할 때는 사람들이 많아 큰 소리를 질러야 하는 어려움이 있었는데, 아리랑극단은 좁은 실내라 작게 말해도 되었지만 또 다른 어려움이 있었다. 1992년 7월, 이용복 회장님과 함께 아리랑극단 단원들에게 택견지도를 하면서 김명곤(전 문화관광부 장관)씨를 처음 만났다. 극단에는 〈서편제〉의 주인공 오정혜씨도 판소리 강사로 나오고 있었다. 오정혜씨가 〈서편제〉로 스타에 오를 줄 그때는 몰랐다.

김명곤씨는 택견과 인연이 깊은 분이다. 1978년 『뿌리깊은나무』* 편집부 기자로 「팽개쳐진 민중의 무술 태견」이라는 제하의 기사를 쓴 일이 있다. 이 기사를 쓰기 위해 충주와 계룡산을 다니며 열 일곱 사람을 만나 자료를 수집했다고 한다. 1992년 이애주 교수님의 소개로 회장님과 만난 김명곤씨는 중앙전수관에서 회장님께 직접 6개월간 택견지도를 받기도 했다.

김명곤씨가 이끄는 아리랑극단은 조그만 건물 지하를 연습실로 사용하고 있었는데, 한여름에 환기가 잘 안돼 몹시 습하고 무더워 가만히 있어도 땀이 줄줄 흘러내렸다. 그러나 그곳에서 연습하는 사람들의 열기는 한여름 더위보다 더 뜨거웠다. 수련을 하고나면 모두가 땀으로 목욕을 한듯 흠뻑 젖어 속옷이 다비치어 민망할 정도였다. 배우들의 눈은 항상 반짝거렸으며, 그 열정어린 눈빛으로 서로 쳐다보고 땀 흘리기 경쟁을 하였다.

연습 후 시장한 단원들이 선채로 냄비뚜껑에 담은 라면을 땀

---

* 1976년 창간. 10.26사태 이후 언론통폐합으로 폐간당함.

땀을 흠뻑 흘리고 난 뒤 기념촬영을 한 아리랑극단 단원들.

다. 지금도 많은 연극인들이 어려움 속에서 배우의 꿈을 키우며 땀을 쏟아내고 있을 것이다. 택견하는 사람들도 이러한 열정이라 면 못 이룰 일이 없을 것이라는 생각을 하며, 이때 열정이 무엇인 지 흘린 땀만큼 찐하게 느낄 수 있었다.

갈등

갈등을 잘 이겨내면
발전할 수 있다.

내용증명

　손일환 부회장님이 엄청 화가 나서 출근을 했다. 너무 기가 차서 말이 안 나온다며 마침 서울에서 내려와 계신 회장님께 신문기사를 보여드렸다. 회장님도 읽어보고는 표정이 어두워졌다. 기사는 당시 충주 쪽의 일방적인 주장을 여과없이 싣고 있어 이후 대한택견협회와 충주 택견이 극도로 대립하게 된 실마리가 되었다.

　다음은 1992년 6월 23일자 「일간스포츠」 기사 내용(전문)이다.

　"애써 되찾은 우리의 전통무예 택견이 왜곡, 변질돼 가는 모습을 그냥 두고 볼 수만은 없습니다. 전통무예의 원형을 그대로 간직한 정통택견의 보급을 위해서라면 무슨 일이든 서슴지 않겠습니다."

　중요무형문화재 제76호인 택견의 유일한 기능보유자 후보 정경화씨(38. 충북 충주시교육청 근무)가 안타까움을 호소하고 나섰다. 단절의 위기에서 지난 87년 타계한 송덕기옹, 신한승씨 등 두 인간문화재의 집념어린 노력으로 가까스로 원형을 복원한 우리 민족 고유의 전통무술 택견이 제대로 보급되기는 커녕 오히려 변질될 위기를 맞고 있다는 걱정 때문이다.

　정씨가 심각하게 우려하고 있는 것은 최근 서울, 부산 등지에서 전개되고 있는 '택견의 스포츠화' 운동. 사단법인 대한택견협회(회장

김상훈)이 주도하는 이 움직임은 택견에 점수제 등 경기적 측면을 도입해 국민 스포츠로 대중화시키자는 취지다. 이는 현재 문화부 당국이 '문화재' 측면에서 보존하려는 충주 택견과는 현격히 다르다.

이에 정씨를 비롯한 택견인들과 충주지역 학자·후원자들로 결성된 한국전통택견회(회장 이규학)는 이같은 경기화 움직임이 택견의 본질을 왜곡시켜 또 다른 차원의 단절을 재촉하는 것이라고 강변한다.

정씨는 택견협회가 가장 기초동작인 품밟기에서부터 '원형변질'을 하고 있다고 지적한다. 정통택견은 3각보법을 따르는데 이를 변형, 역삼각형으로 품밟기를 하고 있다는 것. 기본동작이 달라짐에 따라 모든 무술기법이 전체적으로 조금씩 변모했다는 것이다.

"가장 중요한 점은 택견의 생명과도 같은 특유의 부드러움입니다. 유연함과 또 그 부드러움 속에서 뿜어 나오는 탄력을 이용하는 고유의 파괴력 등이 모두 변질돼 강하고 딱딱함만을 강조하는 태권도의 아류와도 같은 기형이 됐습니다"고 정씨는 말한다.

또한 스프츠화가 되려면 경기의 승패를 가리기 위해 점수제가 도입돼야 하는데 이 과정에서 무술 특유의 날카로움이 사라져 버린다는 주장. 과거 당수도, 공수도로 통하던 고유의 태권도가 경기화되면서 순수무술의 전통을 잃어버린 것이 단적인 예라는 것이다.

'준인간문화재'라는 영예를 갖고 있지만 개인에 불과한 그가 협회쪽의 경기화 움직임을 막기에는 역부족이다.

"그러나 민족혼을 담고 있는 택견만큼은 순수 무예 원형 그대로 보존돼야 합니다. 그러기 위해선 문화재 택견의 대중적 보급이 시급하다"며 정씨는 갖가지 계획을 밝힌다.

우선 정통택견의 대중적 인지도를 높이고자 서울 등 대도시 문화센터에 정기적인 강습을 개설할 예정. 또한 택견 보급에 나설 도장도 찾고 있다. 이 경우 사범을 파견하는 등 모든 지원을 아끼지 않을 작정이다.

신라 때부터 우리 민족의 혼과 기상을 담고 전해져온 택견은 일제 이후 인멸의 위기에 놓였다가 신한승씨의 노력으로 지난 83년 중요무형문화재로 지정받았다. 현재 택견의 총본산인 충주택견도장은 충주시로부터 무상임대받은 25평 남짓의 철거대상 건물에서 90년 10월 기능보유자 후보로 지정된 정씨, 국가이수자 박만엽, 양만하씨 등 40여 명의 수련생이 정통택견의 맥을 잇기 위해 구슬땀을 흘리고 있다.

정씨는 지난 75년 고 신한승씨 아래서 택견을 연마하기 시작했으며, 87년 스승의 타계 후엔 외롭게 도장을 이끌어 오고 있다.

택견충주전수관 (0441)848-7044

기사가 대한택견협회를 비방하는 것은 물론, 내용 여러 곳에 오류와 의문점이 있어 확인차 바로 내용증명을 발송하였다.

정경화 귀하

지난 6월 23일자 일간스포츠에 게재된 귀하의 발언은 택견의 발전에 손상을 끼칠 우려가 있는 것으로써 매우 유감스럽게 생각합니다. 귀하의 발언중 부정확하다고 판단되는 점을 지적하여 아래와 같이 질문하니 책임있는 해명이 있기를 기대합니다.

아　래

1. 택견은 고래로 경기, 놀이였다는 것은 무형문화재조사보고서 등의 자료에 분명히 밝혀져 있다. 따라서 '경기화' 라는 용어는 온당한 표현이 아니다. 활성화, 대중화라고 고쳐 부르기 바란다.

2. 택견을 대중적 스포츠로 활성화하는 것은 택견을 올바르게 전승하는 것이라고 본다. 신한승 선생께서 택견을 국민적 스포츠로 육

성하려고 노력해 왔던 점을 귀하도 잘 알고 있지 않은가? 귀하가 택견 경기를 부정하는 것은 스승의 유지에 배치되는 것이 아닌가?

3. 경기의 점수제는 1985년 신한승 선생에 의해 작성된 것이며, 이 규정에 의해 같은 해 부산에서 제1회 택견경기회를 개최한 것을 귀하가 모를 리 없을 것이다. 그러므로 귀하는 스승의 노력에 비판을 가하고 있는 것이다. 그러나 협회에서는 점수제가 승패판정 요인으로 거의 작용하지 못한다는 결론을 내리고 이를 폐지한지 오래되었다. 귀하가 이 사실을 몰랐던 것으로 이해하겠다.

4. 귀하는 점수제가 승패를 가르는데 필수요건인 것처럼 말했는데 택견의 경우 점수제는 필요치 않다. 이것은 씨름의 경우와 비교하면 이해가 될 것이다. 그리고 옛날 택견경기에 점수제가 있었다는 근거가 전혀 없다.

5. 귀하는 점수제가 무술 특유의 날카로움을 없앤다고 했다. 이것은 택견이 곧은발질을 배제하고 급소공격을 피하는 것과 같은 택견의 고유한 원리에 반하는 견해이다. 귀하의 이 주장에 대해 논리적 설명이 가능하며, 또한 실례를 들 수 있는가?

6. 역품자 밟기는 송덕기 선생으로부터 직접 배운 바가 있다. 신한승 선생도 역품밟기를 하고 있을 뿐만 아니라 귀하 자신도 역품밟기의 원리로 동작을 하고 있음을 부정할 수 없다. 이처럼 역품밟기는 새롭게 만들거나 변형시킨 것이 아니므로 전체적인 형태

에 특별한 영향을 주는 것이 아니다. 다만, 경기방법의 숙련을 위해 역품밟기가 강조되고 있을 뿐이다. 귀하가 역품밟기의 논리를 이해하지 못하거나 아예 이 부분에 대한 정보를 갖지 못한 소치라고 보는데, 귀하의 입장은 어떠한가?

7. 택견의 구조는 파괴력 위주가 아니고 도괴력을 위주로 하는 것이 상식 아닌가. 부드러움에서 나오는 고유의 파괴력이란 대단히 애매모호한 말인데 구체적으로 어떤 동작을 예거할 수 있나?

8. 파괴력이 변질되어 태권도의 아류와 같은 기형이 되었다고 했다. 도대체 누가 누구에게 던져야 할 힐책인가? 문제의 기사와 함께 실린 귀하의 동작사진 3매 모두가 태권도와 구분하기 어려운 것들이다. 예를 들면 '는질러차기는 발을 들어 발바닥으로 복장 높이를 는질러차는 동작' 이라고 하는데 귀하의 동작이 이 설명과는 전혀 딴판이지 않은가? 1991. 5. 12 놀이마당에서 발표한 귀하와 전수생들의 시연 VTR을 보면 태권도를 하는 사람이라면 겨루기 장면이 모두 저급한 태권도 겨루기와 방불하다고 느낄 것이다. 넘어뜨리기 위해 차는 발길질과 타격을 가하는 발길질이 운동원리나 동작형태가 달라야 한다는 기초적인 원리를 숙지하지 못하고 있지나 않은지 의심이 간다.

9. 귀하가 주장하는 순수원형이란 신한승 선생의 체계를 지칭하는 것이라 믿어진다. 그런데 1971년에 제작한 VTR에서 보이는 송덕기 선생의 동작과 1983년에 제작한 VTR에서 보이는 신한승 선생

의 동작은 서로 상이점이 있어서 얼른 보면 전혀 딴 무예처럼 보이기도 한다. 신한승 선생은 송덕기 선생의 택견을 전승했다. 문화재는 고유한 원형이 보존되어야 한다고 보는데, 어느 쪽이 원형인가? 그리고 귀하가 문화재 택견의 맥을 제대로 잇고 있다면 송덕기 선생의 동작을 실연해 낼 수 있는지 묻고 싶다.

10. 문화재 전승은 지역적 특성도 고려되어야 한다. 택견은 서울 일원에서 유행되던 민속놀이로써 오늘에 전승되었다. 신한승 선생도 서울 태생이고 서울에서 택견을 접하였다. 그런데 충주가 택견의 본산이니 메카니 하는 것은 문화재 전승의 지역성을 왜곡하는 것이 아닌가?

11. 한국전통택견연구회는 송덕기, 신한승 두 기능보유자를 상임고문으로 모시고 84년 문화부 관할 사회단체로 출발하였다. 연구회에서는 택견보급과 지도의 효율성을 감안하여 신한승 선생의 학습체계를 지금도 그대로 시행하고 있다. 아마 귀하보다 더 신한승 선생의 동작과 접근하고 있을 것이다. 그렇다면 귀하가 말하는 문화재 택견은 협회조직을 통하여 전국적으로 보급되고 있는 것이 아닌가? 만약 이 사실에 이의가 있다면 원형보존용 VTR을 표준으로 삼아 귀하와 연구회가 함께 참가하는 공개실연을 열어 실제로 비교 검토해 보면 확인될 것이다. 공개실연에 응하겠는가?

12. 귀하는 스승의 덕분으로 국고보조와 전수장을 무료로 사용하는 혜택을 누리고 있지만, 우리 연구회 회원들은 오직 사비를 들여

비싼 임대료를 물면서 희생적으로 택견전수에 전념하고 있다. 귀하가 정통택견의 보급을 위해 무슨 일이든지 할 각오라면 직장을 사직하고 택견사업에 몰두할 의사가 없는지?

13. 택견협회는 각자의 택견 형태와 다양한 의견을 포괄적으로 수용하는 협의기구이다. 귀하가 사심없이 택견의 중흥을 위한다면 기왕에 공익법인으로 조직을 가진 택견협회에 참가하여 충주택견을 보급할 의사는 없는가? 협회는 귀하의 희망에 따라 언제나 문이 열려있음을 알린다.

14. 귀하는 충주택견의 대중적 보급을 위해 사범파견 및 지원을 아끼지 않겠다고 하였다. 현재 충주에서 경력과 소양을 갖추고 있으면서 타 지역으로 파견나갈 만한 지도자가 없는 것으로 알았는데 다행으로 생각한다. 최근 협회조직이 급격히 확대되면서 지도자 파견요청이 늘고 있다. 협회 산하 단체에서 지도자 파견을 요청한다면 이를 수용하겠는가?

이상 열거한 질문에 대하여 1992년 7월 25일까지 성실한 답변을 해 줄 것을 바랍니다. 아울러 택견협회에서는 귀하의 발언이 협회의 명예를 훼손하였다는 판단 아래 문화부 당국에 귀하의 발언과 관련한 사실 여부의 확인과 함께 원형재심 요청을 할 것과, 귀하에 대한 사법적 조치를 신중하게 검토하고 있음을 본인이 사단법인 대한택견협회 사무처장 자격으로 공지합니다.

모쪼록 귀하의 성실한 태도를 촉구하며, 그러므로써 이 문제가 원만하게 해결될 수 있기를 기대합니다.

1992년 7월 13일

사단법인 대한택견협회 사무처장

한국전통택견연구회 상임이사

손 일 환

3주쯤 뒤 회신이 왔다.

중요무형문화재 제76호 택견

택견 제35361호

발신 택견 국가장학전수생   천 정 엽*

수신 대한택견협회 사무처장 손 일 환**

제목 92. 7. 13. 내용증명 우편으로 발송한 손일환의

택견 왜곡에 대한 14항의 질의 회신

92. 7. 13자로 택견의 전승자이신 정경화 선생님께 귀하가 발송한
14개항의 질의에 대한 내용은 모두 그 자체가 오만하기 그지없으며,
택견의 원형은 고사하고 한국인으로서 문화재를 경멸하고 있음은 물
론 그 자체를 파괴하고 훼손하는 문구로 적혀 있어 본인은 문화재 택

---

*　1967년생. 정경화의 제자. 본인은 이 편지를 보내지 않았다고 함.
**　1953년생. 이용복의 제자.

견의 원형을 전수하는 입장에서 도저히 철면피같은 귀하의 질문사항에 대해 답변할 가치조차 없음은 물론 택견의 원형보존과 문화재 훼손을 방지키 위해 귀 단체인 대한택견협회에 다음 사항을 촉구하니 민족을 매도하는 그러한 우매한 짓은 추호도 없기 바란다.

가. 택견은 우리 민족의 유일한 민족무술인 만큼 본 무술을 스포츠(경기)화하여 놀이 형태로 전락시켜 일제의 역사 왜곡에 동조하는 행위를 하지 말 것이며,

나. 무형문화재로 지정된 택견의 전통문화에 대한 중요성을 인식하여 함부로 단체를 만들어 택견의 파벌 및 이미지를 흐려 놓은 행위를 삼가고,

다. 진정 우리 민족무술인 택견의 원형 및 보급 발전을 위하는 사심없는 길을 걷고 싶다면 무도인의 소양을 갖춰 일주간의 사사가 아닌 그보다 더 못한 무례를 받았다 할지라도 자기를 가르쳐 준 선배나 스승을 저버리는 윤리와 도덕에 어긋나는 기본적인 행동부터 고쳐 진정한 무도인의 길을 걷기 바라며,

라. 올바른 택견의 보급 발전을 위하는 마음이라면 84년도 충주에서 1주 동안 체류하며 택견을 배우던 그때의 순수한 모습으로 돌아와 더욱 연마하여 후배들을 기만하는 일이 없도록 할 것이며,

마. 앞으로는 중요무형문화재 제76호 택견의 이름을 함부로 도용하

지 말고 목적에 어긋나는 대한택견협회 명칭을 변경하여 사용해야 할 것이다.

바. 2천년 동안 전승되어온 우리 민족무술이 사사로운 일로 인해 왜곡되고 변질되지 않도록 각별 유념하여 개인의 모조품인 택견이 아니라 올바른 택견을 익혀 지도자의 길을 걷기를 바라는 마음이라면 본 질문사항에 대한 이치에 어긋나는 귀하의 무례한 질문사항 모두를 취소하여 용서를 청하기 바란다.

사. 위 내용을 잘 숙지하여 양심이 조금이라도 있다면 지금까지의 과오를 씻어버리고 참신하여 민족의 전통성 확보에 노력하기 바라며,

아. 다시는 이번과 같은 어리석은 질문은 하지 말고 택견에 대한 질문이 있다면 우리나라의 유일한 준기능보유자 정경화 선생님의 명예를 훼손하는 행위는 절대 삼가고, 그대가 진정 택견인이라면 정중한 자세로 질의에 임해야 할 것이다.

자. 끝으로 손일환 개인의 택견이 아닌 나라가 인정하는 문화재 택견의 진수를 익혀 택견 발전에 보국하기 바란다.

1992. 8. 08.

발신자 주소 : 충주시 성내동 154-1번지 택견전국총전수관

　성명 : 중요무형문화재 제76호 택견 국가장학전수생

　천 정 엽

수신자 주소 : 부산시 진구 범천1동 858번지 대한택견협회

　성명 : 손 일 환

충주측은 이전에도 협회를 비방하는 일이 여러 번 있었다.

1991년 5월 12일 서울놀이마당에서 있었던 무형문화재 공개 시연 당시에도 수천 명의 관중들에게 "택견을 제대로 배우지도 못한 사람들이 택견협회를 만들어 엉터리 택견을 보급하여 전통 문화를 훼손하고 있다"는 요지의 말을 하기도 했고, 1991년 7월 16일자 주간 「북소리」에는 〈고구려의 선비기상 잇는 민족고유 전통무예 택견〉 제목 아래 4페이지의 택견 소개 사진과 함께 다음과 같은 내용이 실려 있다.

택견은 한양(서울) 도성 안의 우대택견과 성밖의 아랫대택견으로 나뉘어져 성행했던 것으로 확인되고 있다.

우대택견은 사직동, 유각골, 삼청동, 옥동(지금의 옥인동), 구리개(지금의 을지로입구)를 중심으로, 그리고 아랫대택견은 왕십리, 동천, 모화관, 애오개, 굴레방다리(지금의 아현동)를 중심으로 세를 확보하고 있었으며, 특히 왕십리에 힘센 택견꾼들이 많았다고 전해지고 있다. 이때의 택견터는 유각골 안터바닥으로 주로 싸움택견(일명 결련택견)이었다.

택견은 능청*대고 굼실**거리는 몸짓을 특징으로 하고 있다. 정경화씨는 "능청거린다는 것은 아무 일 없었던 것처럼 딴청을 부린다는 것이고 굼실거린다는 것은 느리고 더디다는 것"이라며 "능청거림과 굼실거림은 동양화의 여백과 같은 넉넉함이며 동시에 여유로움"이라고 밝혔다.

이러한 몸놀림은 단순히 우리들의 체질에 맞는 고유의 몸짓이라는 의미 이외에 타격점을 흐리게 하고 충격을 완화시켜 준다는 과학적 의미까지 내포하고 있다. (중략)

택견의 메카 충주중심 저변확대 꾀해

전국에서 택견의 원형보존과 보급이 활발하게 이루어지고 있는 곳은 충북 충주이다. 정경화씨는 "택견전수자의 절대부족에 따른 체계적 보급의 어려움과 유사택견의 성행이 택견의 부흥을 막고 있다"며 안타까워했다.

"택견의 낱기술 몇 개를 익혀 그것이 곧 택견인양 보급하는 것은 고유 몸짓을 기존의 외래 무술 속에 침윤시킴으로써 원형파괴를 재촉하는 결과를 낳고 있다."

택견이 민중성을 갖고 오랜 역사를 지내오는 동안 저변에 깊이 깔린 놀이문화였다는 점을 감안하면 그 재현은 민족혼을 일깨운다는 점에서 시급하다.

---

* 능청-능청 : (줄이나 가는 막대기 따위가) 탄력성있게 크게 휘어지거나 흔들리는 모양.
** 굼실-굼실 : 벌레 같은 것이 느릿느릿 굼틀거리는 모양.

특히 우리의 전통문화가 특정인에 의해 골동품화되고 박제화되어 계승되는 현실 속에서 택견의 대중성 확보가 갖는 의미는 크다. 그러나 택견의 박제화를 막고 열린 대중공간 속으로 확산시키려는 시도는 자칫 택견의 엘리트화를 부추기면서 변질 내지 변형을 유발시킬 위험을 안고 있음을 간과할 수 없다.

"무술이 스포츠화되면 그 생명은 끝난 것이나 다름없다. 시합술에 치중하다 보면 자연스럽게 몸짓이 파괴되고 몸짓이 깨지면 무술은 본래의 힘과 의미를 상실하게 된다. 택견에서 시합술이 강화되면 될수록 택견은 태권도의 아류로 전락하고 말 것이다."

또 충주전수관에서 만든 유인물에서도 협회를 헐뜯고 있다.

흔히들 '택견' 하면 태권도의 옛 형태 정도로 생각하고 있는 분들이 많이 계십니다만, 사실 택견과 태권도는 많은 차이가 있습니다. 태권도가 강하고 직선적이라면, 택견은 부드럽고 곡선적입니다. 태권도가 상대에게 치명적인 타격을 주는데 효과적이라면, 택견은 상대를 순식간에 넘어뜨려 상대로 하여금 자기의 실력이 없음을 알고 스스로 물러가게 하는 인간적인 무예입니다.

그렇다고 해서 무예의 필수요소인 살상능력이 부족하다는 것은 아닙니다. 택견에도 일격에 상대를 쳐죽이는 무서운 기술들이 모든 동작에 내포되어 있지만, 이것을 써야 할 때라도 상대가 크게 다치지 않도록 극도로 자제한다는 것입니다. (중략)

안타까운 것은 일부 타 무술을 전공한 이들이 문화재관리국의 허가*도 없이 제멋대로 대한택견협회라는 단체를 만들어 활동하고 있는 것입니다. 그들은 전 체육청소년부에 사단법인으로 등록까지 하였는데, 그로 인해 지금까지 많은 문제점들이 발생하고 있습니다. 왜냐하면, 그들은 택견을 제대로 배운 적도 없을 뿐 아니라 제멋대로 택견을 왜곡하고 있으며, 심지어는 돈을 받고 사범증을 남발하고 있기 때문입니다.

이들은 당시 김근형이 지도하던 중앙문화센터와 진로문화센터의 가을학기 강좌 유인물에도 위와 같은 맥락의 내용을 기재하여 유포하였다.

92년 8월호 『모닝컴』의 기사에서는 "터무니없는 가짜들이 설쳐되고, 택견이 뭔지도 모르는 사람들이 협회다 뭐다 잘 만들어요"라고 했으며, 93년 9월 2일 「시티라이프」 기사에는 "일부 못난 사람들이 태권도를 오용해 택견전수자인양 떠들고 다니는데…" 하여 기자가 "요컨대 택견에도 사이비가 있다는 얘기다"라고 하였다.

정확하게 대한택견협회라고 지칭하지 않았지만, 당시 택견 관련 법인은 하나밖에 없었으므로 택견을 하는 사람이라면 대한택견협회를 비방하는 것이라는 것을 누구나 알 수 있었다. 합법적인 절차로 설립된 대한택견협회를 사이비단체로 비방하고 다녀 제대로 정보를 알지 못하는 사람들로부터 오해를 받기도 했다. 이렇게

* 체육관련법인으로 문화재관리국 허가사항이 아님.

사이비 택견단체라고 비방을 해대니 심지어 협회 주최 지도자 강습을 받았던 몇몇 사람이 충주택견 쪽으로 옮겨가기도 하였다.

어려운 여건 속에서도 열심히 택견 보급활동을 하고 있었던 우리는 그냥 가만히 있을 수만은 없어 언론중재위원회에 공문을 보내고, 문화재관리국에도 위와 같은 내용에 대해 입장을 밝혀달라는 사실확인서를 보내기도 했다. 문화재관리국으로부터 "결련택견이란 마을끼리 편을 나누어 시합하는 택견경기를 의미한다"는 내용을 확인받았다. 그 동안 '결연택견'을 싸움수라고 했던 것을 '결련택견'은 경기택견이라고 번복한 것이다. 이는 그나마 어려운 상황에서 얻어낸 소중한 결실이다.

파란 미소

1992년 8월 26일 정경화씨가 과기원을 찾아왔다.

오후 1시에 대구에서 정석재 선생의 결혼식이 있었다. 이용복 회장님께서 주례를 맡으셨고, 필자는 하객으로 참석하였다. 결혼식을 마치고 기차를 타고 대전으로 갔다.

과기원에 도착해 동아리 사무실격인 노조위원장실로 들어가는데 최상용씨가 정경화씨가 와 있다며 당황스러워 했다. 벌써 몇 시간 전에 왔다는데, 한국 과학의 요람인 과기원에서 엉터리 택견을 하면 어떻게 하냐며 자기가 직접 지도를 하겠다며 떼를 쓴다는 것이다. 너무나 어이가 없었다. 지난 6월부터 80여 명의 수련생을 정성껏 지도하고 있는데, 이렇게 막무가내로 찾아와서 억지를 부리는지 이해가 가지 않았다.

노조 사무실에 들어가니 정경화씨가 천정엽과 함께 쇼파에 앉아 있었다. 어설프게 인사를 나누고, 이용복 회장님과 정경화씨는 박재욱씨와 함께 이야기를 하기로 했다. 필자는 수련을 해야 하니 체육관으로 간다고 인사를 드리는데, 천정엽씨가 봐도 되겠냐고 해서 그러라고 했다.

체육관에서 수련생들과 몸풀기를 하고 있는데, 천정엽씨가 이 사람 저 사람에게 말을 걸며 돌아다니는 게 눈에 거슬렸다. 그냥 지켜보는 것은 모르지만, 수업을 하고 있는데 저럴 수가 있나 못마땅했지만 싸움이 일어날까봐 참고 수련을 다 마쳤다.

노조 사무실과 체육관은 거리가 좀 되어서 최상용씨 차로 이동을 하였는데, 차에서 품밟기가 어떻고 활갯짓이 어떻고 하면서 택견이 아니라며 비난을 하기 시작하였다. 그러고는 뜻밖이라는 듯이 "본때 여덟 마당도 하네요?" 하는 것이었다.

정경화씨로부터 우리가 택견이 아닌 것을 한다는 이야기만 듣고 그대로 믿고 있었는데, 막상 와서 보니 충주 수련체계와 거의 같다는 것이다. 그러면서도 자꾸 틀렸다고만 하기에 더 이상 참지 못하고, "그러면 언제라도 좋으니 누가 더 신한승 선생님 동작에 가깝게 하는지 비디오를 틀어놓고 공개적으로 시연을 해보

과기원에서의 논쟁을 끝내고(앞 왼족부터 회장님, 정경화씨, 뒤 왼쪽부터 박재욱씨, 필자, 천정엽씨)

자"고 제의를 했다.

최상용씨는 "그것 좋은 방법이네요"라고 하는데, 천정엽은 아무 대답도 하지 않았다.

사무실에 와보니 회장님은 정경화씨와 열띤 논쟁을 하고 있었다. 이야기가 쉽게 끝날 것 같지 않았다. 저녁 9시 20분 기차를 예약해 두었는데 기차시간도 지났고, 직원들 퇴근도 못하고 논쟁은 계속해서 이어졌다. 박재욱씨는 집에도 못가고 안절부절 못하고 있었다.

새벽 2시가 되어서야 겨우 마무리를 하고 잘해보자는 합의를 어렵사리 하게 되었다. 필자가 이런 역사적인 날을 기록으로 남겨야 하지 않겠느냐고 제의를 해 가지고 있던 카메라로 사진 한 장을 찍었다. 사진에서와 같이 회장님과 박재욱씨, 필자가 환하게 웃고 있는 반면, 두 사람은 표정이 잔뜩 그늘져 있다. 그날 논쟁의 결과가 얼굴에 그대로 반영되어 기록된 것이다.

신사동

어제가 있었기에
오늘이 있고,
오늘은
내일이 있기에
살만 하다.

강남 신사동의 도산공원. 이곳에서 촬영을 많이 했었다.

옛날이야기

　서울·부산을 오가던 유랑생활을 끝내고 1993년 1월 드디어 서울로 올라왔다. 당시 동생이 서울대학교에 다니고 있었는데, 1학년 때는 지방학생이라 기숙사 생활을 할 수 있었지만 2학년이 되면서 기숙사를 나와야 했다. 동생 뒷바라지도 할 겸 상경을 결정했다. 당시 필자에겐 400만원이 있었는데 아무리 다녀 봐도 그 돈으로는 방을 구할 수가 없었다.

　그래서 전수관에서 생활을 하기로 했다. 당시 택견을 배우면서 보조강사를 하던 사람들이 여럿 있었다. 전임강사였던 박상만과 몇몇 선생들은 전수관 맨 안쪽의 남자탈의실을 사용했다. 필자는 그 탈의실 옆의 작은 방을 썼는데, 합판으로 칸막이만 되어 있어 옆에서 이야기하듯 숨소리까지 다 들렸다. 회장님은 전수관 입구 사무실 옆에 딸린 4평짜리 집무실에서 기거하셨다. 전수관에서 숙식을 하는 인원이 평균 4~5명이었고, 어떤 때는 지도자 강습을 받느라 10여 명이 공동생활을 하기도 하였다.

　어느 날 어머니가 서울로 올라오셨다. 딸이 전수관에서 생활하는 것을 알면 마음 아파하실 것 같아 사실대로 말씀을 못 드리고, 바빠서 집에 갈 시간이 없다며 둘러대고는 신림동 동생의 자취방으로 모시고 갔다. 동생은 동창인 정수철, 목주영과 함께 신림동에서 자취를 하고 있었다. 필자는 가끔 녹두거리에 가서 동생들에게 저녁을 사주며 즐거운 시간을 갖기도 했다.

김현국이 입대를 하고, 박상만(대전 본관장)이 전수관 지도를 맡고 있었다. 식당밥이란 게 처음 먹을 때는 모르지만 메뉴를 이것저것 바꿔보아도 그게 그 맛이라 금방 물리게 된다. 당시만 해도 도산사거리에는 식당이 별로 없었다. 아침 일찍 밥을 먹을 수 있는 곳이 딱 한 집 있었는데, 반찬이 너무 신통찮았다. 박상만 선생은 굶으면 굶었지 그 식당 밥은 못 먹겠다고 했다. 그리고 수련이 끝나고 밤 10시 반쯤 저녁을 먹으려면 식당들이 문을 닫아버리니 밥을 먹을 곳이 없었다. 끼니 때마다 고민이었다.

밥을 해먹기로 했다. 주방시설이 없어 아쉬운 대로 5천원짜리 중고 가스버너를 사고, 양은냄비랑 그릇 몇 개를 샀다. 냄비에 밥을 하고 국도 끓이고 간단한 반찬 몇 가지는 재래시장에서 사와서 먹는데, 식당에서 먹는 것보다 훨씬 맛있었다.

사무실 옆에 세면장이 있었는데, 소방용 물탱크가 있는 곳으로 귀신이 나올 듯한 분위기였다. 너무 지저분해 사흘에 걸쳐 대청소를 하고, 벽에 흰 모조지를 붙여서 깔끔하게 만들었다. 그리고는 가정용 가스렌지와 중고 냉장고도 장만해서 제법 주방 모습을 갖추었다.

남자들만 있을 때는 아무도 생각을 못하였던 것을 필자가 해내자 회장님은 "어자 히니기 남자 열보다 닛구민…" 하셨다. 강남 대치동 타워펠리스 옆의 판자촌처럼 강남 신사동 부촌 속의 난민 생활과도 같았지만, 우리에게는 내일이라는 꿈과 희망이 있었기에 힘찬 발차기를 할 수 있었다.

그 뒤 돈을 조금 모아 지금은 재개발이 되어 아파트 단지가 들어선 옥수동의 한옥으로 이사했다. 연탄보일러를 사용하는 아주 오래된 한옥이었는데, 마음에 들었다. 옥수동 꼭대기에 있어 전망도 좋았고, 아침이면 문창살 사이로 따스하게 들어오는 햇살이 마치 시골집에 사는 것 같이 정겨웠다.

1년 뒤 재개발에 들어가면서 전철역이 가까운 금호동으로 이사하였다. 가스 보일러를 사용하는 집이었는데, 혼자 살기에는 참 편하고 좋은 집이었다. 3년만에 월세가 안나가는 전세집으로 이사를 하고나니 내 집을 산 것처럼 좋았다.

사람들은 필자가 컴퓨터를 잘하는 것으로 알지만, 사실은 잘 모른다. 요즘은 거의 모든 일을 컴퓨터로 처리하지만, 그때는 대부분 수기로 하였다. 한해 살림살이를 마무리하는 결산 시즌만 되면 집에 가는 것은 둘째 치고 거의 부처처럼 자리에 앉아 있어야 했다.

혼자서 금전출납부를 근거로 전표 정리하고, 분개장 만들고, 집계표를 만들어내고 하는 것이 보통 시간이 걸리는 일이 아니었다. 계산이 딱딱 맞아 떨어지면 모르지만, 한곳에서 착오가 생기면 그것을 찾아내느라 시간을 보내고, 원시적인 수법으로 일을 하면서 체력과 시간을 낭비하는 것이 너무나 아까워 회장님께 컴퓨터를 사달라고 말씀드렸다.

회장님은 돈쓰는 데는 정말 인색하시다. 택견 사업을 위해 꼭 필요한 돈은 쓰지만 사소한 곳엔 절대 지출을 안 하신다. 컴퓨터가 있으면 수정할 부분만 수정하면 되지만, 타자기로 작성하면 전체를 다시 시작해야 하는 원시적 작업이었다. 그래서 올해 결산작업은 멋있게 컴퓨터로 해봐야지 하는 생각으로 큰맘 먹고 개인통장을 털어 386컴퓨터를 한 대 샀다.

용기를 내어 사기는 했지만 어떻게 켜는지, 어떻게 작업해야 할지 몰라 난감한 지경이었다. 어쩔 수 없이 운동하러 오는 회원들에게 짬짬이 배우기로 했다. 그때 가장 자상하게 가르쳐 준 분이 박정우 이사님이다. 대충 기초적인 몇 가지를 배웠지만, 혼자 있을 때는 고장날까봐 전원 스위치도 켜보지 못하고 시간만 그냥 흘려 보냈다. 멀쩡한 컴퓨터를 옆에 두고 수작업으로 일을 하려니 하루하루가 안타까웠다.

총회 날짜는 점점 다가오고, 일은 산더미처럼 밀려있다 보니 회장님께서 특명을 내리셨다.

"여덕이는 화장실 가는 일 외에는 아무 것도 하지 말고 총회 준비와 결산 일만 하라."

전화도 받지 않고, 밥 준비도 남자들이 하고, 그렇게 한달 동안 책상에 앉아 남자 선생들이 차려주는 밥을 받아먹고, 숟가락을 놓자마자 또 앉아서 일하며 하루에 한 두 시간 소파에 웅크리고 자면서 특권을 누렸다.

아마 고시공부를 그렇게 했다면 합격하지 않았을까 싶다. 그 고생의 기간을 겪고 난 뒤 컴퓨터 관련 책을 사서 독학을 하는데, 신기하기도 하고 재미있기도 하여 밤마다 컴퓨터와 데이트를 하다 보니 실력이 많이 늘었다. 그 뒤 테스트 삼아 워드 1급시험에 응시했었는데, 단번에 붙었다. 택견 단증 딴 것만큼 뿌듯하고 기분이 좋았다.

사무실은 20년 가량 된 낡은 건물의 지하이다 보니 물난리를 많이 겪었다. 주방에서 사용한 물은 오수 탱크에 저장되어 있다가 모터를 틀어 밖으로 배출해야 했는데, 바쁘다보면 깜빡 잊어 오물이 사무실 바닥으로 넘쳐나는 일이 여러 번 있었다. 그 뒤 자동 센서를 달아 일일이 모터를 돌리지 않아도 되게끔 수리하였다.

그런데 9단 큰선생님도 못하고, 천하택견명인 김상민 선생도 못하는, 오직 여덕이만 할 수 있었던 일이 있었다. 1층에는 식당과 부동산, 페인트 등 6개의 가게가 있었고, 건물 입구는 정중앙이었다. 지하에는 택견 사무실과 술집이 있었다. 건물 뒤에는 건물면적만큼 넓은 공터가 있었는데, 사무실 환기구는 옆집 식당 뒤 출입구 담벼락 앞에 있었다. 그 틈새가 워낙 좁아 남자들은 들어갈 수가 없었다.

큰비만 오면 그 환풍기 사이로 빗물이 쏟아져 들어왔다. 벽과 택견 사무실 환기구 사이에 오물이 끼거나, 빗물받이용으로 덮어놓은 장판이 어긋나 있을 때는 옥상에서 배수파이프로 내려온 물이 뒤 공터로 흘러나가지 못하고 바로 사무실로 쏟아져 들어오는 것이었다.

필자는 그 조그만 틈 옆으로 게걸음으로 들어가 보수공사를 하곤 했다. 어릴 적부터 망치와 톱을 잘 가지고 놀아서 웬만한 남자보다 망치질을 잘하는 편이다. 비를 흠뻑 맞으며 뚝딱뚝딱 작업을 하고 있으면 회장님과 김상민 선생은 우산을 받쳐 들고 그냥 지켜만 보고 있어야 했다. 운동할 때는 덩치가 작은 것이 항상 아쉬웠었는데, 이렇게 특별히 할 수 있는 일이 있어서 작은 몸이 유용할 때도 있었다.

체격이 크든 작든 중앙본부전수관 강사라면 누구나 경험했던 일이 있다. 포스터 부착은 단순작업이지만 비용도 적게 들고 홍보 효과가 좋기 때문에 꾸준히 애용되고 있는 방법이다. 여름이나 겨울이나 새벽마다 수련지도 하는 선생 외엔 모두 포스터를 붙이러 다녔으며, 늦은 밤에도 포스터 작업을 하곤 했다. 요즘은 포스터 단속이 심해 많이들 안하지만, 택견을 알리기 위한 홍보수단으로 신문에 전단도 넣어보고 현수막 작업도 해보고, 여러 방법을 시도해 보았지만 포스터가 가장 효과가 좋았다.

이 중앙본부전수관에서는 일반 회원들 지도도 했지만 큰선생님이 계셨기 때문에 지도자 과정을 준비하는 사람이나 전수관 개관을 준비하는 사람이 1년에서 몇 달간 머물며 전수관 운영에 대한 전반적인 것을 배워 독립해 나가는 것이 기본 코스였다.

제일 먼저 박상만 선생이 대전으로, 김진희 선생이 광주로, 임준섭, 신동영 선생이 수원으로, 우동훈 선생이 울산으로 떠나갔다. 이렇게 초창기 선생들은 포스터 붙이는 작업을 충분히 숙달한 후 전국에 택견 포스터를 붙인 것이다.

전수관 관장이라면 포스터에 관련하여 힘들었거나 재미있었던 이야기들도 많을 것이다. 필자 또한 단속반에 걸려 봐달라고 사정사정한 일도 있고, 필자가 붙여놓은 포스터를 보고 회원이 들어오는 뿌듯함을 느끼기도 한다.

수련생들이 한 둘 늘어나고 여름이 되자 회원들이 샤워 시설을 해달라고 했다. 그러나 지하인데다 배수시설 문제도 있고 하여 만들 만한 공간이 없었다. 유일하게 배수시설이 있는 주방을 샤워 실로 쓸 수도 없고. 궁리를 하다가 방법을 생각해냈다. 당시 남자

탈의실은 전수관 안쪽의 비상계단에 장판을 깔고 벽에 못을 박아 옷걸이로 사용했는데, 옥상까지 계단으로 연결되어 있었다. 그런데 그 계단에는 10년도 넘은 쓰레기들이 2미터도 넘게 흉물스럽게 쌓여 있었다. 2층에 건물주인의 사무실이 있었는데, 1층과 지층 사이의 계단 관리를 철저히 할 것을 약속하고 어렵게 허락을 받았다.

3층에 있는 쓰레기는 옥상으로, 2층의 쓰레기는 3층으로 한 층씩 묵은 짐들을 옮기는 데만 5일이 걸리는 중노동이었다. 쓰레기차를 부른다면 몇 대는 되어야 할 정도의 양이었다. 그렇게 해서 지층과 1층 사이의 공간을 확보하고, 그곳에 샤워시설을 만들 수 있었다. 수도는 1층 식당이 있었는데 다행히 우리 택견 회원이 주인이라 식당 주방에서 배관을 연장하여 샤워꼭지를 달 수 있었다. 그런데 배수가 문제였다. 건물 뒤쪽에 배수로가 있을 것이라 생각했는데 이상하게도 없었다.

그래서 식당 옆쪽으로 벽을 타고 건물 앞까지 파이프를 묻어 배수로를 만들었다. 계단에 벽돌을 깔아 바닥을 돋우고, 계단 난간에 턱을 만든 뒤 시멘트와 모래를 섞어 미장을 하고 방수액을 바르는 모든 작업을 수련시간 전에 직접 하였다. 수련시간이 되어 품밟기를 하는데, 방수액에 취해 마치 구름 위를 떠도는 듯하였다. 회장님께서는 "아무튼 여덕이 일 벌이는 데는 못 말린다"고 했다.

중앙본부전수관을 거쳐간 선생들은 다 알겠지만, 그곳의 생활은 잠자는 시간 외에는 눈코 뜰 새 없이 바쁘게 보내야 한다. 주말마다 행사며 시연하러 다니고, 매일 새벽 6시에 일어나 청소하고—아침밥 하고—오전 수련하고—점심 챙겨먹고—잠시 사무보고—오후 수련하고—저녁 수련하면 밤 10시가 넘어야 저녁을 먹을 수 있었고, 뒷정리하고 나면 12시가 넘어야 잠자리에 들 수 있었다.

주말이 되면 새벽 수련을 안하는 것은 좋았지만, 밀린 빨래하고 1주일 먹을 음식 준비하느라 시장 보고 김치 담고 밑반찬 준비와 냉장고 정리하느라 평일보다 더 바빴다.

요즘 택견복은 세탁기에 빨아 털어서 말려 그냥 입으면 되지만, 그때는 세탁기도 없었고, 순면으로 만들어져 풀 끓여 입혀서 일일이 다림질을 해야 옷매무새가 살아났다.

어느 주말에 혼자 주방과 회장님 집무실 사이의 문짝을 뒤집어 달았다. 주방의 냉장고 문과 바짝 붙어있는 집무실 문이 방향이 엇갈리게 되어 있어 상당히 불편했다. 필자 혼자 궁리하다가 문을 떼어내 장석을 반대 방향으로 달고, 문틀에 홈을 파서 손잡이도 반대쪽으로 바꿔 달았다. 그리고 이 작업을 아무에게도 말하지 않았다.

다른 사람들은 눈치를 못 채고 있었는데 역시 큰선생님께서는 알아보고 "문을 어떻게 한 것이냐?" 물으셨다. "제가 바꿔 달았습니다" 했더니 무거운 문을 혼자서 작업했다는 것이 믿기지 않는다는 표정을 지으셨다.

힘든 일도 항상 즐겁게 했다. 너무 바쁘다보니 일은 항상 밀리고 쌓였다. 회장님이 외국 나가거나 지방출장을 가면 대형사고(?)를 치곤 하였다. 평소에는 도저히 시간이 없기 때문에 회장님이 안 계시는 동안 쉬는 게 아니라 더 많은 일을 만들어서 해버렸다. 함께 근무했던 선생들은 필자가 정말 미웠을 것이다.

사무실 청소는 매일 하지만, 도배작업이나 바닥장판 교체작업은 시간이 많이 필요하므로 특별한 날을 잡아야 할 수 있는 일이었다. 그렇다고 인부를 부르려니 비용이 많이 들어 재료만 사와서 직접 작업을 했다. 도배작업같은 경우는 문제가 없었는데 전수관 페인트 공사를 하고 난 뒤는 회장님께 많이 혼났다.

연한 배추색으로 칠한다고 한 것이 마르고 보니 색이 조금 짙게 나온 것이다. 물론 회장님께서 감정을 갖고 나무라신 것은 아니지만 조그만 여자가 너무 힘든 일을 자꾸 벌이니 그만하라는 뜻이었을 것이다. 그후 회장님께서 자리를 비우실 때는 "제발 아무 일도 벌이지 마라!"고 신신당부하셨다.

택견계승회와 함께 하기를 기다리던 이용복 회장님은 더 늦출 수 없다고 판단하고, 서울대 이애주 교수를 고문으로 하고 이용복 회장님이 초대 회장을 맡아 1993년 3월 5일 리버사이드호텔에서 서울택견협회 창립이사회를 가졌다. 경북, 대구, 부산에 이어 세 번째 지부가 만들어진 것이다.

그러나 아쉽게도 서울대 택견연구회 동아리를 이끌어 주기도 했던 이애주 교수는 뒤에 정경화 선생과 가까워지면서 우리와는

거리가 멀어졌다. 정경화 선생은 1995년에 택견 예능보유자로 지정되었고, 이애주 교수는 1996년에 승무 예능보유자로 지정되었다. 아마 무형문화재와 관련하여 이런저런 만남을 갖다보니 그렇게 되셨으리라 생각된다. 1992년 1월 지리산강습회 때 함께 했던 생각이 난다.

1995년 6월에 윤종원 전무님께서 부산남구전수관을 동생 윤종출 선생에게 맡기고 서울로 올라왔다. 그 해 제2회 치우기대회 때 유인태 회장님께서 서울협회장으로 취임하면서, 서울택견협회가 명실공히 택견의 중심적 역할을 하기 시작했다.

공개토론

1993년 4월 17일 대학로의 흥사단에서 사상 처음으로 택견 공개토론발표회가 있었다. 연성수씨가 사회를 보았는데, 이 날 행사를 망치려고 작정을 하고 온 사람이 있었다. 발제문 발표가 끝나고 질문받는 시간에 김×형이라는 사람이 정 중앙에 앉아 있다가 손을 번쩍 들었다. 사회자가 발언 기회를 주었더니 메모한 것을 들고 질문을 하는데, 질문이라기보다 이용복 회장님에 대한 인신공격이었다.

분위기가 차갑게 가라앉더니 여기저기서 끌어내라고 소리치며 험상궂게 되어 버렸다. 사회를 보던 연성수씨가 젊은 사람이 너무 예의없는 표현을 한다며 자제해 달라고 두세 번 요청하였으나 막무가내였고, 급기야 사회자가 직권으로 발언을 중단시켰다. 그러나 큰선생님은 계속 발언을 하게 두라고 하였고, 그 친구는 준비된 말을 다 쏟아내었다. 김×형은 정경화씨 측근에 있는 대학생이었다. 발표회가 끝나고 손일환 선생이 김×형을 불러 손을 보려 하자 큰선생님이 말리셨다.

이 날 발표한 〈택견의 구성원리〉는 이용복 회장님께서 10년간의 연구를 정리한 것이었다. 택견경기의 룰(rule)과 택견 기본기의 연관성, 품밟기는 왜 필요한 것인지, 상대방 앞에 한발을 내

놓아야 한다는 것의 의미, 경기자 상호간의 안전을 고려한 는질거리는 기법은 상호 호혜적 원리로 구성되어 있음을 상세히 설명하고 있다.

또, 현재 문화재의 원형으로 채택되어 있는 택견은 무술 쪽으로 재구성된 것으로서 경기구조로 되어 있는 송덕기의 택견과는 차이가 있다는 것을 밝히고, 변형되기 이전의 송덕기 택견을 문화재 원형으로 보존해야 한다는 당위성을 제기하였다.

소문

    1993년 5월 9일 「스프츠서울」에 대한택견협회를 알리는 기사
가 났다. 기사에는 전국지부 연락처를 소개해놨는데, 충주도 포함
되어 있었다. 기자가 충주와의 관계를 잘 모르고 전국에 택견할
수 있는 곳을 알려주려는 뜻으로 넣은 것이었다. 그런데 다음날
정경화씨가 대한택견협회 사무실을 방문하는 일이 일어났다. 아
침 8시 반쯤 청소하고 있는데 전화벨이 울렸다.

    "대한택견협회입니다."

    "이용복씨 있나요?"

    "지금 안계십니다. 정경화 선생님이시죠! 저 여덕입니다."

    "어… 그래 내가 택견예능보유자 후보 정경화야! 내가 할말이
있는데 말야~ 좀 바꿔줘 봐!"

    "회장님은 아직 출근 전이십니다. 무슨 말씀이신지요?"

    "이용복씨한테 전해! 앞으로 택견 명칭 함부로 쓰지 말라고!"

    "네? 그건 정경화씨가 그렇게 말씀하실 게 아닌 것 같은데요.
대한민국 국민이면 누구나 택견을 할 수 있는 것 아닌가요?"

    필자는 어처구니없는 억지에 발끈해서 쏘아붙였다. 정 선생
은 화를 벌컥 냈다.

    "야, 뭐 정경화씨? 너 여덕이 아냐?"

"네, 여덕 맞습니다."

"니가 감히 나한테 그럴 수 있어!"

"제가 정경화씨라고 한 게 잘못되었나요? 택견 명칭을 쓰라마라 하시지 말고, 택견예능보유자 후보면 예능보유자 후보답게 품위있는 말씀과 존경받는 모습을 보여주셨으면 좋겠네요. 택견인으로서 부탁드립니다."

"야! 너 가만 안둘 꺼야!"

"네. 저는 항상 여기 있습니다. 언제라도 오십시오."

"야, 너 가만있어. 내가 당장 갈테니!"

명령하듯 한 말투도 그랬지만, 사사건건 시비를 걸고 방해를 하는 것이 정말 답답해 보였다. 10분쯤 뒤 회장님께서 출근했다.

"회장님, 정경화 선생이 찾아온답니다."

"정경화가? 왜?"

"회장님께 할 이야기가 있다고 전화를 했는데, 제가 우리 하는 일에 방해 좀 하지 말아달라고 했더니 몹시 화가 나서 저를 혼내주러 온답니다."

회장님께서는 의아해 하며 설마 오겠냐 기다려 보자고 하셨다. 그런데 50분쯤 뒤 정경화 선생이 정말 왔다. 오랜만이라고 회장님께서 반갑게 인사를 하며 소파에 앉기를 권했으나 정경화씨는 말만 하고 가려는 듯 기둥처럼 서 있었다.

필자가 마실 것을 내 드리며 "아까 저 때문에 언짢으셨다면 죄송합니다" 하고 앉기를 권하자 마지못해 앉았다.

어떻게 해서 왔건 택견에서 가장 중요한 두 분이 만났으니 무게있는 이야기가 있겠다 싶어 흥분이 되었다. 택견의 앞날을 위해 허심탄회하게 의견을 나누어 택견인 모두가 잘 될 수 있는 길로 함께 나간다면 얼마나 좋을까 하는 생각에 한 마디 한 마디 귀를 세워 들었다.

정경화 선생은 택견 명칭은 보유자 후보인 자신만이 사용할 수 있으므로 사용하지 말라고 하고, 자기 허락없이 만든 택견협회를 당장 없애라는 것, 송덕기, 신한승에게 사사했다고 사기를 치지 말라는 등 몇 가지 요구를 하였는데, 아랫사람에게 명령하듯 한 말투였다. 과연 저런 무례한 말을 듣고 회장님이 어떤 반응을 보일지 사뭇 긴장되었다.

정경화 선생은 자기 말만 다 하고는 벌떡 일어나 나가려고 하였다. 이용복 회장님은 의외로 담담한 표정으로 사무실을 나서는 정경화 선생의 손목을 붙잡고, 여기까지 왔으면 내 이야기도 좀 들어보고 가라고 하셨다. 그러나 들을 필요없고 다른 일이 있어서 가야 한다며 회장님을 밀치듯이 하고는 나가버렸다.

정경화 선생이 빠른 걸음으로 바깥으로 나가는 계단을 두 계단 올랐을 때, 뒤따라간 회장님이 손목을 잡아 당겼다. 정경화 선생이 중심을 잃고 비틀거렸다. 그리고 돌아서서는 회장님의 뺨을 후려쳤다. 의도적으로 때리려고 한 동작이라기보다 붙잡는 손을 뿌리치려고 한 것이었는데, 공교롭게도 손바닥이 얼굴을 때리고 말았다.

화가 난 회장님이 손목을 잡아당기자 두어 계단 위에 서 있던 정경화 선생은 밑으로 넘어지듯 끌려왔다. 회장님은 정경화 선생을 구석에 몰아넣고는 오른손으로 목을 누르고 왼손으로 주먹을 쥐고 얼굴을 때릴 듯이 위협하였다.

"잠깐 내 말을 들어보라고 하는데, 이게 무슨 짓이야!"

격분하여 소리치며 정경화 선생을 사무실로 끌어 당겼으나, 정경화 선생은 사무실 문고리를 잡고 버텼다. 회장님은 정경화 선생의 멱살과 바지 허리춤을 움켜잡고 번쩍 들어 사무실 소파에 내동댕이쳤다.

"얌전하게 앉아서 내 말도 들어봐!"

회장님이 크게 화를 내며 말을 하자 정경화 선생은 아무 말도 못하고 소파에 반듯이 앉아 고개를 푹 숙였다. 필자는 얼른 두 분께 물을 한 잔씩 드렸다.

"우리는 경기단체이기 때문에 택견경기를 하는 것이고, 대한체육회 가맹을 하려는 것인데 왜 자꾸 방해를 하는 것인가! 정경화씨는 문화재 택견을 잘 지키면 되지 않느냐! 지난번 대전 과기원에서 택견 발전을 위해 서로 잘하자고 약속을 해놓고 이럴 수 있는가?"

20여 분간 말씀을 하셨는데, 주로 각자의 위치에서 택견을 위해 잘하자는 내용이었다. 처음의 그 기세등등한 모습은 어디가고 정경화 선생은 조용히 듣고 있다가 자신도 그렇게 노력하겠다고 답했다. 회장님이 악수를 청하고 정선생도 쾌히 손을 맞잡은 후 밖으로 나갔다. 이용복 회장님은 뒤따라 나가면서 오늘 이 일은 서로 창피한 일이니 남에게 말하지 말자고 하였고, 정경화 선생도 무슨 좋은 일이라고 남에게 말하겠느냐고 답하였다.

30분쯤 후였다. 경찰 두 명이 방범대원 3명과 함께 왔다. 경관두 명은 권총까지 차고 왔다. 폭행신고가 들어왔다는 것이다. 아무도 싸운 사람이 없다고 하자 파출소에 전화를 하여 확인을 하고 전수관 안까지 살펴보고는 그냥 돌아갔다. 필자는 경찰관들과 이야기하며 배웅하러 건물 앞에 나갔는데, 횡단보도 앞에 서 있는 사람에게 뭐라고 이야기를 전해주고 가는 것을 보았다.

정경화 선생 혼자 온 것이 아니었던 것이다. 동행했던 사람이 사무실에서 언성이 높아지고 실갱이가 있는 것을 보고 정경화 선생이 폭행당하는 것으로 오인, 신고를 했던 것이었다. 신고를 받은 파출소에서는 택견전수관에서 무술인끼리 큰 싸움이 난 줄 알고 총까지 차고 다섯 명이나 출동했던 것이다.

그런데, 이 날 이 사건이 충주 쪽에서는 정경화 선생이 이용복 회장을 때려주고 왔다며 사실과 다르게 소문이 퍼져 있었다. 뒤에 큰선생님께 들은 이야기지만, 그날 밤 12시가 다 되었을 때 정경화 선생 밑의 김×형이라는 학생이 항의 전화를 해왔다고 한다. 왜 정경화씨를 감금 폭행했느냐고 따지며 대들었다는 것이다.

때린 것도 맞은 것도 없는 돌발적인 해프닝이었지만, 그게 무슨 자랑이라고 애들에게까지 이야기를 하였을까? 현장에 있었던 나로서는 이런 저런 소문이 황당하게 들릴 수밖에 없었다.

남과 여

남자와 여자의
차이는 무엇일까?

위험할 때 호루라기 세 번

1992년 7월 15일, 이용복 회장님의 집필로 사상 최초 여성 전문 호신술 책이 나왔다. 대부분의 호신술 책은 설명은 쉽게 되어 있지만 실제 여자들이 대응하기에 무리가 가는 기술들이 많이 있다. 그런데 이 책은 대부분 실생활에서 일어날 수 있는 상황에서 여성들이 쉽게 구사할 수 있는 동작들로 구성되어 있다.

손일환 부회장님은 사무실에서 있을 수 있는 가벼운 추행을 연출하는 사진촬영을 하다가 실제로 필자의 어깨에 턱을 맞은 일도 있었다. 제일 고생을 한 사람은 박상문 사범으로, 치한 역할을 하느라 나에게 맞고 넘어지고 정말 고생을 많이 했다.

사진은 취미가 사진 찍기였다고 하는 이용복 회장님께서 직접 찍으셨다. 현실감을 살리기 위해 자성대 공원에서 찍었고, 버스에서 흔히 발생하는 추행 장면은 달리는 버스 안에서 찍었다. 그런데 운행중인 버스 안에서 제대로 찍을 수가 없어 구덕운동장을 돌아 나오는 버스를 타고 몇 정류장 갔다가 다시 버스를 타고 와서 찍곤 하는데, 어떤 기사님은 화를 내며 내리라고 호통치기도 했다.

지하철에서 찍을 때는 사람들이 자연스럽게 옆에 있어주면 좋을 텐데, 카메라를 의식해 자꾸 쳐다보고 웃는 바람에 찍을 수가 없었다. 그래서 종착역인 서대신동역으로 가서 사람들이 다 내리고 없을 때 찍었다. 사람들이 내렸을 때 얼른 찍고 내렸다가 다시 타고, 내렸다가 다시 타고를 몇 번이나 했다. 지하철이 회차하여 돌아오는 경우도 있지만, 차고지로 가는 것도 있어서 시간이 많이 걸렸다.

성폭력에 대비한 호신술 동작도 있는데, 광무체육관 3층에서 여자 유단자 배경란이 남자 치한역을 하고 필자가 여자역을 맡아 찍었다. 그런데 동작들이 좀 선정적으로 보여서 그 장면들은 신사동의 중앙본부 전수관에서 택견을 배우고 있던 연극배우 성해양이 모델이 되어 다시 촬영하였다. 이 장면은 치한이 집안에 침입하여 성폭행하는 것이었다. 마침 이 여배우가 주인공으로 출연하고 있던 〈보잉, 보잉, 보잉〉 연극무대를 빌려 촬영을 했다.

그런데 필자가 할 때는 쉽게 되던 동작도 근력이 약한 배우(체중 38kg)가 하니 제대로 나오지 않았다. 그래서 큰선생님은 즉석에서 기술을 수정하고 지도해 가며 사진을 찍으셨다.

책이 나온 뒤 나는 회장님을 모시고 전국적으로 호신술 출강을 엄청 많이 다녔다. 가장 황당했던 것은 수원에 있는 아주대학교 여학생회의 강습요청을 받은 날이다. 이 날은 회장님도 바쁘시고, 함께 갈 남자 선생도 없어서 나 혼자 가야만 했다.

치한 역할을 해주겠다며 키가 185cm도 넘는 잘 생긴 학생이 기다리고 있었다. 초청을 받았을 때 키 170cm 정도의 무술유단지 학생을 부탁해 두었는데 난감했다. 다른 학생은 없다고 해서 그 학생을 데리고 어떤 동작을 어떻게 할 것인지 간단하게 손발을 맞추고 강습장소로 갔다.

아주대에서의 호신술 강의

그런데 이 학생이 연습할 때와는 달리 많은 여학생들이 보고 있어서인지 넘어가지 않고 그냥 버티는 것이었다. 순간 당황했다. 강사가 넘어지거나 기술을 제대로 사용 못하면 체면이 말이 아니게 된다. 그래서 나도 약속된 기술을 변경하여 완력으로 남학생을 힘껏 바닥에 나뒹굴게 만들어 버렸다. 그리고 다음 동작부터는 인정사정없이 그냥 제대로 넘겨버렸다. 그 바람에 그 잘생긴 학생은 여학생들이 보는 앞에서 무수히 넘어지고 꺾이는 고통을 당해야 했다. 필자의 작은 체구가 무척 원망스러웠던 날이었다.

세 남자와의 동침

　우리는 택견 강습 요청만 오면 전국 어디든 달려갔다. 여름방학 때쯤 회장님, 남자 선생 2명과 함께 강원도 고성에 있는 잼버리 야영장에 청소년 800명을 대상으로 특별강습을 하러 갔다. 강원도 길을 잘 아는 함영민 선생이 회장님 차를 운전해 가는데, 다른 강습 때보다 가는 길이 너무 아름다워 마치 소풍이라도 가는 듯 즐겁게 이야기를 나누며 갔다.

　강원도에 들어서자 엄청 큰 규모의 사찰같은 것을 보았는데 그 웅장함이 사람을 주눅들게 하였다. 잠시 차를 세워 입구를 바라보는데 "세상에~~"라는 말밖에 안나왔다. 알고 보니 모 종교 단체 건물이었다.

　차에 올라 택견교를 만들면 어떻겠느냐는둥, 저곳에 일단 들어가서 택견을 전파하고 우리가 접수를 해 택견수련장으로 사용하면 좋겠다는둥, 기와지붕이라 택견하면 딱이겠다는둥 시시껍질한 이야기를 하며 달리다보니 어느새 차는 한계령에 올라와 있었다. 한계령 휴게소 앞에서 내려다 본 경치는 너무나 아름다웠다. 때마침 들리는 양희경의 〈한계령〉 가락에 모두들 잠시 넋을 잃고 서 있다가 '저 산은 내게 내려가라~ 내려 가라하네~' 노랫말에 맞춰 우리는 한계령을 내려왔다.

산자락 여기저기 지날 때마다 저 계곡 안에는 무엇이 있고, 저 봉우리에는 어떻고, 여기는 무엇이 많고, 관광 가이드라도 된 듯 구수한 강원도 말투의 함영민 선생의 안내를 들으며 잼버리 야영장에 밤늦게 도착했다. 규모가 꽤 컸다. 다음날 오전 9시부터 강습을 하기로 해서 전날 도착을 해야 했다. 그런데, 주최 측에서 외부강사 숙소를 준비해 두지 않았다. 밤늦게 깊은 산속에서 시내로 나갈 수도 없고 난감했다.

부랴부랴 방을 준비한다고 하는데, 모든 방이 꽉 찬 상태라 직원들 방을 줄여 작은 방 하나를 마련해 주었다. 강사 중에 여자가 있을 거라고는 생각지 못했다며 너무 미안해하는데, 할 수 없이 모두 한방에서 밤을 보내야 했다. 이불 두 장을 둘둘 말아 둑을 만들어 절대 넘어오면 안된다고 몇 번을 다짐받는데, 남자 선생들은 "어, 여자였어요?" 하며 장난치며 즐거워했지만, 필자는 정말 어색한 밤이었다.

다음날 아침 우리는 딴곳에 온 줄 알았다. 전날 보았던 울창한 강원도 산과는 달리 그곳은 민둥산이었다. 야산자락에 마련된 강습장은 그늘 한 뼘 없는 땡볕이었다. 너무 더워 잠시 쉬고 싶어도 나무들이 필자 키랑 비슷비슷해 그늘도 없었다.

수 백 명의 학생들을 팀을 나누어 택견 실기강습을 하는데, 회장님께서 학생들은 햇볕을 등지고 서고 강사들은 햇볕을 정면으로 마주보고 서게끔 하셨다. 더욱 덥고 힘들었다. 여러번의 강습 중 가장 힘든 강습의 하나였다. 그래서 강원도의 아름다움과 함께 더욱 오래 기억되겠지만…

보람

힘든 만큼
보람은 크다.

지리산 노고단에서 힘들었던 (KBS 한국 · 한국인) 촬영을 마치고

한국 · 한국인

　KBS에서 공익광고로 〈한국 · 한국인〉이라는 시리즈물을 방영한 일이 있다. 한국을 대표하는 영상물 중 택견이 가장 인기가 좋아 1년을 넘게 방영하였다.

　촬영은 1993년 9월 11, 12일 이틀 동안 광릉수목원과 지리산 노고단에서 하였다. 미디아트의 양창 이사님께서 직접 카메라를 잡고 멋진 작품을 만들어 내기 위해 모두가 고생을 하였던 기억이 수목원 맑은 공기처럼 청량하게 남아있다. 광릉수목원으로부터 특별히 허가를 받아 크레인까지 동원, 숲속에서 촬영하였는데, 처음으로 우리나라에도 이런 곳이 있구나 하며 자연의 신비로움에 감탄하였다. 촬영보다 숲이 너무 아름답고 좋아 넋을 잃었다.

　감독님 마음에 드는 장면을 잡기 위해 본때를 200번도 넘게 하였던 것같다. 같은 동작을 하고 또 하고, 얼마나 많이 했던지 나중에는 스탭까지 따라 하기도 했다. 두 사람씩 맞대걸이를 할 때 바닥의 울퉁불퉁한 돌 때문에 몸을 아끼는 사람이 있어 몇 번을 다시 해야 했다. 가짜 안개를 피워두고 찍었는데, 화면으로 보니 영화의 한 장면같이 멋있었다.

　광릉수목원 촬영을 마치고 바로 지리산 노고단으로 향해 달렸다. 저녁 늦게 도착하여 숙소를 잡은 후 이튿날 촬영계획에 대해 간단한 회의를 하고 모두 잠에 빠졌다. 다음날 새벽 4시 눈을 비비며 모두 택견복을 입고 차를 타고 산길을 올랐다. 남원 쪽에서 올라가는 길은 잘 닦여 있었다. 노고단 중턱 주차장에 도착했는데, 관리인이 나오지 않아 차가 더 이상 올라 갈 수가 없었다. 스탭 담당자는 분명히 섭외가 되어 있었고, 새벽에 문을 열어주기로 했다며 관리인에게 전화를 해보았지만 연락이 안되었다. 당황스러웠지만 시간을 마냥 보낼 수 없었기에 카메라, 조명기 등 촬영기재들을 들고 메고 산을 오르기 시작하였다.

이른 새벽에 4Km 정도를 오르는데 몹시 추웠다. 더군다나 우리 택견인들은 얇은 고의적삼에 가벼운 잠바 하나 걸친 정도였다. 차로 올라간다고 하여 외투도 제대로 챙기지 않았던 것이다. 촬영팀은 장비 메고 올라가느라 땀을 뻘뻘 흘리고, 우리는 산길을 모두 특공대라도 된듯 뛰어 올라갔다. 동이 트는 배경으로 찍기로 한 것이라, 뜨는 해를 기다려 달라 할 수도 없는 일이었기에 숨 쉬는 시간조차 아껴가며 뛰었다. 우리 마음을 햇님이 알아주셨는지 다행히 노고단에 도착할 때까지 동이 트지 않았다. 모두가 안도의 숨을 쉬고 촬영준비를 마쳤는데, 이런! 이제는 해가 뜨지 않는 것이다. 잠시 후 동이 트긴 했지만 운해가 끼지 않아 새벽하늘이 감독님의 마음에 들 때까지 기다리기로 하였다.

이때부터 고생이었다. 얇은 고의적삼 자락 사이를 파고드는 노고단의 바람은 매서웠다. 30분 이상을 그러고 있다 보니 팔다리가 덜덜 떨리고, 아래턱은 의지와 상관없이 움직였다. 회장님께서 모두 빨리 몸을 풀라고 하셨다. 손일환 부회장님의 구령 아래 둥글게 모여 몸을 풀기 시작했다. 그런데 한참을 움직이고 발차기를 해보아도 쉽게 몸이 풀리지 않았다. 이대로 촬영에 들어갔다간 실력 발휘도 못하고, 멋진 작품이 나올 수 없을 것이라는 생각에 모두 걱정이었다. 계단을 뛰어 올랐다 내려갔다 하고 옆 사람과 겨루기를 하는 등 각자 몸에 열기를 만들어 내느라 애를 썼다.

드디어 해가 뜨기 시작했다. 멋진 운해가 없어 감독님은 실망하였지만 그냥 찍기로 하였다. 추운 날씨에 모두 얼어 있다 보니 동작보다 표정관리 하느라 더 힘들었다. 이곳저곳 자리를 옮겨가며 동작 촬영을 겨우겨우 마쳤다

감독님은 두 사람씩, 혹은 개인동작도 찍자고 하면서 나와 남자가 겨루기하는 것을 찍고 싶다고 했다. 필자가 키가 작다보니 큰선생님께서 이상열 선생과 겨루기를 맞춰보라고 하셨다. 카메라는 멀리서 찍으면서 앵글을 당겼다 멀리 잡았다 할 것이라며 '그만!' 할 때까지 계속 겨루기를 하라고 했다. 그리고는 우리를 나즈막한 나무들이 있는 숲 사이로 밀어 넣었다.

멀리서 보기엔 풀들과 키 작은 나무들이 어우러져 멋있어 보였겠지만, 정작 우리가 있는 곳은 사람들이 다니는 길도 아니고, 바닥엔 온통 돌부리와 나무뿌리가 불거져 나와 있어 중심을 잡기도 어려웠다. 다행히 소리는 잡지 않고 영상만 찍는다고 하여 이상열 선생과 서로 대화를 주고 받으며 겨루기를 연출하였다. 갑자기 잡힌 설정이라 호흡을 맞출 시간이 없었기에, 서로 어떤 동작을 할 것이라고 이야기하면서 겨루기를 했다.

넘어지면서 돌부리에 옆구리가 찍혀 아팠지만 표정관리를 해야 했다. 두 사람은 멋진 장면이 나오기를 기대하고 정말 열심히 싸웠다. 그런데, 이 장면은 모두 편집되어 하나도 나오지 않았다.

民族의 武藝

갈심잡히에 날파람이 인다!

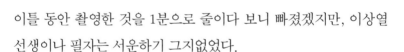

택견

■ 민족의 숨결이 살아 숨쉬는 武術
그 옛날부터 무사들의 常藝로, 민중의 경기놀이로
전승되어 온 우리민족의 가증문화.

■ 인류문명사에서 가장 빼어난 발재주
택견이란 곧 발차기라는 뜻이다. 유한한 인간의 몸에서
낼 수 있는 무한한 발기술의 藝術.

■ 문명병을 퇴치하는 生命에너지의 원천
택견은 오로지 생존을 위해 야수를 쫓아다니고 적과
싸워왔던 원시적본능을 눈뜨게 한다. 野性의 본능은
현대인의 각종 질병을 예방하고 치유케하는 강한 생명력.

● 일반전수과정 : 입회비 10,000원, 월회비 60,000원
● 지도자 과정 : 평생회비 300,000원 (타무술 경력 5년 이상자)
● 주   말 반 : 3개월회비 100,000원 (토, 일요일)
● 수 련 시 간 : 월∼금/06:30∼21:00 (매 90분 수련)
            토/16:00∼18:00   일/10:00∼12:00

사단법인 **대한택견협회**
강남구 신사동 629-15 (도산사거리) TEL : 516-2707 FAX : 542-3539
택견수련 및 입회 자동안내 : (02) 5388-999 교환80085
서울시내 및 전국 각지부 전수관을 안내해 드립니다.

이틀 동안 촬영한 것을 1분으로 줄이다 보니 빠졌겠지만, 이상열
선생이나 필자는 서운하기 그지없었다.

시퍼런 하늘을 보면 그날의 추위가 아직도 느껴진다. 손일환
부회장님과 이용복 회장님의 모습은 필자가 찍은 것이고, 필자의
발차기 사진은 이용복 큰선생님께서 찍어주신 것이다. 이 엽서는
전국적으로 택견을 알리는데 한 몫을 하였다. '꽈위 고무디리' 박
태준 선생을 비롯해 다른 무술을 했던 사람들이 필자의 발차기 보
습을 보고 호기심을 갖고 배워 보러 온 사람들도 많았다.

한국민속촌 정기공연

　택견을 알리는데 큰 공헌을 한 계기가 한국민속촌 정기공연이라 생각한다. 한국민속촌에는 외국인 관광객들이 많이 오기 때문에 더욱 중요한 공연이었다. 1994년 4월 3일의 첫 공연을 시작으로 몇 년 동안 매주 일요일, 공휴일이면 12시 반과 3시 반 두번씩 특별공연을 했다.

　택견시연 전에 풍물패 공연이 있었는데, 국내 최고 기량을 가진 풍물패가 흥겹게 한판 풍장을 놀고 나면 어느새 관중석은 빈자리 하나없이 꽉차곤 하였다. 몸풀기 동작부터 시작하여 기본동작들을 보여주고, 두 사람씩 연습방법을 보여주는 과정을 보이고, 다음에 필자 혼자서 본때 8마당, 또는 뒤엣거리 4마당을 하고 나면 겨루기를 하는 식이었다.

　우리는 항상 8시에 신사동을 출발하여 9시쯤 민속촌에 도착해서, 공연장 옆 공터에서 몸을 풀고 연습을 하였다. 그 연습하는 광경마저도 관람객에겐 좋은 구경거리가 되었다. 첫 공연이 끝나고 나면 장터로 가서 국밥 한 그릇씩을 먹고 잠시 쉬었다가 2시부터 모여 오후공연 준비를 했다. 항상 첫 공연은 긴장되어 실수를 하기도 하고 오후공연이 더 잘 되었다.

애기택견꾼으로 함께했던 고홍석 선생의 아들 한진이가 벌써 대학생이 되었고 한건이는 고3이다. 공연에 참여했던 사람들도 기간이 길었던 만큼 많았다. 흰 고의적삼을 입고 다니니, 관람객들은 우리가 그곳에서 생활을 하는 사람으로 알고 길 안내를 물어오기도 했다.

처음엔 회장님이 해설을 하였으나 나중엔 필자가 마이크를 잡고 해설하였다. 몸풀기 동작과 품밟기를 할 때는 여기저기서 웃음소리가 들리다가도 두 사람이 실제 발을 차고 넘어지는 덧메기기, 겨루기를 할 때는 분위기가 반전된다. 모두 '와! 장난이 아닌데… 멋있다!'하며 아낌없는 환호와 박수를 보내주었다.

민속촌 공연 후

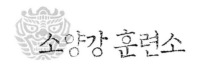

소양강 훈련소

호반의 도시 춘천 하면 대부분 닭갈비와 막국수, 소양강을 떠올리지만, 필자는 추위가 가장 먼저 생각난다. 따뜻한 남쪽나라 부산에서 살다가 서울 올라와 추위에 적응이 제대로 안되어 혼났었는데, 춘천에 가보니 서울 추위는 추위도 아니었다.

대한체육회 가맹을 위해서는 16개 시도지부 설치가 필수요건이라서 1994년 봄 큰선생님은 민속학회에서 알게 된 강원대 김의숙 교수님의 도움을 받아 강원지부를 결성하고, 춘천 우두동에 전수관을 만들었다. 중앙본부 전수관 강사로 있던 신현수 선생에게 지도를 맡겼다. 그런데 몇 달만에 못하겠다고 손을 들어 버렸다.

어렵게 만들어놓은 강원지부를 없앨 수도 없고, 몇 명 안되지만 택견을 배우러 오는 사람들이 있는데, 문을 닫을 수 없었다. 그래서 필자가 1994년 9월에 생전 처음으로 춘천을 가게 되었다. 택견을 알리기 위해 부산에서 서울로, 그리고 춘천까지 북진(北進)한 것이다.

두 달 가량 매일 춘천을 오가며 출장 지도를 했다. 지금 생각해보면 어떻게 그렇게 다녔을까 싶다. 새벽에 일어나 청소하고, 밥해먹고, 결재받을 서류 정리해 결재받고, 9시 쯤 신사동 협회사무실을 출발, 춘천에서 택견 지도를 하고 밤늦게 서울로 돌아왔다.

아침에 회장님 말씀이 조금이라도 길어지는 날엔 거의 영화를 찍는다. 도산사거리에서 압구정역까지 단거리 선수가 되어 뛰고, 옥수역 계단에서 국철 들어오는 것 보고 뛰고, 청량리역에 내리자마자 또 뛰어야 했다. 옥수역 전철 시간표와 춘천행 기차시간표를 외우고 다녔다. 사무실에서 5분 늦어버리면 청량리역에서는 1시간을 기다려야 다음 기차를 탈 수 있기 때문에 뛰고 또 뛸 수밖에 없었다.

지금은 청량리역이 멋있게 새로 지어 편리하게 되어 있지만, 당시 전철에서 내려 기차를 타려면 광장으로 나왔다가 표를 사서 다시 안으로 들어가 기차를 타야 했다.

청량리 지하역에서 계단을 올라오면 춘천 가는 기차가 바로 앞에 있다. 그래서 시간이 촉박할 때는 표도 없이 바로 기차에 올라타는 경우도 종종 있었다. 계단을 급하게 올라와 막 출발하는 기차에 매달려 올라타기도 하였다. 처음엔 역무원에게 엄청 혼났는데 매일 기차를 타다보니 친해져서 반갑게 인사를 건네고, 기차 안에서 표를 구입하는 특권(?)도 누렸다. 덜컹대는 기차에서 자리를 찾아 앉고 나서야 차창 밖 경치를 보며 숨을 고를 수 있었다.

전수관은 소양교 건너 우두동에 있었는데, 춘천역에 내려서 전수관까지 가는 버스가 없어 택시를 타야 했다. 우두동은 행정구역으로는 춘천이지만 외진 시골이었다. 전수관은 아주 작았는데 1층엔 오락실이 있었고 지하에 전수관이 있었다.

바로 앞에는 밭이랑 비닐하우스가 있었고, 건물과 집들은 얼마 되지 않았다. 인근에 군부대도 있었다. 춘천시내에서 차로 5~

10분 거리였는데, 서울 사람들이 생각하기엔 가까운 거리라 하겠지만 춘천 사람들에겐 엄청 멀었다.

점심 때쯤 도착하여 청소하고, 포스터 붙이고, 홍보활동을 하고, 3시쯤부터 첫 수련을 했다. 저녁 8시에 마치고는 다시 서울로 온다. 회원이 몇몇 늘어 8시 30분까지 수련을 하기도 했다. 당시 춘천에서 서울로 오는 기차는 9시가 막차였고, 동서울 터미널로 오는 버스는 9시 15분이 막차였다. 그래서 항상 상봉터미널로 오는 9시 30분 버스를 타야 했다. 상봉터미널에 내리면 11시가 된다. 그리고 567버스를 타고 도산사거리에 내리면 12시가 넘는다. 이렇게 두 달을 다니고 보니 교통비만 35만원 넘게 들었다. 전수관 임대료가 20만원이었고 수입은 거의 없는 상태에서 교통비에 밥값까지 50~60만원의 지출은 큰 돈이었다.

춘천의 전수관 옆에 작은 방을 얻었다. 하루 종일 햇볕 한 조각 들지 않는 북향의 방이라 엄청 추웠다. 연탄 3장이 들어가는 아궁이는 수시로 불이 꺼져 연탄보다 번개탄을 더 많이 먹었다. 전수관 옆에 방을 얻고부터 수련시간을 10시까지 늘렸다. 하루는 연탄불이 꺼져 번개탄을 찾는데 남은 게 없었다. 가게는 10시면 닫아버린다. 그래서 밤새 추위에 덜덜 떨었다.

한번은 영하 17도의 날씨에 겨우 연탄불을 피워 방이 좀 따스해지는 듯해 잠이 들었는데, 추워서 잠이 깼다. 불이 꺼져버린 것이다. 새벽 2시에 어떻게 할 수도 없고, 그냥 옷은 있는 대로 껴입고 이불을 둘러보아도 차가운 냉기는 뼛속까지 파고들었다. 온몸이 사시나무 떨듯 덜덜거리고 손가락은 얼어붙어 움직이지 않아 제자리 뛰기를 해보는데, 몸이 따스해지기는커녕 발가락이 떨어져나가는 듯 아팠다.

곰곰 생각하다가 가스 버너가 생각났다. 라면 끓여먹는 부탄 가스 버너를 가져다가 불을 켰다. 불이 날까봐 조심스럽기도 했지만, 다른 방법이 없었다. 물 주전자를 얹어 손과 발을 녹이며 혹시라도 불이 날까봐 누워 잘 수는 없었다. 30분 지나니 그것도 꺼져버렸다. 나도 모르게 눈물이 흘러내렸다. 왜 눈물이 흘렀는지 모른다. 그저 아무 생각없이, 하염없이 눈물이 흘렀다. 그렇게 하얀 새벽을 맞이하기도 했다.

춘천을 오가면서 가평을 지날 때면 코끝이 찡해 눈물이 핑 돌때가 많았다. 군복 입은 사람만 보면 오빠 생각이 나서 그랬다. 필자보다 2살 많은 오빠가 있다. 조일산업에 다닐 때 오빠는 가평에서 군 생활을 하고 있었다. 그때 오빠 부대에서 가족면회 행사가 있었는데, 가족들 모두 바쁘다는 핑계로 면회 한 번 가보지 못하였다. 요즘은 교통이 좋아졌지만, 그때만 해도 부산에서 가평을 오가려면 3일을 잡아야 했다. 그리고 한 달에 한 두 번 쉬는데, 3일이라는 시간을 낼 수가 없어 아무도 면회를 갈 수 없었던 것이다. 어릴적 나를 많이 괴롭혔던 오빠지만 그 일만 생각하면 아직도 미안하다. 춘천에서 추위와 싸울 때, 오빠도 이렇게 추운 곳에서 훈련을 받으며 고생했겠지 생각하며 견뎠다.

필자의 자취방을 항상 지켜주는 군인들이 있었다. 바로 옆이 군부대였는데 정문이 바로 창 너머에 있었다. 밤에 누워 있으면 보초 서는 군인 아저씨들의 도란도란 이야기가 들려와 외로움을 덜어주기도 하였다. 전수관도 춥기는 마찬가지였다. 햇볕이 전혀 들지 않는 지하라 냉동실같았다. 그래서 낮에는 건물 앞에 나와 햇볕을 쬐곤 하였다. 춘천 회원들은 적응이 되어 있어서 그리 추위를 느끼지 않았지만, 부산에서만 살아온 필자는 너무너무 추워 수련 시간에도 손이 얼어 제대로 펴지 못했다. 회원들은 그런 필자를 놀리곤 했다.

추위와의 싸움 말고 잊을 수 없는 일이 또 있다. 시청을 간다든지 시내에 일을 보러 가려면 버스가 자주 없기 때문에 문제였다. 그렇다고 매번 택시를 타기도 그렇고 하여 아주머니들이 장보러 다닐 때 타는 바구니가 달려있는 빨간 중고 자전거를 한 대 샀다. 자전거는 초등학교 때 몇 번 타보고는 처음 타는 거라 연습이 필요했다. 시간 날 때마다 군부대 옆 공터에서 혼자 연습을 하여 제법 자신감이 붙었을 때였다.

보통 때는 소양강다리 인도 위로 다녔는데 그날은 큰 마음 먹고 차도 가장자리로 달렸다. 소양강 다리를 막 건너 왔을 때였다. 페달을 밟아 속도를 최대한 내어 달려 왔는데, 신호등이 노란불이었다. 급하게 브레이크를 잡으면 넘어질 것 같아 더 빨리 달려 사거리를 지나치려 하는데 오른쪽에서 덤프 트럭이 달려오고 있는 게 아닌가. 왼손으로 핸들을 잡고 오른손으로 고무벨을 '삐뽀삐뽀' 마구 눌러대며 덤프 트럭 앞을 한 뼘 차이로 건너왔다.

덤프 트럭 기사는 급히 차를 세웠고, 주위 사람들이 그 광경을 쳐다봤다. 흰 한복에 고무신을 신은 빨간 자전거가 긴 댕기머리를 휘날리며 덤프 트럭 앞을 겁없이 지나가는 장면을 보며, 모두가 놀라 쳐다본 것이다. 교차로를 지나 자전거를 세우고 트럭 기사님께 고맙다는 손 인사를 전했다. 그 아저씨는 허허~ 웃으며 지나갔다. 뒤에 그 광경을 지켜보았던 아는 사람이 자전거 엄청 잘 타더라는 이야기를 했지만, 잘 타서가 아니라 못 타기 때문에 그런 황당한 상황이 벌어진 것이었다고 이야기해 주었다.

자전거 타고 포스터도 많이 붙이러 다녔다. 요즘은 청테이프나 양면 테이프를 쓰지만, 그때는 오래 붙어 있으라고 풀칠을 했다. 지정게시판은 당연히 시청의 허가를 받고 붙이지만, 게시판 숫자가 몇 개 안되다보니 불법으로 눈에 잘 띄는 곳에 도배를 하고 다녔다. 그러다 단속차량이 오면 얼른 자전거를 타고 골목 안으로 도망치곤 했다. 그러나 흰 고의적삼에 흰 고무신, 빨간 자전거를 타고 다녔으므로 쉽게 눈에 띄었다. 그래서 춘천의 명물처럼 알아보는 사람들도 많았다.

시청에 포스터 검인 받으러 가면 직원이 "그때 도망갔지요!" 하면서 아무데나 붙이지 말라고 나무라면 미안하다고 해야 할 사람이 한 술 더 떴다. 게시판을 사람들이 잘 볼 수 있는 곳에다 두어야지 보이지도 않는 외진 곳에 게시판이 있으니 그렇게 붙일 수밖에 없다며 게시판을 옮겨놓으라고 오히려 큰소리쳤다. 그래도 워낙 열성적으로 하고 다니니, 필자를 미워않고 많이 도와주었다.

시내 전 지역에 택견 포스터를 붙이고 다녔더니 당장 문 닫고 서울로 가라는 협박전화가 왔다. 설마 했는데, 시내 나갔다 온 사이에 전수관 사무실을 누군가가 확 뒤집어 놓고 갔다. 당시 택견을 배우고 있던 이무룡이 이곳저곳을 알아보더니, 아마 후평동 쪽 태권도 도장에서 한 것같다고 했다. 자물쇠를 바꿔 달아났더니 1주일 뒤 그것마저 부숴버렸다. 회장님께 전화로 말씀드렸더니 그냥 겁을 좀 주려고 하는 것일 테니 너무 걱정 말라고 하셨다. 그래도 누군가 쳐들어올 것을 대비해 망치를 항상 책상 아래에 두고 있었다.

체육회 가맹문제도 알아 볼 겸 강원도체육회를 찾아갔다. 연세가 좀 드신 분이 택견이 태권도를 배신하고 나간 것이라며 이상한 이야기를 하는데 어처구니가 없었다. 젊은 사람이면 토론을 해서라도 제대로 알려줬을 텐데, 워낙 나이가 드신 분이라 길게 설명하기가 그랬다. 태권도 도장에서 협박전화한 것이랑 사무실을 뒤집어 놓은 것을 이야기하고 다시는 이런 일이 일어나지 않도록 해달라고 부탁만 하고 왔다. 그 뒤 포스터를 오히려 더 많이 붙이고 다녔다.

자전거가 있어서 좋았던 기억도 있다. 소양강을 건너 좌회전하면 내리막길이다. 차도 별로 안다니는 한적한 곳인데, 강변을 따라 손잡이만 잡고 두 다리를 뻗고 신나게 새벽안개를 가르며 달리는 기분은 그 무엇과도 비교할 수가 없다. 환상의 나라에 온 듯 자연의 아름다움과 신비로움에 흠뻑 젖어 달리다보면 하얀 물안개에 고의적삼이 촉촉히 젖지만 기분은 그리 상큼할 수가 없었다. 오래도록 기억하고픈 추억이다.

또 하나 잊을 수 없는 일이 있다. 전수관과 5분 거리에 시각장애 학생을 위한 강원명진학교가 있었다. 그곳 학생 2명이 택견을 배워보겠다고 찾아왔다. 남학생은 어느 정도 사물의 형태를 알아볼 수 있는 시력을 갖고 있었고, 여학생은 앞이 전혀 안 보이는 학생이었다. 둘은 남매처럼 항상 붙어 다녔는데, 2살 많은 여학생이 남학생 팔을 잡고 다녔다.

택견을 여러 사람에게 가르쳐 봤지만, 앞을 보지 못하는데 어떻게 하나 처음엔 고민이 많았다. 둘은 정말 열심히 다녔다. 일반 회원들과 수련을 함께 하기가 불편해 둘만의 수련시간을 만들었다. 필자가 어떻게 생겼는지 궁금하다며 내 얼굴을 손으로 만져 보고 싶다고 했다. 못생겼다며 얼굴을 내밀었는데, 못난 얼굴은 아니라며 눈으로 살펴보듯이 듣기 좋게 말해 주었다.

몸풀기, 품밟기 하나하나를 말로 풀어 설명하면 동작을 따라 했다. 기본거리와 딴죽메기기까지는 했는데, 겨루기는 도저히 할 수가 없었다. 가끔씩 장난삼아 둘이서 겨루기를 해보기도 했다. 그런데 아무 것도 보이지 않으니 막무가내로 발로 차고 손을 휘둘러 위험해서 말렸다.

춘천 우두동에 있었던
전수관 앞에서

몇 달 뒤 필자를 명진학교로 초대했다. 그곳에서 시각장애 학생들이 점자책 제작, 침술, 마사지 등을 공부하는 것을 볼 수 있었다. 그 학생들이 지금은 어디서 무엇을 하고 있을지 무척 궁금하다.

필자가 계속 춘천에 있을 수는 없었다. 회원 중에서 권구복, 남병수로 하여금 지도자 자격을 취득하게 하여 춘천전수관을 맡기고 필자는 다시 따뜻한(?) 서울로 왔다. 권구복 선생은 우두동에 있던 전수관을 남춘천역 부근으로 옮겼다. 후에 권구복 선생은 캐나다 토론토에 파견되었는데, 최근 수년간 소식이 없다.

그뒤 최종상 선생이 강원본부전수관을 맡았었다. 이렇게 나는 소양강 옆에서의 훈련(?)을 마쳤다.

밥보다 사랑이

　남산 아래 후암동에 영락보린원이 있다. 고 한경직 목사님이 설립한 매우 유래깊은 곳이며, 아동 보육시설로는 규모가 큰 곳이다. 생활지도 담당 신동헌 선생님이 아이들에게 택견을 가르쳐 주고 싶다고 협회로 상담을 해 와서 1994년 12월부터 시작하게 되었다. 처음엔 보린원 지하에 조립식 매트를 깔고 태극기를 하나 걸었다. 아이들은 택견복도 없이 그냥 맨발에 알록달록한 옷을 입고 29명이 시작하였다. 아이들은 마냥 귀엽게 까불거렸지만 웃음 속에는 그늘이 있었다. 보린원의 아이들은 대부분 부모로부터 버림받았거나 생활이 어려워 임시로 맡겨져 있었다.

　보린원에는 여러 분야의 자원봉사자와 공부를 도와주는 대학생들이 왔다. 그러나 대체로 오래가지 못하였다. 나름대로 열성을 가지고 지도하지만, 아이들이 마음의 문을 열지 않아 힘들게 하고 있어 순수한 마음으로 지도하러 왔던 선생들도 몇 달 안에 그만두는 경우가 많았다. 충분히 이해가 갔다. 그래서 더 더욱 열심히 아이들을 엄하고 꼼꼼하게 지도하였다.

　택견 선생은 무서운 선생님으로 소문이 났다. 처음 중고등학생들은 택견을 하지 않았다. 택견반 아이들을 놀려대기 일쑤였다. 그러나 시간이 지나며 택견하는 아이들의 변하는 모습을 보고는

레 포 츠　　Leisure & Sports

영락보린원 원생들이 余德5단의 구령에 맞춰 저기차기(제기차기)기술을 수련하고 있다.

처음 희망자는 29명. 평소에는 사단법인 대한택견협회에서 자원봉사자로 파견한 지도강사로부터 매주 2회 1시간씩 수련을 했다. 그후 대회에 출전하기 위해 선발된 선수 6명은 한달간 매일 집중훈련을 받았다.

영락보린원에서 택견을 지도했던 여덕(余德·30)5단은 「당초 우승은 생각지도 못했다」며 「부모가 없는 애들이지만 노력하면 무슨 일이든 이루어낼 수 있다는 것을 체험을 통해 가르쳤다는 것이 가장 기쁘다」고 말했다. 余5단은 여성택견 지도자 1호이자 여성 최고단자로 이번 대회에서 최우수 지도자로 선정됐다.

우승 이후 원생들의 태도도 크게 변했다. 처음 택견을 배울 때 숫기가 없고 余5단의 말에도 잘 따르지 않던 아이들이 이제는 자율적으로 도복을 챙기고 수련을 한다.

인사성도 좋아졌다. 택견이 가장 강조하는 예절이 몸에 배기 시작한 것이다. 어린이날이면 주눅들곤 했던 영락보린원 아이들. 이번 어린이날에는 짙절한 친구가 된「택견」이 있어 외롭지 않다.

河智潤기자

애기택견은 우리가 "제일"

수련 5개월만에 전국대회 우승
"이젠「택견」있어 외롭지 않아요"

이 색 동호회

영락보린원
애기택견 동아리

앞을 바라보는 눈매와 꽉 쥔 주먹이 매섭다. 「굼실」하고「능청」거리는 택견의 품새도 무척 부드럽다.

택견을 배운 지 5개월만에 전국택견대회에 처음 나가 우승을 차지한 당찬 어린이들이 있다. 그것도 부모가 돌보지 않는 결손가정 어린이들이 힘을 모아 거둔 승리여서 더욱 값졌다.

서울 후암동370번지에 있는 영락보린원의「애기택견동아리」.

이 동아리의 병회·종오·강회 등 6명의 어린이들은 지난달 23일 전국 15개팀 90여명의 어린이가 참가한 가운데 부산 수산대 체육관에서 열렸던「제8회 애기택견경기대회」결승전에서 부산 남부전수관팀을

3−1로 가볍게 누르고 88년대회 창설이래 처음으로 우승기를 서울로 가져왔다.

애기택견은 택견이 현대적 경기로 발전하면서 참가자격을 국민학교 재학생에 한정해 독립된 경기를 하고 있는데 현재 전국적으로 4백명의 애기택견선수가 있다. 경기방법은 5개 체급별 각 1명과 후보를 합쳐 6명의 선수가 팀을 이루어 맞붙는 단체전이다.

이번에 처음 출전하여 우승한 영락보린원(원장 우성세)은 영락교회 한경직목사에 의해 설립된 사회복지법인으로 현재 1백4명이 수용돼 있다.

영락보린원에서 택견을 시작한 것은 지난해 12월부터. 원생들에게 의지력·체력·공동체 의식을 길러주고 특히 사회에 나갔을 때 강한

자신감을 키울 수 있는 방법으로 우리 고유 전통무예인 택견을 가르치고 싶다는 요청을 대한택견협회가 흔쾌히 받아들인 것.

영락보린원 관련 기사

영락보린원 팀의 애기택견경기 우승

자기도 해 보겠다고 찾아온 중학생도 생겼다.

1주일에 2번 출장지도를 했는데, 보린원을 가려면 숙대입구역에서 내려 버스를 타고 후암동 종점으로부터 마을 안쪽으로 걸어 들어가야 한다. 아이들은 필자가 가는 날이면 몇 명씩 버스정류장에 나와 기다리곤 하였다. 버스에서 내리면 아이들은 합창으로 '선생님!'하며 달려든다. 서로 손을 잡으려고 다투기도 하고, 조잘조잘 며칠 못 본 사이 있었던 이야기 보따리를 풀어놓느라 골목길이 떠들썩했다. 그냥 보린원 안에서 기다리라고 몇 번을 당부했지만, 항시 버스정류장에서 마중하였다.

열심히 수련을 한지 5개월만인 1995년 4월 23일, 부산 수산대 체육관에서 열린 제8회 애기택견경기회에 출전하였다. 전혀 예상하지 못한 승승장구를 거듭하더니 결승전에서 부산 남구전수관을 3 대 1로 누르고 우승하였다. 너무나 기뻤다. 이것은 그냥 실력만으로 이룬 것이라고 할 수 없었다. 겨우 5개월을 배운 아이들이었기 때문이다. 피를 나누지는 않았지만 친형제보다 더 끈끈한 정과 사랑으로 뭉쳐 있었기 때문에 우승을 했다고 생각한다.

보린원 아이들을 지도하면서 가정이 얼마나 중요한지, 부모의 울타리가 아이들에게 얼마나 소중한지 절실히 느꼈다. 아이들을 맡긴 사람들 나름대로 사연과 사정이 있겠지만, 아이들은 밥만 먹고 자라는 것이 아니다. 엄마 아빠의 사랑을 듬뿍 먹고 자라야 정신과 신체 모두가 건강하게 되는 것이다.

바로잡기

바로라는 것은
바라보는 시각에 따라
다를 수 있다.
바라보는 위치가
중요하지 않을까?

1995년 1월 부산 송정바닷가에서 겨울비 맞으며 택견비디오 촬영중

KBS 소송 건

아직도 택견과 태권도는 같은 것이라거나 연관성이 있다고 생각하는 사람들이 많이 있다. 태권도는 수련인구가 워낙 많고 또 정부에서 국기로 키운 것이긴 하지만, 전통무예 택견과는 아무 관련이 없다. 1994년에 한국방송공사를 상대로 소송을 한 일이 있다. 법원에 낸 소장 내용은 다음과 같다.

피고는 KBS-1TV에서 1994. 4. 15 17:40~18:30 방영한 '시청자 여러분을 초대합니다-태권도'라는 프로그램에서 태권도가 경기화하면서 택견의 전통이 되살아나고, 택견의 놀이 성격이 부활되었으며, 택견의 혼이 부활되었다는 요지의 편향적이고 왜곡된 보도를 함으로써 택견을 주관하는 법인인 원고의 사회적 공신력과 명예를 실추시키고, 국민들에게 그릇된 정보를 제공하여 민족 전통무예에 대한 손상을 입혔습니다.

대한택견협회에서는 1994. 5. 4일자로 언론중재위원회에 중재신청서를 제출하였고, 5월 13일 중재회의 결과 중재 불성립되었습니다. 그러므로 사실에 입각한 정정보도의 이행을 구하기 위하여 5월 26일 서울민사지방법원에 소송 청구를 하게 된 것입니다.

본 법인이 사회공익을 위하여 전개하고 있는 사업수행에 부정적 영향을 줄 수 있다고 판단하여 소송을 제기합니다.

방송내용 중 잘못된 부분을 일일이 지적하고 상세히 풀이 하였다. 내용중 태권도에 관한 부분은 다음과 같다.

- 현행 태권도의 발생과 발전과정에 택견의 기능을 가진 사람이 참여한 사실이 없어 계보적 연계가 전무하며
- 1967년 태권도(창헌류)를 중요무형문화재로 지정해 달라는 신청을 하였다가 불가 판정이 내려졌으며
- 현행 태권도의 명칭이 1955년 일부 인사에 의해 제창되었다가 1965년 공식 사용되었고, 그 이전에는 태수도, 수박, 권법, 화수, 당수, 공수, 카라테로 불리웠다는 점
- 현행 태권도의 기본기술(경기기술 외)이 일본 카라테의 기본기와 수련체계를 그대로 답습하고 있으며
- 태권도의 기본기 용어가 택견과는 관련이 없고 카라테의 용어를 직역한 것 등
  가장 중요한 것은 택견과 태권도의 기술형태가 판이하게 다르고 당연히 기술원리와 철학적 바탕이 상이한 것입니다.
1. 택견의 경기는 상대방을 넘어뜨려 승부를 내는데 반해 태권도는 유효한 득점 부위를 타격하여 승부를 가립니다.
2. 따라서 택견은 도괴력(倒壞力)의 원리인 반면에 태권도는 타격력(打擊力)의 원리입니다.
3. 택견은 상대방에게 타격을 가하면 반칙이 되므로 아무린 보호장비 없이 경기를 하는 반면, 태권도는 타격에 의한 신체보호를 위한 호구를 착용합니다.
4. 따라서 택견은 호혜적 기술을 바탕으로 화합과 결속을 도모하는 민

중의식에 의한 민속경기 형태인데 반하여 태권도는 가해적 기술을 바탕으로 정복, 지배, 성취의 투쟁의식의 엘리트 경기구조인 것입니다.

5. 택견은 상대방의 찬 다리를 붙잡아 넘기면 승부가 나고, 주로 허리 아래 하체에 대한 공격기술 위주인데 비하여 태권도는 붙잡거나 하체공격은 엄격한 반칙행위입니다.

6. 택견은 대접(待接)의 규정에 따라 경기자 상호간의 거리가 항상 한 걸음 가량의 극히 가까운 위치에 있게 되어 품밟기라는 독특한 택견의 보법(Step)이 발달된데 비하여 태권도는 구조변화 이후에도 프로그램 내용에서 상세히 설명한 대로 태권도 경기식 독특한 스텝이 개발되어 있습니다.

이렇게 현저하게 차이가 있는 택견과 태권도를 두고 일부 태권도의 변용된 모습에서 유사점이 있음을 확대 해석하여 태권도가 곧 택견의 정신을 부활했다거나, 전통성을 되살렸다는 표현은 시청자들을 혼동에 빠지게 하기에 충분한 것입니다.

태권도측에서는 1992년 1월 24일자 「한겨레신문」에 일방적으로 택견을 태권도가 흡수해야 한다는 주장을 한 일도 있어 이 방송을 가볍게 넘길 수가 없었다. 방송국에 보낸 정정요청 내용은 다음과 같다.

지난 4월 15일 방송한 '시청자 여러분을 초대합니다'의 [태권도] 프로그램에 대하여 사단법인 대한택견협회에서 그 내용의 일부에 대해 이의를 제기해 왔습니다.

본 프로그램에서 태권도가 경기화되면서 택견의 전통성이 되살아났고, 택견의 전통성을 이어받게 되었고, 경기태권에 이르러 전통무도인 택견의 혼이 부활되었다고 표현한 내용이 택견과 태권도를 동일한 무예라고 오인케 할 소지가 있다는 지적입니다.

택견과 태권도가 역사적으로나 경기기술에서 직접적인 관계가 없으며 완연하게 다른 종목이라는 사단법인 대한택견협회의 의견에 대하여, KBS는 이 프로그램에서 택견과 태권도의 관계를 설명하는 부분에서 다소 무리한 점이 있었으나, 택견과 태권도를 동일한 무예로 다루려는 의도가 아니었음을 밝힙니다.

아나운서 멘트와 함께 〈4월 15일 방영한 '시청자 여러분을 초대합니다-태권도'와 관련하여 택견과 태권도가 역사적으로나 경기기술에서 직접적인 관계가 없다는 사단법인 대한택견협회의 이의제기가 있었음〉이라는 자막처리도 함께 요청하였다. 다행히 정정보도가 이루어져 6월 10일자로 소를 취소하였다.

혜화동 로타리

1992년 수련체계 정립을 위해 일단 협회를 탈퇴하며 시간을 달라고 했던 도기현 선생이 송덕기옹의 택견수련체계를 정리하였다고 하여, 1995년 가을 택견계승회 전수관에서 소중한 만남을 가졌다. 이하 내용은 당시 조규홍 선생이 VTR로 녹화한 것을 풀어 정리한 것이다.

택견협회에서 이용복, 손일환, 윤종원, 이상열, 조혈제, 조규홍, 여덕 7명이 참석하였고, 계승회에서는 도기현, 홍범석, 김수원 외 1명이 함께 했다. 수련체계에 대한 도기현 선생의 간단한 설명이 있은 뒤 택견계승회의 시연이 있었다. 한 사람은 흰 고의적삼을 입고, 또 한 사람은 검은 개량한복을 입었다. 기본동작을 각 8번씩 보여주고, 도기현 선생이 동작마다 설명을 붙였다. 이어서 시연을 하던 두 사람이 마주보고 인사를 한 후 기본기술을 주고받는 시범을 보였다.

우리는 전수관 사무실 앞의 원탁에 앉아 계승회에서 준비한 수련체계에 대한 자료를 보면서 시연을 참관하고 있었다. 두 사람의 시연이 끝나자 손일환 선생이 문제점을 질문하였다.

"그런데 지금 시범을 보니까 두 사람의 거리가 너무 멀다고 생각된다. 품밟기는 상대방이 바라보았을 때 品자가 나오는 것이라 할 수 있다.”

도기현 선생은 서서 발차기를 툭툭 해 보이며 열심히 설명하다가 기다렸다는 듯이 바로 대답하였다.

“두 사람의 거리가 먼 것은 저도 문제가 있다고 생각합니다. 그리고 품밟기가 역사다리꼴이 나오는 이유는 정삼각, 역삼각형이 문제가 아니라 두 발이 붙으면 넘어지기 쉽고, 너무 멀어도 넘어지니까 두 발의 간격을 잘 두어야 하고, 또 송덕기 선생님의 동작 특징은 툭툭 쳐주는 느낌이 있는데, 신한승 선생의 택견은 틀을 만들어서 부자연스럽고 이러한 맛이 없어요. 뿌려주는 것이 없으면 택견이 아니예요. 그리고 오금질도 억지로 뱃심을 내는 것이 아니라 탄력적이고 자연스럽게 되는 것이 관건입니다. 전통문화에 공통적으로 나오는 특징이 뿌리기인데, 뿌리기, 오금질, 자연미 이 세 가지가 안 되면 택견이 아니라 봅니다.”

이용복 회장님이 옆에 있던 이상열 선생을 일어나게 하여 같이 무릎을 맞대고 몇 가지 예를 보여주었다.

“송 선생님이 무릎을 맞대고 했던 것이 있는데, 안타까운 것은 왜 그런 것이 있는가 하는 것을 살아계실 때 확인하지 못했다는 것이다. 그 자체로 시합을 하는 게 아닌가 하는 생각도 들고, 송 선생님 기술중 특징적인 것이 상대 덜미를 걸고 오금을 걸어 당겨 넘기는 묘한 기술이 있다. 노 관사붙이기 같은 동작도 바짝 붙은 상태가 아니면 나올 수가 없는 기술들이다. 발도 쉽게 팍~ 차버리면 되는데 발장심으로 밀어서 차라고 하셨고, 송 선생님 말씀대로 욱하게 하는 게 아니라 상대방의 힘을 이용하여 제압한다고 본다."

곧 송 선생님의 택견기술들이 타격적인 것이 아니라 부드럽게 상대방을 제압하는 기술들이었다고 설명하고, 두 사람이 무릎을 맞대고 하는 동작은 어떻게 사용되었는지, 왜 그렇게 하는지 여쭤보지 못해 안타깝다고 했다.

도기현 선생이 테이블 앞으로 다가와,

"저도 회장님처럼 그런 부분을 할아버지 살아계셨을 때 여쭤보지 못하고 확인을 못했어요."

도기현 선생도 송덕기 선생님 살아계실 때 하나하나 여쭤보지 못했다는 것이 안타깝다는 듯 아쉬운 표정을 지었다.

이용복 회장님이 자리에 다시 앉으면서 "우리보다 10년 전에 배운 신 선생님 기술을 재해석해 보면 그 안에 송 선생님의 기술이 들어 있다. 기본기술을 연결해서 만들다보니 앞뒤 난이도는 맞지 않지만 체계적인 지도를 위해 만든 것이다. 본때가 택견의 본질과 차이가 있다고 이야기하면서도 우리가 하는 것은 오금질, 즉 굼실의 연습이 된다는 점이다. 충주에서는 택견을 경기로 안하고 신비한 무술로 남아있기를 바라는 사람들이 있다"고 말씀을 하시는데, 목이 마른 듯 기침을 하기에 필자는 물을 한 컵 갖다 드렸다.

도기현 선생도 의자에 마주 앉았다가 다시 일어나 뒷짐 지고 경중경중 걷는 모습을 보여주며 "시작의 착상이 다르니까 문제가 있다고 봅니다. 옛날에 할아버지께 왜 그렇게 걷느냐고 하니깐 '이놈아 옛날엔 다 그렇게 걸었어'라고 하셨던 것처럼 걸음걸이와 같이 자연스러운 오금질이 되어야 하고, 본때도 자연스럽게 해야 한다고 봅니다"라고 했다.

이용복 회장님이 물을 한 모금 마신 후 일어서서 말했다.

"내 말도 같은 뜻인데, 본때뵈기는 서서 하던 기본동작을 걸어 다니면서 연습하게끔 만들어 놓으신 것이다. 송덕기 선생님의 기본을 풀어서 한 것인데 방향성이 잘못되었고 정형화시킨데 대한 폐해를 느끼지만, 새로운 동작을 추가한다면 다른 무술보다 훨씬 멋진 동작을 넣어야 한다. 그러나 전통이기 때문에 멋있게만 만들 수는 없고, 문화를 바탕으로 재구성해야 하는 어려움이 있는 것이다. 택견은 우리 것이라는 장점이 있지만, 그러나 우리 것이라는 것만으로는 경쟁력이 약하기 때문에 미래를 봤을 때 계승회가 어떻다, 충주가 어떻다를 떠나 택견을 경쟁력있는 상품으로 만들어야 한다."

이용복 회장님의 말씀이 끝나고, 모두 테이블로 바짝 다가앉았다. 비디오 촬영을 하고 있던 조규홍 선생도 카메라를 작동시켜 놓고 이용복 회장님 옆으로 와 앉았다. 도기현 선생이 수련표를 보고 다시 차분히 설명을 이어갔다.

"수련표를 이렇게 작성했지만, 아시다시피 송 선생님이 체계적으로 가르쳐 주신 게 아니라 던지듯이 가르쳐주신 것이기 때문에 택견 수련체계가 중요한 것은 아닙니다."

계승회측에서 작성한 문서를 보고 이용복 회장님은 "신 선생님도 송 선생님께 배운 것인데 '송덕기옹의 택견만'을 인정한다고 하는 것은 부리가 있시 않겠느냐, '민'을 빼고 '송덕기 옹의 택견을 계승한다'는 의미로 포괄적으로 하고, 정통성있는 수련체계를 기본으로 한다면 되지 않겠느냐, 충주 택견과의 문제도 있으니깐 잘 연구가 되어야 하는 것이다. 태권도가 통합할 때도 관이 있어 세력다툼이 되어 싸움이 일어나고, 협회와 문제가 일어났었다. 그리고 통합 후에는 상하간의 질서가 무너져 버렸다. 택견협회는 행정적 조직이고 사회적 계약관계이다. 사회적 관계는 하시라도 하기 싫을 때는 떠날 수 있지만, 무예조직은 서열이 한번 정해지면 변동이 있을 수 없는 것이다. 그렇기 때문에 제도적으로 불합리하게 만들어서는 안된다"고 하셨다.

도기현 선생이 말했다.

"맞는 말씀이지만, 조직간의 파벌싸움이 있을 수도 있고, 저희가 계승회를 지키는 것은 송덕기 선생님 택견을 누군가가 이끌고 있어야 하기 때문입니다. 그런데 저희가 협회로 들어간다면 어렵게 끌어온 명분이 없어지기 때문에 들어가지 않겠습니다. 협회에서 계승회가 거슬리니까 함께 하자고 하시는 건 아닌지…"

이용복 회장님은 답답해 하며 말씀했다.

"도기현 선생 말대로면 택견연구회와 택견계승회가 통합되어야 된다고 말해야 맞는 것이다. 택견협회와 통합을 하는 것이 아니다. 택견협회는 행정조직이다. 협회 회장을 모셨을 때 조직상으로 따르지만, 무예 전승관계에서는 당연히 도기현 선생을 따르게 된다. 그리고 도기현 선생 뜻을 다 받아들인다면 우선 기술적인 것을 모두 바꿔야 하는데 어려운 문제다.

단급제도도 이미 단증을 받은 사람이 수 백 명인데 이 사람들은 어떻게 처리할 것인가? 이것을 대치시키려면 새로운 제도를 도입해야 하는데 대안이 있느냐? 그래서 빨리 연락을 달라고 했는데, 이런 수련체계를 준비하기 위해 2년째 따로 활동하고 했는지는 모르겠지만, 또 2년을 따로 하겠다면 앞으로 함께 하기는 더 어려워진다.

　송덕기 선생의 기술수련표를 받아들인다면 계승회는 해왔던 것이라 편하지만, 우리는 이미 많은 돈을 들여 책과 비디오를 만들어 놓았는데 어렵지 않겠느냐? 그러나 어려움을 감수하면서도 계승회를 받아들이려고 하는 것은 도기현 선생 말대로 눈에 거슬려서 그런 것이 아니다. 정경화가 그렇게 힘들게 해도 버텨왔는데, 계승회와는 그럴 일이 없지 않느냐! 문제는 택견의 방향을 어떻게 이끌어 나가는 것이 택견을 가장 잘 키워나가는 것인가를 생각할 때, 신한승 선생님의 틀을 한번 깰 필요가 있다. 우리가 10년간 해보니 문제점이 있기에 송덕기 선생님의 택견에서 다시 출발해야 한다고 판단하고, 계승회의 것을 최대한 수용하려고 하는 것이다.

　충주가 택견의 메카니 하는 왜곡된 역사가 만들어지면 안된다고 생각하기 때문에 서로 뜻을 모아 노력을 하면 송덕기 선생님의 택견을 문화재에 제대로 삽입하고, 앞으로 충주택견도 함께 통합해서 나가야 제대로 택견이 발전해 나갈 수 있는 것이다. 다음에 기회를 봐서 좀 더 기술적인 부분은 논의하기로 하고, 도기현 선생 이야기를 100% 다 받아들여줄 수 있지만, 너무 한쪽 면만 강조하고 있다는 느낌을 받았기 때문에 앞으로 좀 더 논의를 해봐야 할 것이다. 전에는 말로 해서 '말한 적 있다 없다' 논쟁이 되었는데, 오늘은 이렇게 문서로 남겨두니 계속 논의를 할 수 있이 좋은 것 같다."

　옆에 있던 손일환 선생과 윤종원 선생도 뭐라고 이야기하고 싶은 표정이었지만, 회장님께서 워낙 열변을 토하시는 지라 한 시간 동안 회장님의 말씀만 들어야 했다.

다시 도기현 선생이 테이블에 앉자 이용복 회장님이 말씀했다.

"송덕기 선생 택견의 기술적인 것이 중요한데 단급제도같은 제도적인 것을 문제시하면 논점이 맞지 않는 것 아니냐? 왜 도기현 선생 생각만 옳다고 생각하느냐? 1차적으로 송덕기 선생의 수련체계를 만들어놓고 다음에 논의해야 할 일이 아니겠느냐! 단급제도는 편의상 지금 사용하고 있는 것이지 영원히 사용할 것은 아니다. 적당한 시기가 오면 적절한 제도를 도입해야 한다고 생각한다. 그러나 다른 제도로 대치될 때까지 사용하는 것은 별 문제가 없다고 생각한다."

시계는 벌써 밤 10시를 알리고 있었다. 계승회 선생들이 따로 잠시 논의를 하겠다며 사무실로 들어가고, 테이블에 남은 협회 사람들이 계승회에서 작성한 문서를 보면서 여러 가지 의견을 나누었다.

이용복 회장님은 "지도자가 충분한 자격을 갖추자 하면 최소한 1년 이상 걸려야 하는데 언제 사람을 길러서 보급하느냐? 질적 양적 성장을 함께 해야 하는데…"하시며 도기현 선생과의 논의가 길어지자 답답해 하셨다.

필자는 회장님 컵에 다시 물을 따라 드렸다. 잠시 뒤 도기현 선생이 사무실에서 나와 테이블에 앉아 문서내용 중 삭제할 부분과 수정할 부분을 논의하였다. 도기현 선생이 지도자 강습에 대해 이야기를 꺼내었다.

"지도자 과정기간이 짧으니까 두달만에 해서 팔아먹는다는 말도 나오고, 문제가 있다고 생각합니다."

이용복 회장님은 "그것은 충주에서 더 심한 문제이다. 울산의 어느 사람은 전혀 배우지도 못한 상황에서 돈만 내고 자격증을 받아 문제가 발생한 일도 있었다"면서 충주에서 하고 있는 지도자 강습이 더욱 문제가 있음을 이야기했다.

그러자 도기현 선생이 단급제도에 대해 물었다.

"택견협회가 지금까지 연구회 중심으로 해오셨는데, 제가 만약 기술연구분과 위원이 되어 기술적으로 단급제도를 올렸을 때 협회와 연구회, 보존회 상관관계가 어떻게 되는 것이죠?"

이용복 회장님은 차분하게 "택견협회에서 모든 것을 결정한다. 이사회에서 의결한 후 정관에 따라 총회를 거쳐 결정하게 된다. 연구회는 혈연적 관계이다. 협회에서 기본 골격을 결정하게 되는 것이다"며 설명해 주셨다.

도기현 선생은 "그러면 전통무예를 전수하는 데는 치명적인 단체가 되겠는데요"라며 무척 걱정스러운 듯 이야기했다.

이용복 회장님은 "단체는 장단점이 있는 것이다. 그러니깐 택견협회는 이사회 결정에 따라 움직이기 때문에 정관을 만들 때도 객관적으로 공정하게 만들려고 애를 많이 썼던 것이다. 도기현 선생이 나이는 아직 젊지만 중앙협회에 이사로 들어와 최고 경영에 참여해서 일도 배워나가고 분과위원을 겸직하는 방법도 좋을 것 같고, 서울협회가 강화되어서 중앙협회 역할을 할 수 있어야 한다며, 도기현 선생이 협회의 중요 자리를 맡아주면 큰 걱정 안해도 된다"고 설명하셨다.

도기현 선생은 조금 안심한듯 "그러면 저희가 다시 회의를 해서, 수정해서 다시 의논을 드리도록 하겠습니다"라고 했다.

이용복 회장님은 제안을 쉽게 받아들이지 않자 서운하신 듯 "안을 낼 때도 서로 양보할 수 있는 것도 있어야 하는데, 한 치도 양보할 내용은 없고, 너무 이기적으로 제안을 하는 것 같다"며 언짢아하셨다.

도기현 선생은 조금 당황해 하며 "이기적인 것은 우리가 유리해지는 것이 이기적인 것인데, 이기적인 것은 아니라 생각합니다. 크게 보면 택견 발전을 위해서 하는 것이지만, 작게 보면 택견협회를 위해 하는 것 아닌가 생각도 듭니다"며 이기적인 것이 아니라고 강조했다.

이용복 회장님은 송덕기 택견을 지키고 보급할 수 있다면 뭐든 다 하겠다던 계승회가 이런저런 핑계를 대고 머뭇거리자 "우리가 수 차례 도기현 선생이랑 이야기가 있었던 부분인데, 한 번도 이런 것을 제시해서 보여주지도 않았고, 2년이 지나 오늘 처음으로 이런 안을 내주었는데, 사실 이런 것도 필요없고 송덕기 선생님 택견만 하게 해준다면 믿고 해 주는 것이 좋지 않겠느냐!"며 화를 내셨다.

한 동안 언성이 높아져 서로 감정이 격해지기 시작했다. 이용복 회장님이 무척 서운해 하며 화를 내자, 도기현 선생은 고조된 분위기를 가라앉히려는 듯 "저희가 회장님 인격을 못 믿는 것이 아니라, 과연 이용복 회장님이 송덕기 선생님의 택견을 할 수 있을까 해서입니다"라고 했다.

이용복 회장님도 "도기현 선생도 있고, 나도 있고, 기둥이 있기 때문에 그런 것은 문제가 되지 않을 것이다"며 말씀을 가다듬으셨다.

그러자 도기현 선생이 "역품이 문제인 겁니다. 얼마나 연구를 하셨으면 저렇게 자신감있게 하실까 감탄은 하지만…"하면서 품밟기를 문제 삼았다.

　　이용복 회장님은 "나는 분명히 송덕기 선생님께 역품밟기를 배웠다"고 했다.

　　도기현 선생은 "제 생각엔 처음부터 그런 것이 아니라, 연구를 하시다보니깐 역품이 나온 것이라 생각되고, 감히 회장님께 말은 못하고 마음으로 갈라서게 되었던 것입니다"며 함께 하지 않는 이유를 말했다.

　　이용복 회장님은 "내가 1989년에 만든 택견책에 품밟기의 제 2 방법을 설명하여 밝혀두었고, 또 송덕기 선생님 동작 비디오 자료가 있는데 확인을 해보면 알 것이다. 정경화에게도 '역품을 밟고 있는데 알고 있느냐' 하니까 '무슨 소리냐!' 하더라. 신한승 선생님의 본때는 전부 역품밟기인 것이다"며 직접 일어서서 품밟기 시연을 보여 주셨다.

　　도기현 선생도 따라 일어나 품밟기를 해보이며 "품밟기가 상황에 따라 여러 형태가 나오기는 하는데, 회장님은 역품이 시작이라고 하시니까, 역품을 해야만 거리가 유지되고 역품을 해야만 된다고 하시니깐 문제입니다"라며 목청을 높였다.

　　다시 분위기가 뜨거워 졌다. 이용복 회장님은 계속 품밟기를 해보이며 설명하셨다.

　　"발을 뒤로 빼는 것 하고 앞으로 내는 것 하고는 엄청난 차이가 있다. 보통 발을 앞으로만 낸다고 했을 때 문제가 되는 것이, 아까 도기현 선생 보고 한쪽만 보고 있다고 하는 것이 바로 이 이야

기이다. 왜 송선생님이 저런 동작을 하는가? 무술적으로 봤을 때
는 무가치하게 보이는 것이다. 85년도 시합* 때 태권도도 아니고
씨름도 아니고 도저히 시합이 안되지 않았느냐? 무술적으로 한다
면 곧은발질이나 옛법이 나와야 하는데, 송선생님이 곧은발질 쓰
지마라 하고, 옛법 쓰지마라고 한 것은 시합을 위한 기술이기 때
문에 그런 것이다. 태권도 시합을 거꾸로 보면 바로 택견인 것이
다. 발을 뒤로 물러서고, 또 물러서 버리면 태권도처럼 되어버리
는 것이다. 분명히 손 휘젓는 것은 송선생님이 '난 한 일 없다'고
야단치시고, 자꾸 '품을 밟아야 한다'는 이야기만 하셨다.

1964년도 「한국일보」 기사를 보면 덮어놓고 품수 品자로 밟
는 것이 아니라, 약속을 하고 밟는다는 내용이 나와 있다. 상대방
앞에 발을 내어주는 대접규칙에 관한 것과 『코리언게임즈』의 내
용을 함께 종합해 보면, 기본형태가 시합을 할 때는 뒤로 발을 빼
야한다는 결론이 나온다. 그러면 마름모꼴로 나오게 되고 송덕기
선생님이 말씀하신 품밟기와 동일한 형태가 된다."

역품은 만들어 낸 것이 아니라 송선생님도 하셨던 동작인데,
사람들이 인식을 못하고 있었을 뿐이라고 부연 설명하셨다.

도기현 선생은 품밟을 때 "뒤꿈치와 뒤꿈치 사이가 한 족장이
되어야 한다고 하셨어요"라고 하자 이용복 회장님은,

"나에게는 주먹이 하나 들어갈 정도가 되어야 한다고 하셨다."

도기현 선생이 다시 품밟기를 해보이며 "품밟기가 무예적인
면에서도 스텝으로 좋아요. 누가 바보같이 이크에크 하면서 품을

---

* 제1회 택견경기회. 부산구덕체육관. 1985. 6. 30. 부산, 서울, 충주 3팀 참가.

이렇게 바꾸고 하는 사람이 어디 있어요?"

이용복 회장님은 어이가 없다는 듯 "그것은 품밟기가 아니고 스텝이라 봐야 한다."

도기현 선생이 시연자를 불러 마주보고 품을 밟다가 발을 낮게 툭툭 차보이며 "다른 무술은 스텝이 없는데 품밟기는 툭툭 차면서 하는데, 이 품밟기만 잘 되면 웬만해서는 못 때려요. 그래서 싸움적으로 전투적으로도 굉장한 것이지요"라며 품밟기를 하게 되는 이유를 설명했다.

이용복 회장님은 "권투선수보고 싸움 못한다고 하느냐? 태권도 선수가 싸울 때 시합하듯이 하느냐? 택견도 옛날에는 싸움형태로 있었을 것이다. 그것이 경기로 하다보니까 품밟기가 나온 것이라 봐야 되지 않겠느냐" 며 품을 밟아야 하는 이유에 대한 견해가 다름을 말씀하셨다.

도기현 선생은 "품밟기가 대접을 하기 위해 발달한 것이라 설명하시는데, 시합을 할 때는 좋지만 무술을 할 때는 태권도처럼 탁 끊어 차는 게 아니라, 택견은 단타기술로 넘기는 것이 아니라 툭툭 차고 걸어 넘어뜨리는 기술을 사용하는데, 그래서 발을 빨리 바꿔야 하기 때문에 품밟기가 나오는 것이지요" 라고 했다.

이용복 회장님의 말씀이 다시 빨라졌다.

"품밟기가 앞 두 지점과 뒤 한 지점을 밟든, 앞 한 지점과 뒤 두 지점을 밟든 삼각형태로 밟으면 품수 品자가 되는 것이다. 어쨌든 품밟기가 품수 品자로 밟든 '저 사람 하는 품 봐라' 하는 것처럼 그냥 모양을 이야기하기도 하는데, 그러면 발을 바꿔 밟는 것이 품밟기가 되는 것이다. 내가 보기에 기본적으로 처음에 먼저 발을 앞으로 내는 것이냐, 뒤로 빼는 것이냐의 차이이지 그 다음 동작은 같은 것이다. 왜 품밟기가 역이라고 논란이 되어야 하느냐!

발을 앞으로 내어서 뒤로 당기는 한계선상에서 상대를 이겨야 되는데, 또 상대방을 넘어뜨려야 이긴다고 했고, 또 얼굴을 맞으면 지는데, 우리 선인들이 살았던 환경, 여러 가지 상황을 보았을 때 경기로 흘러온 것이다. 싸움하는 것과 일반시합과는 다른 것이다. 이것은 굉장히 발달된 무술이다. 세계에서 격렬한 격투기를 하면서 아무 보호장비없이 승부를 내는 경기는 택견밖에 없다. 어쨌든 송덕기 선생님이 남겨놓으신 '옛법' 이라는 것은 경기에서는 사용할 수 없다고 하셨고, '품밟기만 잘하면 된다' '품밟기가 전부다' 라고 누이 말씀하셨다. 85년 처음 시합 하고 난 뒤 충주에서 손을 휘휘 돌리는 것을 보고 아니라고 하셨지 않느냐.

좀 전에 도기현 선생이 찬 것처럼 툭툭 찼을 때 과연 넘어지는 것과 상관이 있는 것인가 생각해 보아야 한다. 툭 끊어 차면 아프기는 하지만 넘어지지 않는다. 상대를 부드럽게 싹 당겨버리면 그냥 넘어져버린다. 몸을 지탱할 수 있는 한계점만 넘어서면 넘어지게 되는 것이다. 그러나 속도를 너무 빨리 해도 반작용이 생기고, 느리게 해도 넘어지지 않는다. 그리고 나이가 많아지면 발을 들고 지탱하기가 어려우니까 빨리 중심을 잡기 위해 빨리 차게 된다고 생각한다. 나도 예전에 젊었을 때와 달리 발이 느려지더라. 그런데 송 선생님 발차는 동영상 모습은 몸을 가라앉혔다가 퉁~ 밀어차시는 게 정말 멋있고 놀라웠다.

도기현 선생이 방금 보인 기술도 있을 수 있는데, 내가 볼 때 주로 사용했던 것이 툭툭 차는 것이냐 밀치는 것이냐 하는 것이다. 상대방에게 툭툭 던져 차는 것은 상대방을 움직이게 하기 위해서이고, 움직이는 틈을 이용해서 차는 것이, 그러니까 밑으로 차는 것은 건드려주면서 기술을 걸면 되는데, 어깨를 차려면…"

이때 도기현 선생이 "어깨를 차는 기술은 없어요. 임창수씨 말씀이…"

이용복 회장님도 도기현 선생 말을 끊으며 "그건 임창수씨 말이고… 째차기는 신선생님이 지어낸 용어이고, 송선생님 이야기는 누누이 얼굴을 차면 다치니까 어깨같은 곳을 차서 밀쳐 곁치기를 해야 한다고 했다. 내가 송선생님 동영상을 수십 번 보고 또 보고 살펴보았는데, 송덕기 선생님의 기술중 남아있는 것중 놀라운 것은 임창수씨가 품을 이렇게 밟는데 송선생님이 딱 막으면서 칼잽이가 들어가는데, 짜서 하는 것도 아니고 자연스럽게 툭~ 나가는 이 동작의 순발력, 발을 내질러 차는 동작이 두 번 나오는데, 살짝 앉았다가 퉁~차는데 퉁 차서 넘어뜨린다는 것이 보통 어려운 것이 아니다. 상대방을 툭툭 치다가 뻥 나자빠지도록 차는 이런 것이 시합에서 나올 수 있도록 해야 한다고 생각하고, 민속촌에서 공연할 때도 계속 그런 쪽으로 시키고 있다. 지난번 계승회 시범하는 걸 보았는데, 과연 택견의 모습을 어떤 쪽으로 끌고 나가야 하는가, 상당히 연구를 많이 해야 한다고 생각한다. 멋만 부리려고 하면 겉멋만 들게 되고, 안에서부터 푹 익어 나오는 멋이 있어야 한다. 그런 부분을 기술적으로 더 연구해서, 기본동직을 송덕기 선생님이 했던 이미지와 연결지을 수 있어야 하고, 좀 젊으셨을 때 모습을 생각하면서 해야 하지 않겠는가. 부드럽다고 흐느적흐느적 하는 것은 아니지 않느냐!"

도기현 선생이 시범자를 세워두고 "우리의 부드러움은 어깨에서 나와야 하는데 활개를 돌릴 때 몸이 같이 들어가면서 돌려야 부드럽게 힘이 안 들어가면서 될 수 있고, 오금질을 하며 빠르게 활개를 돌리면 무서운 동작이 된다"며 두 팔을 크게 빠르게 돌리는 동작(도끼질)을 해보였다.

이용복 회장님은 "복싱 잽이 그렇게 하지 않느냐! 복싱할 때 툭툭 털치듯이 하는 동작이다. 옛날 100년 전에 어떤 환경에서 어떤 조건으로 어떻게 했을까를 적시해야 제대로 된 것이 나올 수 있다. 택견 동작 중에 후려차기가 제일 어렵다."

도기현 선생은 "할아버지가 발길질 차는 것도 이렇게 후려차는 게 없지 않습니까? 제가 발차기를 할 때 '빡~ 찰 때, 왜 이렇게 차느냐' 할아버지는 이렇게 못 차거든요. 저는 잘 모르고 할아버지가 하라고 하니까 했었는데, 전통문화를 공부해 보니까 세계에서 바닥에 난방을 하는 것은 한국밖에 없어요. 오랫동안 앉아 있다 보니까 골반이 벌어져서 골반을 바깥쪽으로 돌리는 것이 편해서 사자춤을 출 때 골반 트는 동작이 체질에 의해 자연스럽게 되었다고 봅니다. 현대에 와서는 건축문화의 변화가 오다보니까 요즘 아이들은 잘 안 되는 것 같아요"하고 온돌문화로 인해 발을 몸 안쪽으로 들어 올리는 동작이 자연스럽게 된다고 설명하였다.

이용복 회장님은 "전통이라는 것은 시대적인 것을 중시하되, 당시 상황성이라는 것을 감안해야 한다. 옛날에는 지게지고 경중경중 걷는 것이 편한데 요즘 그렇게 걷는 사람이 별로 없고, 골반이 안으로 접는 것이 편하게 되어 있는 것도 있지만, 앞에 놓인 발을 피할 때 발을 안으로 들어 올려 접는 것이 편하니까 그런 것도 있다"고 덧붙였다.

그러자 도기현 선생은 "킥복싱 하는 애들은 다리를 늘어뜨려서 하잖아요?"하며 킥복싱 동작을 해 보였다.

이용복 회장님은 그것은 다른 것이라며 "그것은 킥복싱에서 막으면서 하니깐 그런 것이고, 전통문화라는 것이 생활문화와 여러 가지가 녹아 있기 때문에 그런 것이다. 자연스럽게 변화를 수용해야 한다. 대충 기술적인 것은 이 정도로 정리하고, 그런데 태기질이 뭔가?"하고 수련과정표를 보며 물었다.

도기현 선생도 수련과정표를 보면서 "발질, 손질은 있는 거고, 태기질은 저희가 이름을 넣은 건데요, 책에는 태질이라고 나와 있는데 할아버지가 태기질이라고 했어요!"

이용복 회장님이 다시 물었다.

"잡아 넘긴다는 것인가? 패대기친다는 것인가?"

"태기질은 손과 발이 같이 들어가는 것입니다."

"여기서 심사를 몇 달만에 보는가?"

이용복 회장님이 심사제도에 대해 질문하자 도기현 선생이 수련단계에 대해 설명하였다.

"저희는 택견꾼까지 되는 것을 2년 정도 잡거든요. 제 경험상 2년 배우는 게 적당하다고 생각하는데 애들이 지루해 해요."

이야기를 마무리하자는 듯 이용복 회장님이,

"나라도 1년을 이것만 하라고 하면 지루하겠다. 신한승 선생님이 12개월 하는 것을 내가 8개월로 한 것은 다른 무술과 경쟁에서 뒤지면 안 되니까 그렇게 한 것이다. 지루하다, 이런 것보다 유단자 이후에는 난이도를 높여줘야 한다고 생각한다. 서로 기술적인 이견을 이야기하는 것은 밤새 이야기해도 재미있는데, 내가 마지막으로 한 가지 이야기하는 것은 계승회가 여기 혜화동에 도장을 내기 전에, 내가 서울 올라오기 전에처럼 서로의 감정적 교류가 회복되어야 한다고 생각한다.

그래서 화학적 결합을 잘해서 잘못된 부분을 바로 잡고, 충주 택견이 다른 사람들을 사이비로 매도하는 것도 극복해야 하는데, 시간이 지나면 더 힘들어지기 때문에 송덕기 선생님 택견을 문화재로 지정하는 것은 안 될지 몰라도, 임동권* 선생이 학자고 해서 번복하기는 어렵지만, 우리가 집중적으로 노력해서 송덕기 선생님 기술을 강화시키는 것은 가능하지 않겠느냐! 문제는 정경화가 기능보유자 후보에서 보유자가 될 가능성이 많아서, 만약에 보유자가 되고나면 정경화의 비중이 상당히 커져서 협회가 하는 일도 힘들어지지만, 기술적인 부분도 정경화가 말하는 대로 되어 버릴 것이다.

우리가 몇년째 대한체육회 가맹을 추진하고 있는데, 정경화는 지금까지 방해만 하고 있고, 문화재로 지정된 것이 그 사람에게 변명거리만 만들어 주고 있어서 문화재 해지시키는 정도까지 생각하고 있다. 사실 문화재 해지를 안하고 같이 하면 좋은데 참 안타까운 일이다. 사실 내가 도기현 선생에게도 섭섭하게 생각하는 것은 우리가 서울 올라와 신사동에 도장을 만들 때 길 안내도 받고 도움을 받을 수 있을 거라 생각했는데, 서울 전무를 맡고 있으면서 몇 달 동안 비말불견(鼻末不見: 코끝도 안보인다는 농담)

* 문화재 위원.

이었고, 계승회가 따로 도장을 만든 뒤 서로 자꾸 벽이 생기는 것 같고, 이런 것이 나로서는 이해가 안가고 계속 계승회를 기다리다가는 안 되겠다 싶어 함께 하는 것을 포기할까도 했었다.

처음부터 같이 참여하면서 해가는 것이 합리적인데, 지금은 각자가 너무 많이 걸어와서 되돌아가려니 온 것이 아깝고, 그러나 자꾸자꾸 걸어 나가다 보면 서로 너무 멀어져서 회복이 안될 수 있으니까 지금이라도 서로 함께 하는 것이 좋겠다고 생각한다. 합리적으로 택견을 보급시키는데 유리한 방법으로 선택을 하자는 것이지, 단급제도를 영원히 쓰자는 것도 아니고, 지도자 과정도 그렇고 기본적으로는 도기현 선생이 걱정하는 것도 맞는 말이지만, 작은 것을 고집하다가 대의를 져버리는 결과가 되어서는 안되지 않겠느냐! 그래서 우선 인간적으로 관계를 회복한다면 다른 것은 아무 문제가 안 될 것이다" 며 함께 잘 해보자고 했다.

도기현 선생도 "네, 알겠습니다. 회장님께서 써 준신 것을 참고로 다시 정리해서 언제쯤 하면 될까요?" 하고 이용복 회장님을 바라보았다.

"빨리 해야지" 하는 이용복 회장님의 목소리가 부드럽게 들렸다. 계승회에서 작성한 서류에 대해 다시 한 번 도기현 선생의 설명이 있었고, 이용복 회장이 부연설명을 하고 새벽이 되어서야 헤어졌다.

택견 전승도

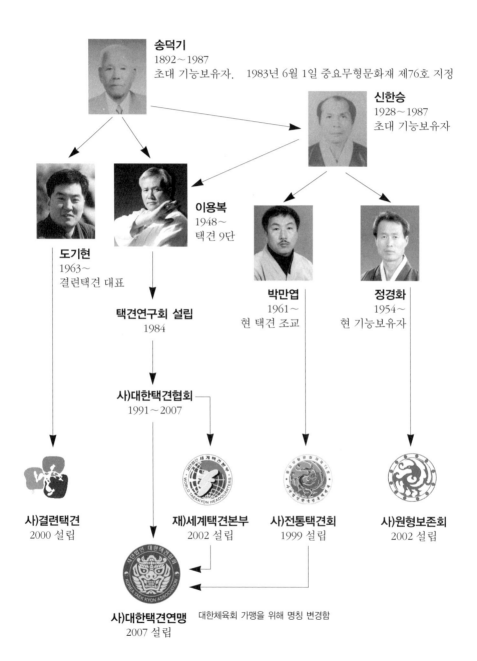

송덕기
1892~1987
초대 기능보유자.   1983년 6월 1일 중요무형문화재 제76호 지정

신한승
1928~1987
초대 기능보유자

도기현
1963~
결련택견 대표

이용복
1948~
택견 9단

박만엽
1961~
현 택견 조교

정경화
1954~
현 기능보유자

택견연구회 설립
1984

사)대한택견협회
1991~2007

사)결련택견
2000 설립

재)세계택견본부
2002 설립

사)전통택견회
1999 설립

사)원형보존회
2002 설립

사)대한택견연맹   대한체육회 가맹을 위해 명칭 변경함
2007 설립

흙에서

흙은 씨앗을 품어
꽃을 피울 수 있게 한다.

옥천 대월분교를 임대. 강무재로 사용했던 곳. 영화(친절한 금자씨)의 배경이 되기도..

지도자 강습

　택견을 배우고 싶어 하는 사람들은 많으나 수련할 수 있는 곳과 제대로 지도할 수 있는 지도자는 너무나 부족하다. 그래서 연 4회의 강습을 통해 지도자 양성에 힘을 쏟고 있다. 1993년 5월 제1기 지도자 강습이 대한택견협회 주최로 있었다. 수강생 대부분은 초창기부터 활동해 온 사람들이었다. 이보다 앞선 1986년에 택견연구회에서 실시한 제1기 지도자 강습도 있었다.

　2006년 말 현재 지도자 강습은 55기를 넘어, 1621명의 지도자가 배출되었다. 지금도 강습받는 환경이 그리 좋지는 않지만, 1기 때는 정말 모두가 힘들었다. 행정사무를 보던 필자도 강습생이었으므로 문제 유출을 막기 위해 회장님께서 직접 8절지에 문제를 적으시고 복사해 와 봉인했다. 회장님 혼자 실기 강습과 이론수업을 다 하셨으므로 무척 힘드셨을 것이다.

　수강생은 수강생대로 힘들었다. 전수관 맨바닥에 앉아 수업을 듣고, 시험도 그냥 바닥에서 보았다. 그러다 보니 제각기 맵시를 뽐내기라도 하듯 쪼그려 앉은 사람, 젊잖게 가부좌로 앉은 사람, 이론시험 볼 때는 배를 깔고 엎드린 사람 등 가지가지였다.

　지금은 논술문제를 미리 내줘 준비할 시간을 주지만, 1기 때는 과거시험 보듯 그 자리에서 논제를 내어주고 바로 작성하도록 하였다. 모두 시간이 촉박하여 내용 정리하느라 애를 먹었다. 이론시험도 200문제였는데 선택형보다 서술형이 많았다. 필자는 3등을 하였는데, 큰선생님께서는 매일 전수관에서 곁에 붙어 있었는데도 3등밖에 못했느냐며 놀리셨다. 38명이 응시하여 17명이 떨어졌다. 불합격자가 많아 한 달 뒤 부산에서 재시험을 봤는데 13명이 떨어져 결국 25명이 최종합격을 하였다.

제2기 지도자 수강생중 협회를 떠나 타 단체로 간 사람도 몇 있다. 1기 수강생들과 달리 타 무술을 오랫동안 했던 사람들이 대부분이었는데, 택견을 익히는 기간이 짧았고, 충주측에서 대한택견협회를 사이비 단체라고 공공연히 비방하였기 때문에 판단을 잘못한 것이라 생각한다. 필자가 중앙본부전수관 전임강사로 있으면서 직접 지도를 했던 사람들이라 안타까운 마음도 컸다.

대한택견협회와 첫 인연을 맺어 자격증까지 받고, 우리와 적대적인 관계에 있는 단체로 갔다는 것은 도의적으로나 인간적으로 신뢰를 져버린 행동이라 생각한다. 그래서 1995년 제9기부터는 무예전승의 윤리와 사제간의 신의를 져버리지 않겠다는 수강생 선서를 하고있다.

지도자 강습 수료식 때면 큰선생님은 항상 민들레 이야기를 하신다. 협회가 있던 건물과 인도 사이의 좁은 틈바구니에 어느 날 민들레가 앙증맞게 핀 것을 보시고 택견 지도자를 생각했던 것이다. 필자도 그 꽃을 보았다. 안쓰럽기도 하고 대견스럽기도 한 작은 민들레가 하얀 솜털을 달고 바람 따라 날아가는 것을 보았다. 씨앗들 중에는 양지바른 곳에 내려앉아 더욱 예쁘고 큰 꽃을 피우는 것도 있겠지만, 운없는 씨앗은 자동차 바퀴에 깔려 버리기

신사동 중앙본부전수관에서의 지도자 강습후 필기시험(1993년)

잠실 강무재에서의 지도자 이론교육 모습(2003년)

지도자는 길을 알고, 보여주고, 달려가는 것이다!(2004년)

도 하고, 또 어떤 씨앗은 척박한 곳에 내려앉기도 할 것이다.

택견 지도자들도 강습을 마치고 각자의 터전으로 돌아가 택견의 씨앗을 뿌리라는 말씀이다. 여건이 좋은 사람도 있고, 어려운 환경에서 택견의 꽃을 피워야 하는 사람도 있기 때문이다. 민들레처럼 강인한 생명력으로 택견이 전 강토에 뿌리내리기를 간절히 바라는 큰선생님의 마음이 담겨 있는 이야기이다.

큰선생님께서는 '지도자는 외로운 것'이라며 강한 정신력과 철학과 신념을 갖도록 가르쳐 주셨다. 여자로서 작은 체구로 오늘까지 올 수 있었던 것은 '지도자'라는 신념과 책임감이 있었기 때문일 것이다. 다른 사람보다 앞서간다는 것은 정말 외롭고 힘든 일이다. 그러나 힘든 만큼 보람도 큰 것 같다.

필자보다 더 대단한 열정을 가진 지도자들도 많다. 필자가 중앙본부전수관의 전임강사로 있을 때 전국에서 택견을 배워보려고 찾아 온 사람들이 많았다. 원주의 이동화 선생은 하루도 빠짐 없이 아침 일찍 원주를 출발, 전수관에 와서 10시부터 택견을 배우고, 점심에 원주로 가 체육관 운영을 하면서 지도자 자격에 합격했다.

전남협회 전무이사를 맡고 있는 김영규 선생은 순천에서 올라와 1주일 내내 전수관에서 숙식을 하고, 주말에는 내려가며 택견을 배웠다. 멀리 제주까지 택견의 꽃을 피워보려 날아간 김진희, 송재성 선생 등 초창기 선생들의 열정이 있었기에 오늘이 있는 것이다.

옥천 강무재

지도자 응시생들이 점점 늘어나자, 각종 행사때마다 장소 빌리는 것이 여간 힘든 일이 아니었다. 회장님께서는 충북 옥천에 있는 폐교를 임대해 수련원을 만드셨다. 옥천으로 한 것은 서울과 부산, 광주와 강릉을 대각선으로 이으면 만나는 지점으로, 전국에서 오고 가는데 용이할 것이라 판단했기 때문이다.

속리산 들어가는 자락에, 교실 8칸에 조그만 숙소가 하나 딸려

옥천 강무재에서의 수강생 선서

있는 3천평 규모인데, 학교 앞에는 포청천이 흐르며 쏘가리가 유명하다. 마을에는 10여 가구가 살고 있었는데 대부분 노인이었다.

우리는 한 두 달에 한 번씩 2~3일은 있다가 올라왔다. 회장님과 필자는 항상 먼저 내려가 화단의 나무를 다듬거나 교실청소를 하는 등 학교를 예쁘게 꾸미는데 정성을 쏟았다. 평소에는 학교 뒤에 사는 할머니 할아버지가 운동장 가장자리 200평 정도의 화단을 밭으로 사용하는 대신 관리를 해주셨다. 협회에서는 충북교육청에 연400만원이 넘는 임대료를 냈다

17기부터 30기까지 지도자 강습을 했으며, 천하택견명인전, 여름 모꼬지 등 몇 년간 다양한 행사를 치루었기에 옥천 대성리 대월분교의 '강무재 추억' 을 갖고 있는 분들이 많을 것이다.

조용하던 시골마을이 택견으로 분주해지고 활기찼다. 첫 천하택견명인전을 벌이던 날은 마을축제라도 여는 듯 운동장에 청사초롱을 주렁주렁 매달아 놓고 밤새 택견판이 흥겹게 이어졌다. 아마 옛 택견판이 이러하지 않았을까 이구동성으로 고개를 끄덕였다. 강무재에 모이면 모두가 하나가 되었고, 하늘의 수많은 별들을 바라보면서 택견의 내일을 꿈꾸기도 했다.

읍내 여관을 이용하는 사람들도 있었지만, 대부분 학교 옆 마을에서 민박을 하였다. 학교옆 할머니집 밥맛은 고향집 밥처럼 좋았다. 구수한 된장맛과 특별한 양념을 하지 않아도 시골의 향을 듬뿍 담아 할머니 손맛으로 조물조물 만들어주신 반찬들은 꿀맛이었다. 할머니 할아버지가 차려주시는 밥상을 앉아서 받아먹지만은 않았다. 모두 내 부모님 대하듯 정을 주고받았다.

1998년 8월에 보은댐이 터져 마을이 온통 물에 잠기는 대형사고가 났다는 뉴스를 보았다. 마을로 들어가는 도로는 곳곳이 패어져 나갔고, 옆 마을로 들어가는 다리는 흔적만 남은 참혹한 모습이었다. 강무재가 걱정되었다. 할머니 집으로 전화를 해보았는데, 다행히 낮에 사고가 나서 큰 인명피해는 없다고 했다.

전국 전수관에 연락, 수해복구를 위해 옥천으로 모였다. 강무재도 피해가 많았다. 건물의 70%가 잠겼다가 물이 빠지니 교실이며 복도에는 발목만큼 진흙이 쌓여 있었고, 교실 바닥 나무들은 뒤틀어져 물의 무서움을 느낄 수 있었다. 운동장은 돌과 쓰레기로 가득 차 있었고, 교육청에서는 많지 않은 예산에 복구문제로 고심하였다. 우리가 사용하던 곳이라 전국에서 돌아가며 회원들이 와서 청소하고 마을복구 작업도 도왔다.

필자는 할머니집으로 먼저 달려가 얼마나 놀라셨냐며 안부를 여쭙자, 당시 상황을 눈물을 글썽이며 말씀해 주셨다. 할머니 할아버지는 물이 마당으로 치고 들어와 얼른 방으로 들어갔는데, 방 안까지 금방 무섭게 차버려 다락으로 올라가셨단다. 발밑까지 차 올라 온 물을 바라보며 다락 꼭대기에서 '이제 우리 이렇게 같이 가는구나' 하며 꼭 끌어안고 계셨단다. 마을 뒷산으로 대피해 있던 이장이 할머니와 할아버지가 미처 탈출하지 못한 것을 알고 큰 스티로폼을 보트삼아 할머니 집으로 와서 겨우 살아나셨단다.

옆에 있던 이장님은 할머니 할아버지가 무섭다고 안 나오시려고 해 구조하는데 엄청 힘들었다며, 당시의 긴박했던 상황을 상세히 설명해 주었다. 수해복구를 도우러 온 할머니의 장남 되는 분이 자식들보다 더 자주 할머니 할아버지를 찾아와 정말 고맙다며 인사를 해왔다. 할머니도 농담삼아 "멀리 있는 자식들보다 택견 식구들이 더 좋아" 하며 흐뭇해 하셨다.

회장님께서는 폐교를 협회에서 불하받아 제대로 시설을 해서 사용하려고 생각하셨었는데, 정작 불하받으려고 하니 교육청에서 처음엔 3억 정도 될 것이라고 했던 것을 5억 넘게 부르는 것이었다. 알고 보니 학교를 세울 때 땅을 무상으로 기증했던 마을사람들이 땅을 찾고 싶어하고, 찾으면 이장님이 마을 창고로 사용하겠다고 하여 교육청에서는 더 많은 돈을 내는 쪽으로 불하하려는 듯 하여 우리는 재계약을 하지 않았다.

2005년 여름, 어느날 우연히 영화 〈친절한 금자씨〉를 보았는데 후반부 장면에 너무 놀라 얼어버렸다. 이영애씨의 차가운 표정 연기 때문이 아니라 마지막 장면에 나오는 배경이 바로 옥천에 있던 그 폐교였기 때문이다. 아름답게 나오는 것이 아니라 잔인한 살인의 현장으로 다시 보게 된 것이다.

몇 년 동안 지도자 강습을 하고, 택견대회를 열고, 풀을 뽑고 나무와 꽃을 가꾸고, 교실 마루바닥을 닦고, 가을이면 노랗게 단풍이 들었던 은행나무, 길가의 커다란 상수리나무 등 정들었던 곳이 살인의 현장이 되어 스크린으로 비춰지는데, 너무나 잔인하고 슬프게 느껴졌다.

설진아 미안해~!!

강무재에는 또 하나의 가슴 아픈 추억이 남아있다.

필자가 초등학교 5학년쯤, 어느 날 집에 와 배가 너무 고파 부엌에 들어가 연탄불 위에 있는 찜통을 열어보고는 기절할 뻔했다. 뽀얀 국물 위에 기름이 떠다니고 있었고, 무언가 고기같은 게 있어 집어 올려보았는데 고양이였다. 당시 친척분이 심한 관절염을 앓고 계셨었는데, 우리 집에서 그분의 약을 달였던 것이다.

2~3일에 한 번씩 어떤 아저씨가 고양이를 잡아 갖다주면 어머니는 하루 종일 푹 삶아 진한 육수만 보온병에 담아 갖다 주셨는데, 드시는 분은 그것이 고양이임을 모른다고 했다. 그 고약한 냄새가 두 달 동안 나를 괴롭혔다. 그래서 나는 유난히 고양이를 싫어했다.

1995년 12월 크리스마스 경 고양이 울음소리 때문에 잠을 한숨도 못 자고 날을 샌 일이 있다. 너무 시끄러워 새벽 5시쯤 그것을 잡기로 마음먹고, 면장갑을 끼고 그 위에 고무장갑을 또 끼고 고양이 울음소리가 나는 곳으로 살금살금 다가갔다. 전수관 옆에 술집이 있었는데, 그집 뒷문이 전수관 입구와 붙어 있었다. 지하 구석진 곳이라 잘 안보였지만, 손전등 불빛 아래 보이는 것은 무서워하기엔 너무나 작고 앙증맞은 새끼고양이였다.

뒷문 구석진 곳의 에어컨 송풍기 아래에서 어미를 잃은 새끼 고양이가 밤새 목이 쉬도록 추위와 공포에 떨며 울부짖었던 것이다. 밤새 치쳐서인지 힘이 다 빠진 고양이는 도망갈 힘도 없어 보였다. 장갑 낀 손으로 움켜잡고 사무실로 데려왔다.

밤새 얼마나 무서웠을까? 고양이 울음소리에 무서워했던 필자보다 더 두려웠을 새끼고양이를 보니 참 안쓰러웠다. 물 한 모금을 먹이고, 미지근한 물로 씻겨서 수건으로 감싸 놓았다. 회장님께서 보고는 어디서 났느냐고 물으셔서 자초지종을 말씀드리고, 한 겨울이 지날 때까지만 보살펴주기로 하였다.

뒤에 술집 아주머니께 들은 이야기다. 술집 천장 위에서 고양이가 새끼를 낳았는데, 너무 시끄러워 작대기로 천장을 막 쑤셨더니 고양이들이 우두둑 떨어졌단다. 놀라 도망가던 새끼 한 마리가 뒷문으로 나오는 바람에 어미를 잃고 고아가 되어 버린 것이다. 어미가 찾아오기를 기다려 보았지만 아무 소식이 없었다. 그래서 필자가 고양이 양모가 되었다.

그런데 필자가 고양이를 무척 싫어한다는 것을 알고나 있는지, 제가 살기 위해 그랬는지 마음을 움직이게 했다. 겨드랑이 사이에 껴안고 자다가 일어나 보면, 먼저 일어났음에도 조용히 필자가 깨어날 때까지 기다리고 있다가 그제서야 '잘 잤어요?' 하는 것처럼 '야~옹' 아침인사를 건넸다. 어린 것이 얼마나 영리하고 귀엽고 착하게 굴든지 금방 정이 들어 버렸다. 고양이가 아니라 어린애기를 키우는 것 같았다.

회장님께서 '살찐이' 라 이름을 지어주셨다. 그 뒤부터 사람들은 필자를 '살찐이 엄마' 라며 놀리곤 했다. 살찐이는 회장님과 필자에게는 재롱도 떨고 말도 잘 듣고 예쁜 짓을 잘 하면서도 다른 사람이 부르면 모른 척했다. 대소변도 잘 가려서 사무실 안에서는 절대 볼일을 보지 않고 문을 열어 줄 때까지 기다렸다가 열어주면 날아가듯이 건물 뒤 공터에서 시원하게 볼일을 보고 들어오곤 하였다. 애완동물을 키워본 사람들은 알겠지만, 함께 있다 보면 말이 통하지 않아도 마음이 통하고, 무엇을 원하는지 감성적으로 느끼게 된다.

살찐이가 특히 대단하다고 여긴 것은 참고 기다릴 줄 안다는 것이었다. 지도자 강습이나 행사 때는 필자가 직접 음식을 준비했는데, 고기를 삶아놓고 건드리지 말라고 해두면 눈을 반짝반짝거리면서도 얌전히 앉아 있었다. 수강생들 음식 준비해 주고 제것을 접시에 담아주면 허겁지겁 씹지도 않고 꿀꺽꿀꺽 삼키는데, 저렇게 먹고 싶은 것을 어떻게 참고 있었을까 싶을 정도였다. 사람과 함께 살았다 해도 동물인데 먹고 싶은 본능을 참고 있다는 것이 신기했다.

살찐이가 3살쯤 되었을 때, 회장님께서 소파에 누워 있는 살찐이를 보고 "살찐아~" 다정하게 부르는데 귀찮다는 듯이 고개만 돌리곤 다시 누워버렸다.

또 다시 부르면 '야~옹' 하며 예의상 대답을 하는데, 필자가 부르면 '네~에' 하는 것이었다.

너무 신기하여 회장님과 필자가 번갈아 불러보았는데, 그냥 '야~옹' 이 아니라 정확히 '네~~' 라고 하는 것이다. 회장님은 조금 서운해 하며 "이것이 어른을 몰라보네" 허허 웃으셨다. 믿거나 말거나가 아닌 실제 있었던 일이다.

살찐이가 새끼를 가져 고양이 출산을 직접 지켜볼 수 있었는데, 산모의 고통과 함께 생명 탄생의 신비를 느낄 수 있었다. 아들 딸(?) 6마리를 낳아 가족이 생겼다. 전엔 소파에 늘어져 있다가도 누가 오면 얼른 자리를 비켜주곤 했는데, 4살이 넘자 제가 어른인 양 회장님 자리를 독차지하고, 손님이 와도 비켜줄 생각을 안했다.

고양이들이 커가면서 사무실에는 냄새가 배이기 시작했고, 더 이상 사무실에서 키울 수 없다고 판단되어 옥천의 강무재로 보내기로 했다. 회장님 차에 태워 옥천까지 가는 동안 어찌나 버티던지 내려놓고 올라오는데 마음이 참 무거웠다.

한 달에 한 두 번 강무재에 갔는데, 회장님과 필자가 운동장에 차를 세우고 교실문을 열고 있으면 5분 이내에 어디서 오는 것인지 거의 비명에 가깝게 '야~옹' 소리를 지르며 달려오곤 했다. 그러면 한 동안 서로 부둥켜안고 떨어질 줄을 몰랐다. 반갑다고 부비고 또 부비며 필자만 졸졸 따라다녔다.

살찐이를 두고 서울로 다시 올라 올 때면 또 미안한 마음이 발걸음을 무겁게 하였다. 여름이 지나고 가을에 갔을 때는 살이 통통하게 오르고, 털은 윤기가 자르르 흘러 마치 멋진 코트를 입고 있는 듯 야생에 잘 적응하고 있었다. 그 동안 식구도 더 늘어나 고양이 가족들이 강무재를 잘 지키고 있었다.

그해 겨울은 유난히 추워 만물이 꽁꽁 얼어 있었던 터라 어떻게 지내고 있을까 걱정을 하면서 강무재에 갔다. 그런데 더 이상 살찐이를 볼 수가 없었다. 우리가 도착하면 금방 나타나던 것이 30분이 지나도 1시간이 지나도 나타나지 않아 동네 이곳저곳을 찾아다녔다.

"살찐아~! 살찐아~!"

아무리 불러보아도 메아리만 돌아올 뿐이었다. 필자를 안쓰럽게 보신 동네 어르신이 이틀 전부터 안보였다며, 아마 모든 게 꽁꽁 얼어 있으니 먹을 게 없어 굶어 죽었을 것이라고 했다. 필자는 어딘가에 있을 것이라 믿으며 뒷산 언저리와 포청천 다리까지 찾아보았지만, 더 이상 살찐이를 볼 수가 없었다.

너무 슬펐다. 너무 미안했다. 미안하다, 미안하다를 되뇌이며 돌아왔다. 끝까지 책임져 주지 못한 미안함은 10년이 흘렀건만 아직도 가시질 않는다. 필자의 지갑 속엔 살찐이와 그의 아들 태돌이 사진이 있다. 단 한 장뿐인 살찐이 사진.

태돌이와 살찐이

성실

성실한 노력은
가장 좋은 지름길이다.

영화(이방인)에서 풀샷으로 기립박수를 받은 장면

경제장학기금

90년대 초반부터 중반까지 택견은 신문방송에 많이 보도되었다. 특별히 깊은 애정을 갖고 택견 기사를 많이 다루어 주신 분이 조경제 기자님이다. 1997년 총회 때 그 고마움을 전하기 위해 협회에서 감사패와 금일봉을 드렸다. 그런데 조기자님께서는 기자로써 당연히 해야 할 일을 했을 뿐이라며, 아직 택견협회가 많이 어려운 것으로 알고 있으니 상금을 택견 발전기금으로 써 달라며 기탁하였다. 그래서 만들어진 것이 경제장학기금이다.

2000년 5월 스승의 날을 맞아 전국의 지도자들이 큰선생님께 250만원 가량을 모금하여 필요한데 쓰시라고 전해드렸다. 회장님은 제자들의 고마운 마음만 받겠다고 하시며, 그 돈에 100만원을 더 보태어 경제장학기금으로 내놓았고 필자도 감독심을 보고 받은 돈이나 가끔 여윳돈이 생기면 장학기금에 보태기도 했다. 그러나 아직까지 경제장학기금은 그리 큰 돈이 모이지 않은 것으로 알고 있다.

1997년부터 지도자들이 1만원씩만 꾸준히 모아 왔다면 지금쯤 많은 돈이 모여 어려운 여건에 있는 택견 수련생들에게 장학금을 전해줄 수도 있었을 것이다. 조경제 기자님의 뜻을 잘 키우지 못한 것은 참 안타까운 일이었다.

요즘 1% 모금운동처럼 나눔의 문화를 실천하는 사람들이 많이 있는 것으로 알고 있다. 우리 택견인들의 정성이 경제장학기금에 모인다면 택견 발전에 큰 힘이 될 수 있을 것이라 믿는다. 늦었다고 생각하는 시점에서라도 시작하면 늦지 않은 것이다. 지금부터라도 십시일반 장학기금을 모아보면 어떨까?

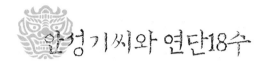
안성기씨와 연단18수

　1997년 1월, 대한택견협회 이사였던 김명곤(전 문화관광부장관)씨의 소개로 국민배우 안성기씨가 택견을 배우러 왔다. 일주일에 세 번씩 오전 10시부터 12시까지 운동을 하였는데, 대스타답지 않은 겸손함과 편안한 미소가 더욱 더 멋있게 보였다.

　부드러운 목소리와는 달리 안성기씨의 몸은 엄청 뻣뻣한 편이라, 열심히 노력하는 데도 불구하고 다리는 많이 벌어지지 않았다. 그래도 구기 종목은 다 잘한다고 자위의 말씀을 하며 특유의 부드러운 미소를 지어보였다.

안성기씨와 함께

이용복 회장님은 특별히 안성기씨가 영화에서 보일 수 있는 '연단18수'를 만들어 지도해 주셨고, 안성기씨는 정말 성실히 수련하였다. 2번 정도 빠진 일이 있었는데, 그때도 중요한 일이 있어 못나온다고 미리 연락해 주어 자기관리를 꼼꼼히 하시는 분이라는 것을 알 수 있었다.

안성기씨는 무엇보다도 가족을 끔찍이 챙기고 사랑하는 자상한 분이셨다. 항상 1년 계획을 미리 세워 욕심내지 않고 차근차근 계획대로 생활한다는 말씀이 필자의 가슴에 와 닿았다.

영화촬영을 하러 폴란드로 갈 때 택견복을 필자가 직접 풀 입혀 정성껏 다려 드렸는데, 안성기씨는 그 옷을 구겨지지 않게 조심조심 가져가 그대로 꺼내 입었다고 하셨다. 그리고 풀 샷으로 찍은 택견 장면에 기립박수를 받았다고 들었는데, 시사회 때 보니 정말 아름답고 멋있었다.

택견으로 IMF 이겨내자

1997년 IMF 한파로 모두가 어려움을 겪게 되었다. 그 여파가 아직까지 이어지고 있지만, 그때 이용복 회장님께서 생각하신 것이 '실직자 무료강습'이었다. 실직을 해서 심리적으로 힘든 사람들에게 운동을 통해 자신감도 갖고 체력도 보강하고, 또 택견을 보급하는 1석3조의 효과를 얻을 수 있는 좋은 아이디어였다.

처음엔 실직한 것도 속상한데 '실직자 무료강습'이라는 문구 때문에 싫다고 하신 분도 계셨지만, 상담할 때만 실직을 이야기할 뿐 일반회원들에게는 전혀 실직자라는 것이 노출되지 않기 때문에 상관이 없었다. 어떤 분들은 실직증명서를 가져와야 하느냐는 등 관심을 보이면서도 망설이고 있어 그런 확인절차도 갖지 않았다. 그냥 구두상으로 실직자라고 이야기하면 되었다. 실직자가 아닌데도 무료로 배울 요량으로 속이는 사람도 있었는데, 운동을 하다보면 금방 들통이 나게 마련이었다.

무료강습이었으므로 전수관 운영에 도움은 되지 않았지만, 택견인구가 늘어나므로 보급효과는 확실한 것이었다. 그렇게 무료강습을 받던 중에 직장을 갖은 후 정식으로 회비를 내며 다니는 사람도 여럿 있었고, 바로 직장을 갖지 못한 사람들도 택견을 배우게 배려해 준데 감사의 마음을 전해왔다.

실직자 무료강습 외에도 어려운 현실을 택견으로 힘내어 보자는 뜻으로 추운 날씨에도 불구하고 서울역 광장과 공원 등을 다니며 게릴라 시연도 여러 번 했다. 일제강점기를 견뎌왔던 것처럼 IMF 한파에도 택견은 희망과 용기를 잃지 않고 더욱 힘찬 발차기를 하였다.

택견을 알리기 위해 서울 회원들이 모여 매달 등산 수련회도 가졌다. 주말만 되면 사람들이 등산을 많이 간다. 휴일만큼은 택견 안하고 좀 쉬고 싶었지만, 회장님의 뜻을 누가 막으랴. 관악산으로, 북한산으로, 청계산으로, 강화도로 사람들이 많이 모이는 산이라면 다 다녔다. 택견복을 입고 등산로 자락에서 현수막 하나 걸어두고 '이크 에크' 몇 시간 수련하고 가볍게 등산을 하고 내려오는 일정인데, 그 효과가 상당히 컸다.

처음엔 주말에 쉬지도 못하고 산으로 동원되어 간다는 생각에 힘들어 했지만, 공해에 찌든 도심 속에서, 그것도 지하에서 생활하던 우리는 맑은 자연과 공기를 맘껏 마실 수 있는 등산 수련을 적극 즐기기 시작했다. 그때 우리끼리는 '등산수련회'가 아니라 '폐 청소하러 간다'고 했다.

무료강습도 하고 등산수련도 많이 다녔지만, 실제 전수관에 입회하는 사람은 그리 많지 않았다. 더군다나 포스터 부착 단속도 심해져 더 이상 포스터를 붙이기 어렵게 되자 여러 가지 홍보방안들이 나왔다. 그중 하나가 전단지를 직접 손에 쥐어 주는 것이었다. 처음엔 날씨기 엄청 추운데다 모두 어색해서 바삐 출근하는 사람들에게 전단지를 전해주지 못했는데, 며칠을 하다보니 어느새 모두 전문가가 되었다.

등산수련회

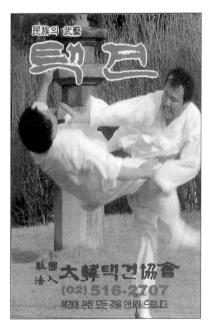

명함전단지

조혈제 처장님, 김상민, 송재성, 김옥선, 권영순 등 누가 더 많이 나누어주나 경쟁이라도 하듯 신사역, 압구정역 출구를 점령하여 전단지 나누어주는 작업을 했다. 요즘은 이것도 단속을 해서 못하지만, 당시는 학원마다 업체마다 서로 좋은 자리를 차지하려 새벽같이 나와 다툼을 하였다.

나중에는 그 사람들과도 친해져 서로 인사를 주고받으며 전단지를 교환하기도 하였고, 전단지도 무조건 나눠 주는 게 아니라 받을만한 사람인지 안 받고 지나갈 사람인지 구분도 하게 되었다.

"좋은 하루 되세요. 택견입니다."

밝은 목소리로 인사를 건네며 전단지를 내밀면 어떤 사람은 '이크' 하며 응답까지 해주곤 하였다.

7시부터 두 시간 작업을 하고는 전철역 앞에서 토스트 하나로 아침을 해결하고 사무실로 들어와 각자 업무를 봤다. 전단지 홍보 효과를 금방 보지는 못했지만, 뒤에 입회한 회원들 중 그때 전단지를 받았다는 사람이 많이 있었다. 역시 광고는 꾸준히 장기적으로 해야 효과를 보는 것 같다.

다룸

'다루다' 에는
'싸우다' 는 뜻 외에
'소중하게 여기다' 라는 뜻도 있다.

전통무술 태껸까지「眞僞 법정싸움」

3代기능보유자 지정에 상대측 무효소송 제기

〈申錫昊기자〉

「2면에 계속」

「태껸」법정싸움〈1면에서 계속〉

동아일보 기사

1995년 6월 1일로 정경화 선생이 예능보유자로 인정되었다. 그런데 이 사실을 뒤늦게 알게 되어 1996년 3월 문화체육부장관을 상대로 중요무형문화재 제76호 택견 보유자 인정 처분은 무효임을 확인해 달라는 소장을 냈다.

문화재관리국에 등록된 택견에는 송덕기 선생님의 택견

과는 다른, 신한승 선생님이 문화재 지정을 받기 위해 재정립한 것이 지정되어 있었다. 그리하여 이를 바로잡기 위해 몇 년 전 부터 문화재관리국에 '택견 재조사'를 의뢰했다. 더군다나 정경화 선생이 하는 택견은 신한승 선생님의 택견과도 다른 부분이 많았다.

일반 변호사는 택견의 내용을 잘 알지 못하므로 법적 절차만 자문받고 모든 서류는 이용복 회장님께서 직접 준비하셨다. 이 소송을 진행하면서 법 공부를 많이 하셨다. 택견이 무엇인지, 정경화 선생이 택견 보유자로 지정되게 된 경위, 그리고 현 문화재관리국에 등록된 택견과 송덕기 선생님의 택견의 학습체계와 기술상 어떤 차이점이 있는지를 상세히 설명하고, '택견조사보고서의 부적격 사유'와 '정경화의 택견보유자로서의 결격 사유'를 논리적으로 설명하였다.

그 내용을 요약하면 다음과 같다.

정경화는 '택견은 경기를 하게 되면 원형이 훼손된다'는 요지의 주장을 각 보도기사에서 보는 바와 같이 언론보도를 통해 홍보하여 왔습니다. 그리고 정경화는 신한승이 사망한 이후 실제로 한번도 경기를 주관하거나 참가한 사실이 없습니다. 이것은 1921년 『조선어사전』을 비롯한 국어사전에도 택견이 경기라는 것이 명확하게 기록되어 있는데도 이를 정면으로 부정하는 것으로써 택견의 원리에 대한 이해를 서두르 하고 있는 것이거나, 혹은 고의로 억지 강변을 하는 것으로 판단됩니다.

또 정경화는 결련(結連)택견을 싸움기술로 알고 있어서 결련택견을 마을대항 택견경기라고 알고 있는 문화재관리국의 견해와도 어긋

날 뿐만 아니라, 1920년대까지 서울의 우대(경복궁을 중심으로 서북쪽 인왕산 주변 일대의 마을을 통칭함. 주로 이서〔吏胥〕들이 살았음)와 아래대(경복궁 남동쪽 동대문, 광희문 왕십리 일대 마을. 주로 군총〔軍摠〕들이 살았음)가 서로 편을 갈라 승부를 내던 결련택견(혹은 결련태라고도 함)을 재현할 의사와 능력을 가지지 못하고 있음이 틀림없습니다.

그리고 정경화는 원고(이용복)와 송덕기·신한승 등이 합심하여 1985. 6. 30 부산 구덕체육관에서 개최한 제1회 택견경기회에서 신한승이 주심을 맡고 손일환과 함께 부심으로 참가한 사실이 있으면서도 택견경기 자체를 부정하는 것은 그의 스승인 신한승의 생존시 입장과도 배치됩니다. ……

지금까지 말씀드린대로 택견은 문화재로 지정되는 과정에서 크게 변형이 되었고, 이 변형된 택견을 원형인 것으로 착각한 피고는 전 택견보유자 고 신한승을 계승하여 변형된 택견기능을 보유한 정경화를 택견기능보유자로 인정하였습니다. 피고가 당초 원형에 대한 진위확인의 의무를 다하지 못하여 무효적 원인을 발생시켰고, 그 뒤에도 원고 등이 원형의 변형된 사실을 적시하여 이를 보정해 달라는 요청을 하였음에도 이에 상응하는 조치를 하지 않아 문화재 관리의 직무를 태만히 하였고, 또 중요무형문화재 보유자의 연령기준*을 하향조정하여 변형된 택견을 보유한 당사자로 지목받고 있는 정경화를 택견보유자로 인정처분한 것은 문화재 보호관리의 법률을 위반한 중대하

* 전에는 기능보유자가 되려면 만 51세 이상이었으나, 96년 만41세로 법을 고침. 그 첫 수혜자가 정경화임.

고 명백한 하자인 것입니다.

피고는 이러한 흠있는 처분으로 국민 모두가 공유권을 갖는 민족의 문화유산이 훼손되어 공동의 이익이 침해되었고, 정통적으로 택견을 계승하여 이를 발전시키기 위해 희생적인 노력을 기울여 온 원고 등이 택견보유자로 인정될 수 있는 권리를 박탈당하는* 피해를 입었습니다. 이와 같은 사례는 다른 무형문화재 종목에서도 가끔 있는 일로서 대부분의 피해 당사자들이 행정청의 처분에 대항할 능력이 없어 억울하게 소외당하고 억압받는 경우를 보아 왔습니다. 이런 이유로 기존의 지정문화재를 전면 재정비해야 한다는 여론이 비등한 것이 사실인 바 이번 택견에 대한 행정처분에 대한 위법성을 엄중하게 심판하는 것은 소중한 전통문화유산의 보존 관리를 위한 경종이 될 것으로 믿습니다.

원고는 원고 개인의 법률적 권익이 부당하게 침해당하는 것을 방어하고 또한 문화재보호법의 취지가 바르게 시행되어야 한다는 소신에서 중대하고 명백한 하자가 존재하여 무효임이 분명한 행정처분이 즉각 시정되기를 바라며, 이 건 소장 청구취지와 같이 구하기 위하여 소를 제기하기에 이른 것입니다.

신한승, 송덕기 생존시 녹취록과 증빙자료들을 53건이나 첨부하여 제출하였다. 이에 서울고등법원에서는 다음과 같은 판결을 내렸다.

---

* 자문 변호사가 소송을 하려면 보유자 지정으로 인해 소송자가 피해를 입었다고 주장해야 한다고 해서 표현한 것이지, 실제 기능보유자가 되겠다고 한 것은 아니었음.

행정소송법 제35조는 '처분 등의 효력 유무의 확인을 구할 법률상 이익이 있는 자'를 무효확인소송의 원고적격이 있는 자로 규정하고 있는데, 판례에 의하면 앞에서 말하는 법률상 이익이란 "당해 처분의 근거법률에 의하여 보호되는 직접적이고 구체적인 이익을 말하는 것이고, 단지 제3자가 당해 처분의 근거법률이 공익을 보호하는 결과로 국민 일반이 공통적으로 가지는 추상적, 평균적, 일반적 이익과 같이 간접적이거나 사실적, 경제적 이해관계를 가지는데 불과한 경우는 당해 처분으로 인하여 법률상 보호되는 이익을 침해당한 경우에 포함되지 아니한다"고 판시하고 있는바, 이와 같이 해석할 때 본 사건에 있어서의 보유자 인정처분의 대상은 소외 정경화이고 원고는 제3자에 불과할 뿐만 아니라, 원고 자신이 박탈당했다고 주장하는 택견 보유자로 인정될 수 있는 권리는 성격상 간접적이고 추상적 이익에 해당한다고 사료되며, 문화재보호법 제5조 제2항은 중요무형문화재를 지정한 때에는 그 보유자를 인정하도록 규정하고 있으며, 동조 제3항에 의한 보유자 외에 당해 중요무형문화재의 보유자로 인정할 만한 자가 있는 때에는 그 자를 추가로 인정*할 수 있도록 규정하고 있는바, 동법 시행규칙 제2조의 보유자 인정기준을 충족시킨다면 보유자가 추가 인정될 수 있으므로 택견보유자로 인정될 수 있는 권리를 소외 정경화로 인해 박탈당했다는 주장은 성립할 수 없는 논리의 모순입니다. 즉, 원고는 소외 정경화에 대한 택견보유자 인정처분과는 법률상 아무런 관계도 없으며 그로 인해 어떠한 법률상 이익도 갖지 못

----

* 추가 인정할 수 있는 규정이 있다고 하여 이후 송덕기 택견을 바로 세우기 위해 결련택견 보유자 신청을 하게 됨.

한다 할 것입니다. …

이러한 내용으로 원고적격부터 결여하고 있으므로 이 사건 소를 각하하고, 원고의 청구는 기각한다.

이 소송을 하느라 몇 달 동안 회장님과 함께 힘든 시간을 보냈다. 변호사 없이 소송 한 번 하는 게 얼마나 힘든 일인지는 해본 사람은 알 것이다. 자료정리하고, 타이핑하고, 녹음 테이프 녹취록 공증받고, 공부 많이 하신 판사님들이 제대로 시시비비를 가려주리라 기대도 컸었다. 그러나 택견 품밟기 한 번 해본 일 없는 법전문가의 판결은 많은 아쉬움만 안겨주었다. 만약 판사님이 택견을 조금이라도 할 줄 아는 사람이었더라면, 판결은 달라졌을 수도 있을 것이라 생각한다.

이용복 회장님께서 기능보유자가 되고자 했다면, 1984년 신한승, 송덕기 선생님이 살아계실 때 절차를 밟았을 것이다. 나이도 정경화 선생보다 훨씬 많으니 더 쉽게 되었을 것이다. 그러나 처음부터 기능보유자라는 자리보다는 택견을 전문체육으로, 생활체육으로 육성하려 했기 때문에 사단법인을 설립할 때도 체육관련 법인으로 만든 것이었다.

이것은 분명 신한승 선생님의 뜻이기도 하다. 그런데 소송을 하려면 정경화 선생이 기능보유자로 됨으로써 무언가 손해가 있다든지 피해를 입은 입장이라는 것을 피력해야 하므로 기능보유자로 인정될 수 있는 기회를 박탈당했다고 표현을 한 것뿐이었다. 이용복 회장님께서 기능보유자가 되고 싶어서 소송을 한 것이 아니라는 이야기다.

택견이 문화재로 지정되어 정부의 보호를 받을 수 있었던 것은 다행한 일이다. 그러나 옛 모습 그대로 지정된다면 무슨 반대가 있겠는가만, 문화재로 등록된 기술과 기능보유자는 상당한 오류가 있어 수정을 해야 된다고 보기 때문에 소송을 한 것이다.

모두 3차례의 심리가 열렸는데, 증인으로 출두한 사람들의 증언과, 명확한 증거자료들이 있는데도 불구하고 법정에서 정경화 선생이 거짓답변을 할 때는 정말 답답하고 화가 났다.

이 소송이 제대로 처리되어 택견의 원형을 바로 세울 수 있었다면 참 좋았을 텐데 하는 아쉬운 마음이 지금도 크다. 그래도 소송 과정에서 우리는 많은 이론체계와 자료정립을 할 수 있었고, 택견기능보유자 인정에 문제점이 있음을 알렸으니, 조금은 소득이 있었다고 스스로를 위로해 본다.

살랑이

1998년 11월 30일 오후 2시 여의도 관광호텔에서 택견 역사상 아주 중요한 일이 있었다. 생활체육전국택견연합회가 탄생한 것이다. 그 과정을 정리해 보면 아래와 같다.

1983년 중요무형문화재 제76호 지정
   (송덕기 · 신한승 보유자 인정)
1984년 한국전통택견연구회 설립 (송덕기, 신한승 고문)
1985년 부산구덕체육관에서 택견경기대회 개최 (서울, 충주, 부산)
1987년 송덕기, 신한승 타계
1991년 사단법인 대한택견협회 인가, 대한체육회 가맹신청서 제출
1992년 대한택견협회 사무소 서울 이전. 충주측과 갈등 시작
1992년 대한택견협회와 충주 통합 약속했으나 충주측 일방적 취소
1995년 대한택견협회와 충주 통합 재약속, 충주측 일방적 취소
1996년 대한택견협회, 택견보유자 인정처분무효확인 소송 제기
1998년 대한택견협회 단독 체육회 가맹 합의 (김운용, 김성현)
1998년 체육회 주선으로 국체협 가맹으로 선회 (김상현, 정경화
   면담)

충주 한국전통택견회는 정경화 선생측과 박만엽 선생측으로 양분되어 동일한 단체명으로 각각 법인설립신청서를 충청북도에 제출하였으나 반려되었다. 그리고 1998년 10월 중순 이용복 회장님과 정경화 선생이 충주에서 만났다. 11월 13일 국체협의 중재로 이용복 회장님과 정경화 선생이 국체협 가맹에 합의하고, 16일 한국전통택견회 최수영 회장 외 2명과 김상현 회장 외 2명이 만나 생활체육전국택견연합회 창립에 최종 합의하였다.

그런데 11월 28일 충주시 주관으로 한국전통택견회가 곽원영 충북은행장을 회장으로, 박만엽 선생이 전수관장을 맡는 것으로 전면 개편하였다. 그래서 11월 30일 창립총회 이틀 전 회장이 곽원영씨로 바뀌어 최수영씨의 대표 자격에 대해 문제제기가 있었다.

그리고 제반 업무는 양 단체가 합의하여 추진하기로 하고, 회장, 명예회장을 양 단체에서 배분 및 상호승계하고, 택견보유자는 독립기관으로 한다는 요지의 각서에 김상현 회장님과 충주측 최수영 회장님, 그리고 정경화 선생이 각각 서명하여 교환하였다.

12월 21일 여의도관광호텔에서 1차 이사회를 열고 상임부회장과 감사 2인을 선임했다. 사무처장은 충주쪽 추천을 받아 임명키로 하고 이사회 구성을 종결지었다. 연합회 사무실은 당분간 대한택견협회 사무국을 사용키로 합의했다. 그런데 어렵게 탄생된 생활체육택견연합회가 삐걱거리고 덜컥거려 잘 달리지 못하는 사고가 났다.

정경화 선생측과 집행부를 반반으로 하기로 하여 사무처장은 한국전통택견회에서 추천한 사람이 취임하게 되었는데, 문제는 이 사람이 택견을 전혀 모르는 데다가 호의적인 감정을 갖고 온 것이 아니어서 사사건건 불만만 토로하고 일을 제대로 하지 않았다. 당시 택견연합회 사무실이 따로 있지 않아 택견협회와 같이 있으면서 여직원 1명과 사무처장이 함께 근무했는데, 공동의 사업이 있을 때도 그 사람은 연합회 일만 한다며 비협조적이었다.

그리고 직속상관의 지시를 받지 않고 오로지 충주 최수영 회장과 정경화 선생이 시키는 대로만 움직였다. 양쪽의 지시를 받으며 움직이려니 어느 장단에 맞춰야 할지 당사자도 힘들었을 것이다. 나중에는 심지어 장부와 통장을 개인 것인양 들고 가버려 한동안 업무가 마비되었다. 그러다가 어느 날 불쑥 그만두겠노라고 찾아왔다가 회장님께 몇 대 얻어맞은 일이 생겼다.

신사동 사무실은 지하에 있었는데, 계단을 내려오면 왼쪽에 2평 남짓한 회장님 집무실이 있었고, 중앙에 사무실이, 그리고 계단 정면 앞쪽에 전수관이 있었다. 김××처장은 집무실에서 회장님에게 꾸지람을 듣고 있었다. 필자는 집무실과 사무실 사이에 있는 주방에서 차를 내드리고 사무실에 와 있었다.

잠시 이야기 소리가 들리더니 갑자기 우당탕하는 시끄러운 소음이 들려 사무실에서 나가 살펴보았다. 한 뼘 정도 열려 있는 문 틈 사이로 보니 화가 엄청 나 있는 회장님 앞에서 김 처장이 대들고 있었다. 그냥 있다가는 제대로 맞겠구나 싶어 얼른 뛰어 들어가 사무처장에게 "어른 앞에서 이게 무슨 예의없는 짓이냐"고 말렸다.

필자가 들어가자 회장님께서도 더 이상 어떻게 못하셨고, 필자보고 나가라고 해서 그냥 나올 수밖에 없었다. 잠시 뒤 전수관에서 운동하고 있던 김상민 선생과 수련생 2명이 무슨 일인가 기

웃거렸다. 그 사이 김처장은 가방을 챙겨들고 울그락불그락거리며 뛰어나갔다.

며칠 후 강남경찰서에서 출두요구서를 보내왔다. 이용복 회장님과 필자를 폭행혐의로 강남경찰서에 고소한 것이었다. 어처구니가 없었지만 경찰서로 가서 조사를 받았다. 담당 경찰관이 필자를 보더니 좀 의아하다는 표정을 지으며 김××를 때린 일이 있느냐고 물었다. 그런 일이 없다고 하고 조사를 받고 나왔다. 그런

생활체육 1차 이사회

김상현 회장, 이용복 회장, 대전 윤성기 회장. 필자가 사회를 봤다.

데 한 사람은 맞았다고 하고 한 사람은 안 때렸다고 하니 2차 조사를 받게 되었는데, 필자는 대질신문해 달라고 하여 김××와 함께 조사받았다. 경찰관이 필자에게 하는 말.

"택견 5단이죠. 5단이면 무술 고단자인데 일반인하고 다르게 처벌받는 거 알아요?"라고 엄포를 놓으며 사실대로 말하라고 하는데 너무 황당하였다.

두 사람의 주장이 팽팽히 맞서자 "검찰에 가면 공부 많이 하신 분들이 진실을 밝혀 줄 테니 거기 가서 따져보세요"하고 검찰로 넘겼다.

그래서 검찰조사까지 받게 되었다. 검찰에서는 더 가관이었다. 김처장은 전수관에 있었던 남자들까지 합세하여 집단폭행을 당했다고 주장하는 것이었다. 조사 담당자는 무술단체들끼리 세력 다툼하는 것같다며 택견단체를 조직폭력배 다루듯 하였다.

필자는 이건 아니다 싶어 거짓말탐지기를 갖다놓고 조사하자고 제의했다. 그리고 필자가 워낙 완강하게 답답함을 호소하자 검찰 담당자가 보기에도 아무리 택견 5단이라지만 조그만 체구의 여자한테 맞았다는 것이 믿기지 않는다며 김××에게 사실대로 이야기하라고 했다.

그러자 김××는 이용복 회장님께 뺨 두 대 맞았고, 필자에게는 맞은 일이 없다고 사실대로 말했다. 이 사건은 회장님이 약식기소되어 벌금을 내는 것으로 마무리되었지만, 그 과정에서 나처한 일도 있었다. 나는 아무 죄 없이 하마터면 조직폭력배로 훈장을 달 뻔했던 것이다.

낙원

가장 아름다운 낙원은
우리 마음속에 있지 않을까?

첫 나들이

　태어나서 처음으로 외국을 나가게 되어 설레었다. 1996년 11월 23일부터 12월 2일까지 캐나다와 미국 7개 도시를 다녀오는 일정으로, 모두 14명이 갔는데 여자는 필자 혼자였다.

　첫날 디트로이트 공항에 내려 작은 경비행기로 갈아타고 1시간을 더 가는데, 경비행기는 처음이라 무서웠다. 기장이 객실로 오더니 비행기 균형을 잡아야 한다며 자리를 이리저리 바꿔 앉으라고 하였다. 필자 옆에 앉은 덩치 큰 흑인남자는 편하게 아무렇지 않은 듯 가는데, 우리 일행은 고도가 한 번씩 뚝뚝 떨어질 때마다 바짝 긴장하였다.

　처음 도착한 곳은 캐나다의 수도 오타와였다. 목재로 멋있게 지어진 프랑스풍의 호텔에 짐만 넣어두고, 옷 갈아입고 바로 행사장으로 향했다. 그곳은 영화에 나오는 요새처럼 건물이 아주 특이하게 생겨 신기하게 보였다. 캐나다 장군이 직접 우리에게 특별한 것을 보여주었다. 인공위성에서 보내오는 동영상을 수십 개의 대형 스크린으로 수신하는 시설이 있는 군사특급기밀이라고 하였다.

　첫 시연을 멋지게 끝내고 간단한 파티에 참석했다. 택견 시연 반응이 좋아 우리를 초청한 태권도 회장님도 흡족하셨던지, 파티가 끝나고 늦은 시간이었는데도 특별히 자택으로 초청해 맛있는 저녁 대접을 받았다. 지하에는 운동을 할 수 있는 시설이 되어 있는 방과 그 옆에 꽤 넓은 노래방같은 휴식시설이 있었는데, 한국 대사관 참사관과 함께 노래를 부르며 즐거운 시간을 보낸 뒤 밤늦게 호텔로 들어왔다.

다음날 일찍 일어나 아름다운 호텔을 배경으로 기념사진을 한 장 찍고, 다음 행사장을 향해 미니버스를 타고 7시간을 달렸다. 땅이 정말 넓다는 것을 실감했다. 드문드문 엽서에서 본 듯한 집들이 있고, 직선으로 뻗은 도로는 끝이 안 보였다. 대부분 시차적응이 안되어 차에서 잠을 잤는데, 이 경치를 언제 또 볼 수 있겠느냐며 회장님과 필자는 자는 사람들을 깨우기 바빴다.

두 번째 시연은 한 초등학교 실내체육관에서 했는데, 학교체육관으로는 최고 수준이었다. 시연이 끝난 후 나이야가라 폭포를 갔다. TV나 영화에서만 보던 나이야가라 폭포를 내 눈으로 직접 본다니 신기했다. 폭포를 찾아 들어가는 협곡은 너무나 장대하고 아름다웠다.

일정에 따라 항상 새벽에 일어나 7~8시까지 연습하였다. Redisson Hotel에 묵었던 날, 호텔 안에서는 몰랐는데 밖에 나와 보니 엄청 추웠다. 영하 17도라 우리는 "너무 추워요!" 하며 잔뜩 웅크리고 있는데, 손일환 선생님이 나오셔서 연습 안하냐며 호통을 쳤다. 둥글게 서서 몸 풀기를 하는데 기합소리도 제대로 나오지 않았다. 10분쯤 지나자 손일환 선생님도 추워서 말씀을 제대로 못 하셨다. 그 날은 몸풀기만으로 아침 수련을 끝냈다.

11월 25일 시카고로 향했다. 예쁜 건물들이 많았다. 건축을 공부하는 사람들이 꼭 들러본다고 한다더니 공감이 갔다. 시카고

추위도 대단했다. 벤을 타고 시내관광을 하는데 차 안에 있을 때는 좋았지만 내리면 5분을 서있지 못했다. 그래서 우리는 기념사진을 찍을 때 미리 어디에 설 것인지 자리를 정하고 후다닥 내려 얼른 사진을 찍고 쏜살같이 차에 올라탔다.

시카고라는 지명은 원래 '강하다' 는 뜻의 인디언 부족 말에서 유래했다고 하는데, 이것은 또한 '야생 양파의 땅' 혹은 '강둑 주변 늪지대의 썩은 꽃에서 나는 냄새' 를 뜻하기도 한다고 들었다. 전통과 현대가 조화되어 도시 전체가 건축물 전시장 같았다.

27일에는 필드박물관에 갔다. 미국 3대 자연사박물관의 하나로 규모가 대단하였다. 필드박물관은 세계에서 가장 훌륭한 시설과 소장품을 갖고 있는 것으로 유명하며, 시카고에서 가장 많은 방문객이 찾는다고 한다. 이 박물관은 세계 여러 곳의 자연과 역사를 설명해 줄 수 있는 전시, 연구, 교육 프로그램 등 충분한 컨텐츠(25만권 분량의 책)를 갖추고 있어서 더욱 유명하다. 고고학과 지질학, 그리고 동물학 등을 종합해서 한 눈으로 볼 수 있게 되어 있어, 지구의 현상과 그곳에 살고 있는 식물, 동물, 인간, 그리고 문화의 과거·현재·미래에 관해서도 자세히 볼 수 있었다.

보통 박물관 하면 도자기가 있고, 옛날 유물들만 있는 것을 봤었는데, 자연사박물관은 타임머신을 타고 과거로 날아온 것처럼 느껴졌다. 3시간 정도밖에 없어 제대로 다 보지 못하고 다음 행선지로 이동하는 것이 너무 아쉬웠다. 또 박물관 바로 옆에 세계에서 가장 크다는 셰드수족관(Shedd Aquarium)이 있었는데, 아쉽게도 입구만 바라보고 차에 올라야 했다.

또 하나의 시카고 명물인 시어스타워(Sears Tower)를 둘러보

왔다. 시어스타워는 세계무역센터와 같이 110층 건물이지만, 높이가 26m 더 높다고 한다. 그러나 엘리베이터로 올라가는 시간은 63빌딩과 비슷하게 느껴졌다. 우리는 이곳 전망대에서 게릴라 시연을 하였다. 항상 택견복을 입고 다녔기 때문에 사람들이 많이 모인 곳에서는 즉흥적으로 시연을 했다. 택견을 알리는 유인물을 나눠주고 시연을 하고 있는데, 관리인 몇 사람이 와서는 뭐라고 한다. 이곳에서 하면 안 된다고 하는 듯 했다. 그 사람에게 콩글리쉬로 택견 설명을 해주고 짧게 시연을 마무리 지었다.

28일 비행기를 타고 LA로 향했다. 11월인데도 그토록 추운 시카고에 있다가 오니 따뜻한 봄날 같았다. 다음날 디즈니랜드를 갔다. 들어가기도 전에 주차장 규모에 모두 놀랐고, 수많은 사람들을 보고 놀랐고, 엄청 키가 큰 여자가 있어 또 놀랐다. 그 여자의 키가 '2미터가 넘는다, 아니다' 내기를 했다. 키가 얼마인지 물어보라고 서로를 떠밀고 있는데, 회장님께서 여자인 필자가 가는 것이 제일 낫겠다며 가까이 가보라고 했다. 필자의 키가 잣대인 셈이었다. 직접 옆에 다가서보니 먼발치에서 바라볼 때보다 훨씬 커 보였다.

우리는 항상 고의적삼을 입고 다녔다. 사람들이 우리를 쳐다볼 것이라고 생각했는데, 예상과는 달리 아무도 우리를 관심있게 보지 않았다. 우리나라에서처럼 옷차림새가 특이하다고 쳐다거나 하지 않았다. 단지, 우리를 중국 사람이냐고 물어올 때는 속상했다.

30일, 허리우드가 바라보이는 천문대에 갔다. 천문대앞 잔디밭에서 또 한판 신명난 택견판을 벌였다. 세계 각국에서 온 관광

시카고의 자연사박물관 앞에서

마리나시티(옥수수타워) 앞에서

필자는 키 큰 사람만 보면 부럽다

객들이 사진을 찍어대며 몰려들었다. 바로 뒷편에 허리우드가 보였다. 언젠가는 세계적 영화에 택견이 함께 할 날도 오겠지 생각하며 내려오면서 부자들만 모여 산다는 비버리힐스를 구경했다. 그 동네의 으리으리한 집들을 보고 모두 입이 벌어졌다. 그리고 한 태권도 체육관에 가서 택견 시연을 했다. 필자가 여자라서 그런지 어린아이들이 잘 따랐다. 역시 아이들은 귀엽고 사랑스럽다.

그날 밤 로데오 거리에 나갔다. 서울의 거리와는 분위기가 달랐다. 우선 큰 간판들이 하나도 없었고, 도로에는 담배꽁초나 휴지조각 하나 없이 깔끔하였다. 이곳저곳을 돌아다니며 구경하는데 평생 지녀보지 못할 정도의 고가품들이 많았다. 구경한 것만으로 만족하자며 숙소로 돌아왔다.

31일 마지막 날, 레디슨가든호텔 2층 테라스에서 예정에 없던 마지막 시연을 하였다. 이남석 관장님을 위한 특별 시연이었다. 이남석 관장님은 큰선생님이 소속했던 태권도 창무관의 2대 관장이며, 초창기 대한태권도협회 전무이사를 역임하신 원로 지도자로 태권도 9단이다. 이남석 관장님은 25여 년 전에 이민을 떠나 이곳 LA에서 살고 계셨는데, 백발의 짙은 눈썹이 도인같아 보였다.

필자는 초보수준의 장구 실력을 맘껏 발휘했다. 우리를 초청해 준 김선호 태권도 사범과 현지 유명 무술가를 비롯해서 언론 관계자들도 함께 자리하였다. 이남석 관장님은 시연을 보고 이용복 회장님께 여러 가지 조언을 해주셨고, 시연자들을 찾아 일일이 격려해 주셨다.

다시 가고픈 하와이

1997년 9월 14일부터 22일까지 두 번째 해외시연을 가게 되었다. LA는 가보았지만 하와이가 보고 싶어 바로 따라 나섰다.

LA는 분위기가 2년 전과 너무 달랐다. 지난번엔 크리스마스 시즌이라 거리가 아름답고 깔끔했었는데, 이번에는 너무 지저분하고 노숙자들도 많아 다른 도시에 와 있는 듯 실망감이 컸다. 새벽마다 공터에서 연습을 하고 주어진 일정대로 시연을 하러 다녔다.

LA 거리는 해만 떨어지면 사람들을 찾아보기가 힘들었다. 그러나 우리는 그냥 호텔에서만 시간을 보내기가 아까웠다. 그래서 근처 도장들을 찾아가 보기로 하고 야간외출을 감행했다. 한참을 걸어서 도로가에 있는 도장 하나를 발견했다. 간판에 Taekwondo, 그 옆에 Korean Style Karate 라고 적혀 있는 것을 보고 적잖이 놀랐다.

도장은 1층이었다. 유리문 안을 살펴보고 있는데, 길 건너편에서 낡은 자동차 한 대가 멈춰서더니 흑인이 우리 쪽을 보고 '빵' 하며 총소리를 내었다. 순간 모두 깜짝 놀랐는데, 진짜 총을 쏜 것은 아니었고 그냥 장난으로 그렇게 한 것이었는데, 그래도 모두 놀랐다. 더 이상 나다니는 것은 위험하겠다고 생각해서 모두

호텔로 돌아왔다.

호텔 보안 담당자에게 이야기했더니 큰 일 날 뻔했다며 미국에서는 총기사고가 자주 난다며 겁을 주었다. 실제로 총을 사서 성능을 확인해 보려고 길거리에서 아무에게나 총을 쏘고 가버리는 일도 있단다. 보안 담당자는 자기 총을 보여주며, 위급상황에서 최대한 총을 빨리 쏘아야 하기 때문에 안전핀을 항상 뽑아 놓은 상태로 있다고 했다. 다른 총과 달리 총알이 몸에 들어가면 아주 작은 조각들로 터져 수술도 할 수 없다는 이야기를 듣고 보니 더욱 무서웠다.

하루는 남자 선생 몇 명이 시내관광을 하고 온다며 차를 렌트해서 나갔다가 미아가 될 뻔한 일이 있었다. 김상민 선생과 송성영 선생 등 몇 명이 8시까지 호텔로 돌아오겠다고 허락을 받고 나갔는데 9시가 넘어도 연락이 없는 것이었다. 걱정이 되었지만 핸드폰도 없고, 어디를 갔는지 알 수가 없으므로 그냥 기다릴 수밖에 없었다.

이들은 10시가 다 되어서야 돌아왔다. 이야기를 들어보니, 호텔에서 나갈 때는 낮이라 길을 알 것 같았는데, 호텔 근처까지 왔을 때는 저녁이라 어디가 어딘지 알 수 없어 호텔을 못 찾고 몇 바퀴 돌았다는 것이다. 서울에서도 안 가본 곳은 길 찾기가 어려운데, LA에서 길 가는 사람에게 지도를 펴놓고 물어본들 현재 있는 곳이 어디인지, 호텔이 어디에 있는지 모르는 상황에서 자기 위치를 찾는 것이 난감했을 것이다.

호텔 못 찾는 건 둘째 치고 총을 맞을 뻔했다고도 한다. 길을 헤매고 있던 중 경찰차를 보고 반가운 마음에 송 선생이 차에서

하와이에서의 택견 시연

내려 호텔 명함을 꺼내려고 하는데, 바로 총을 겨누더라는 것이다. 먼저 내린 사람이 경찰에게 'Help me!'를 외치자 그 경찰관은 송 선생이 안주머니에서 총을 꺼내려는 것으로 오해한 것이다. 기겁을 한 두 사람은 두 손을 머리 위로 번쩍 들고, 나머지 사람들도 차에서 내리면서 엄청 놀랐었단다. 평생 잊지 못할 추억을 안고 다행히 호텔을 잘 찾아와 국제 미아가 되는 신세는 면했다. 밤에도 총 맞을 걱정없이 마음껏 도심을 누빌 수 있는 서울이 살기 좋은 곳임을 느꼈다.

본토에서의 일정을 마치고 지상의 낙원 하와이로 날아갔다. 하와이는 기회가 된다면 꼭 다시 가 보고 싶다. 계획된 몇 번의 시연을 하고 나머지 시간은 관광을 하였다. 와이키키 해변에서도 재미있는 일들이 있었다. 요란한 옷을 입고 새를 어깨에 올려두고 있는 남자가 있었다. 일행 중 한 명이 사진을 찍어도 되겠냐고 물어보고 자신의 카메라로 찍었는데, 그 남자가 돈을 달라고 한다며 투덜투덜거렸다. 알고 보니 그 사람은 그렇게 관광객들과 사진 찍어주며 돈을 버는 사람이었다.

회장님께서 식당을 개발(?)하셨는데, 값도 저렴하면서 다양한 음식을 뷔페로 먹을 수 있어 그곳을 자주 갔다. 야외 정원처럼 꽤 넓은 그 식당은 점심과 저녁 2시간 정도만 영업을 하는 곳이었다. 우리 호텔은 와이키키 해변에서 가까운 편이라 걸어서 관광을 다녔다. 맨발로 다니는 사람, 수영복 차림으로 다니는 사람 등 다양한 인간들이 있었는데, 대부분 비만이거나 과체중이었다. 신체조건과 피부색은 달랐지만, 모두가 넉넉하고 행복한 표정들이었다. 관광을 하다가 밥 먹을 시간이 되어 식당으로 갔는데, 그날 따라 워낙 많은 사람들이 줄을 서서 기다리다보니 바로 우리 앞에서 영업이 끝나버려 그냥 돌아오는 안타까운 일도 있었다.

우리를 초청한 한인회 최회장님께서 댁으로 택견 시연단 전원을 초대하여 파티를 열어주셨다. 다이야몬드 헤드라는 아름다운 곳이었는데, 집이라기보다 대저택에 가까웠다. 넓은 거실을 두고 우리는 수영장 옆에서 파티를 했다. 마당에 있는 수영장 규모는 상당히 컸으며, 다이빙을 할 수 있는 깊이라고 해서 수영을 못하는 필자는 물에 빠시시 않으려고 조심조심했디. 우리는 모처럼 고향집 밥처럼 배불리 맛있게 먹고, 그 답으로 이용복 회장님의 특별강연과 함께 택견 시연을 보여드렸다.

마지막 날 한인회 노인정을 방문해 할머니 할아버지들께 인

사하고 택견 시범도 멋있게 보여드렸다. 간단한 다과회를 준비해
주셨는데, 함께 먹으며 할머니께 고향 가고 싶지 않느냐고 여쭤보
았더니 "공기도 안 좋고 매일 사고만 나는 서울을 왜 가누?" 하신
다. 서울에 있는 자식들이 자꾸 오라고 하는데 할머니는 여기가
좋다며, 그냥 여기서 살겠다고 하시는 것이 하와이가 좋기는 정말
좋은 것 같다.

　하와이는 초여름, 초가을같은 날씨였다. 햇살 아래 있으면 기
분좋을 만큼 따끈따끈하고, 그늘로 들어가면 시원하고, 습도와 온
도가 적당히 쾌적한 지상낙원다웠다. 그리고 한 번씩 선샤워(소나
기)가 지나가고 나면 하늘에 커다란 무지개가 떠올라 자연의 아름
다움을 만끽할 수 있었다.

　마지막 날 체크아웃을 해야 하는데 호텔 직원이 숙박비를 다

하와이에서

계산 안했다며 못나가게 하는 것이었다. 여행사에서 모두 결재했을 텐데 그럴 리가 없다며 짧은 영어실력으로 아무리 이야기를 해봐도 통하지 않았다. 필자가 한국어 서비스를 요청했다. 그러나 몇 시간을 기다려야 한다는 것이었다. 빨리 공항으로 가야 하는데 난감했다.

국제전화로 서울 여행사에 연락해서 어렵게 호텔을 나올 수 있었다. 비행기에 오르고 나니 여행사에 연락하지 말고 하와이에 더 있다 올 걸 하는 아쉬움이 남았다.

파리에서

2000년 3월 22일부터 28일까지 7박8일 일정으로 프랑스 파리에서 세계무술대회가 열렸다. 윤종원 서울협회 전무님을 단장으로 필자와 김영만, 송재성, 김현국, 김진희, 문영철 7명이 참가하였다. 예술의 도시 파리를 간다고 모두 들뜬 기분으로 공항에 갔는데 출발이 순조롭지 않았다.

탑승 수속을 하려 하자 항공사 직원이 우리와 함께 무술대회에 참가하는 태권도 시범단이 항공료를 완불하지 않았다며 표를 주지 않는 것이다. 우리 먼저 항공권을 달라고 부탁을 해보았지만 안된다고 해서 한참을 옥신각신했다. 이러다 못 가는 게 아닌가 안절부절하다가 이륙시간이 다 되어서야 겨우 비행기에 오를 수 있었다. 하마터면 김포공항에서 바로 집으로 돌아갈 뻔했다.

출발이 순조롭지 않아 다들 기분이 가라앉아 있었다. 자기 자리를 찾아 앉고 비행기가 점점 구름 위로 올라가자 기분도 차츰 나아졌다. 그러나 필자만 일행과 떨어져 '타이거 태권도 시범단' 아이들과 같이 앉게 되어 기분이 별로 좋지 않아 책만 보고 있었다. 아이들이 떠들어대고 장난치고 너무 까불어 인내심을 필요로 했다. 몇 시간이 지나자 감각도 무뎌졌고, 천진난만한 아이들과 친해지기 시작했다. 아이들은 택견에 관심을 많이 가지고 있었고,

더구나 체구도 조그만 여자가 택견 고수라니 신기해 하며 누나라 부르며 귀염을 떨었다.

그럭저럭 13시간의 비행 끝에 현지시간 오후 5시경 파리 드골공항에 도착했다. 공항에 마중을 나온 가이드와 함께 버스를 타고 호텔로 향하는 도로에는 개나리와 비슷한 꽃들이 드문드문 피어 있었다. 풀 한 포기 나무 한 그루도 새롭게 느끼며 파리의 첫날을 맞이했다.

에펠탑 앞에서

둘째 날. 호텔에서 10분 가량 걸어 나와 전철을 타고 시연 연습을 하기 위해 어느 체육관으로 향했다. 체육관은 아파트 건물 반지층을 사용하고 있었는데, 복싱, 유도, 검도 등 각 30평 정도 되는 공간이 7개나 있는 종합체육관이었다. 한쪽에는 촬영을 할 수 있는 스튜디오도 마련되어 있어서, 그곳에서 택견 동작 사진을 찍었다. 택견을 잘 알지 못하는 사진가가 한 동작도 놓치지 않고 정확하게 카메라에 담아내는 것이 놀라웠다. 태권도 팀도 이곳에 와서 함께 연습하였는데, 서로 경쟁이라도 하듯 비지땀을 흘렸다.

우리를 초청한 가라데사 사장님이 점심을 대접한다고 해서 파리 시내 중국 레스토랑으로 갔다. 배가 고팠으나 숙소가 다른 태권도 팀이 도착하지 않아 계속 기다려야만 했다. 식당 안은 손님들이 있었는데도 매우 조용했다. 그러나 잠시 뒤 타이거 시범단이 들어오자 레스토랑은 금방 시장판처럼 변하였다. 조용히 하라는 코치의 호령도 잠시뿐 금세 또 번잡을 떨었다.

태권도 시범단 아이들 옆 테이블에는 너 댓살쯤 되어 보이는 인형처럼 예쁜 여자아이가 아빠와 함께 맛있게 점심을 먹고 있었다. 그런데 그 아이가 왼손을 테이블 위에 올려둔 채 먹는 모습이 특이해 가이드에게 물어보았더니, 옛부터 내려오는 식탁 습관으로 손에 흉기가 들리지 않았음을 보이기 위한 것이란다.

어린아이가 단정하게 앉아 있는 모습에서 프랑스 부모들의 엄격한 가정교육의 일면을 엿볼 수 있었는데, 옆에서 마구 떠들며 밥 먹고 있는 태권도 팀 아이들은 너무 대조적이었다. 음식을 거의 다 먹어가자 김진희 선생이 특유의 광주 사투리로 물을 달라고 했다. 그런데 종업원이 정말 물을 가져와 우리 모두 놀랐다. 그 뒤

루브르 박물관 앞에서 윤종원 선생과 함께

로 김진희 선생은 어딜 가든 그냥 광주말(?)만 했다. 그 패기가 멋져 보였다.

호텔로 돌아가는 길에 루브르 박물관을 가보기로 하였다. 루브르는 1200년 전 방어를 목적으로 세느강 옆에 세운 요새였는데, 이 요새의 두터운 벽 내부에 왕실의 보물과 고문서를 보관했다고 한다. 루브르에 소장된 미술품이 40만 점이 넘는다니 정말 굉장하다. 미술품들을 하나하나 다 보진 못했지만 사람을 압도하는 대단한 규모였다. 윤종원 전무님과 필자는 다리가 아파 제일 먼저 모이기로 한 분수대에 앉아 미술품이 아니라 관광객을 구경하고 있었다.

셋째 날. 세계무술 페스티벌 공연 외에 몇 번의 강습회 및 시연회를 가지려던 당초 계획이 현지 사정으로 시행되지 못하여 남는 시간 관광을 즐길 수 있었다. 연습이 오후로 잡혀 아침 일찍 일어나 오전을 활용하여 시내 관광을 하기로 했다. 전무님 방에 모여 파리 시내 지도를 보며 어디어디를 가볼 것인지 의논을 하고 전철을 타고 이동하였다.

노트르담 대성당을 가보았다. 이 지역은 3세기 경부터 생활중심지였다고 한다. 1163년에 본당 건축을 시작하여 대성당이 완성된 것이 1345년이었으며, 1804년에 나폴레옹 1세의 대관식이 거행된 곳이었다. 대성낭 안으로 들어가자 외부와는 또 다른 아름디움에 매료되었다. 성당은 길이 130미터 폭 50미터였는데, 높이 5미터의 원기둥으로 공간을 5개로 나누었다. 그리고 양끝의 장미창에는 13세기의 호화로운 스테인드글라스가 끼워져 있었는데,

미술책에서 보았던 것이라 더욱 반가웠다. 전면, 우측면, 후면이 각각 독특한 모습으로 다른 분위기를 연출하고 있었다.

넷째 날. 다음날 있을 무술대회 리허설이 있었다. 행사 총감독의 꼼꼼한 요구에 맞춰 종일 연습을 하고 해질 무렵이 되어서야 끝났다. 저녁시간에 몇몇이 지친 몸을 이끌고 또 시내구경을 나갔다. 이제 길 찾는 데는 도사가 다 되었다. 파리 시내를 마치 서울 시내 다니듯 전철을 갈아 타가며 돌아다녔다.

지하철 역사가 100년이 넘어 전철 노선도 많았고 객차 생김새도 다양했다. 어떤 차는 승객이 버튼을 눌러야 문이 열렸다. 마치 놀이기구 타듯 재미있어 하며 올라탔다. 조금 있으니 한 남자가 바이올린을 꺼내 감미롭게 연주를 했다. 연주가 끝나자 조그만 컵에 승객들이 하나 둘 동전을 넣어주었다. 조용히 연주를 듣다보니 목적지에 다 와서 서둘러 내렸다.

시내인 데도 저녁거리는 조용했다. 이곳저곳을 구경하며 다니다 갑자기 큰일이 생겼다. 김영만 관장이 급한 일(!)이 생겼는데, 아무리 둘러보아도 해결할 장소가 보이질 않는 것이다. 여기저기 찾다가 근처 백화점엘 갔다. 7시밖에 안 되었는데 문 닫을 시간이란다. 손짓 발짓으로 급한 사정을 이야기하고 필자도 함께 겨우 일을 볼 수 있었다.

몽마르뜨에 갔을 때도 화장실 때문에 곤욕을 치른 적이 있다. 입구 계단에서 멋지게 기념사진을 찍고 나니 화장실이 가고 싶어졌다. 경찰인지 안내원인지 모를 정복 입은 사람에게 물어보았더니 계단 위로 올라가 오른쪽에 있다고 친절히 알려주었다. 누가 빨

김영만 관장과의 겨루기 시연

리 가나 경주라도 하듯 뛰어 올라갔는데 화장실 문이 닫혀 있었다. 안에서 어떤 아주머니가 청소를 하고 있는 듯 뭐라고 소리를 지르는데 알아들을 수가 없었다. 안절부절하는 우리 모습을 본 한 관광객이 왼쪽 끝에 가면 화장실이 또 있다고 알려주었다. 우리는 다시 왼쪽으로 우르르 달려갔다.

그런데, 이런… 여기는 동전을 넣고 볼일을 보는 간이화장실이었는데 동전이 없었다. 더욱 당황했다. 다급한 남자들은 화단 옆 담벼락에 국적 관계없이 인종 관계없이 줄지어 볼일을 보고 있어 부러웠다. 볼일을 끝낸 일행에게 동전을 얻어 겨우겨우 볼일을 보고 난 나의 이마에 땀방울이 맺혀 있고, 온몸에서 힘이 쫙 빠졌다. 볼일을 해결하고나니 아름다운 경치가 눈에 들어왔다.

다음날 가이드에게 이야기했더니 여기 사람들은 우리처럼 화장실을 자주 가지 않으며, 외출 전에 반드시 집에서 볼일을 다 보고 나온단다. 그래서 다음날부터 외출할 때 '화장실 갔다 왔냐?'가 서로 챙겨주는 인사가 되었다.

다섯째 날. 파리에 온 목적을 달성하는 날이다. 긴장되고 마음이 설레어 일찍부터 분주하게 움직였다. 대형버스가 우리를 데리러 와서 편하게 행사장에 도착했다. 실내체육관은 1만 5천석이나 된다며 많은 사람들이 올 것이라고 들었지만, 과연 관중이 얼마나 올까 궁금했다. 우리는 진행요원의 안내에 따라 입구에서 행사에 참가한다는 동의서같은 것에 내용을 알지도 못한 채 서명을 하고 들어갔다.

대기실로 가는 중 몸이 마치 문어가 헤엄치듯 유연하게 움직이는 브라질의 까포에라 연습하는 것을 잠시 볼 수 있었다. 행사 준비과정에서 다른 팀의 모습은 서로 볼 수 없었으며, 우리는 그 좁은 곳에서 감금되다시피 8시간을 대기하며 보냈다. 진행요원들이 가져다준 비빔밥은 이름만 비빔밥이라 먹을 수가 없었다. 빵과 쥬스만 먹고 윤종원 전무님의 지도 아래 마지막 연습을 하였다. 이번 무술축제에는 세계적으로 유명한 37개 종목의 무술이 참가했고, 우리는 이런 기회가 처음이었기 때문에 시간이 다가올수록 모두 긴장하는 기색이 역력했다.

진행요원을 따라 입장하는 통로로 이동했다. 앞팀의 시범 모습이 보이고 드디어 우리 차례가 바짝 다가오자 긴장을 풀려고 품을 밟고 발을 재보며 모두가 몸을 놀렸다. 드디어 입장하며 체육관 안을 둘러보았는데, 관중석이 꽉 차 있었다. 1만 5천명이 넘는 관중이 숨을 죽이고 우리를 지켜봤다

다른 무술팀은 모두 효과음악을 사용했는데, 우리는 오로지 몸에서 나오는 기합소리뿐이었다. 이 점이 다른 무술 시범과 차별이 되었고, 더욱 관중의 시선을 집중시켰다고 본다. 현란한 조명

아래 이크 엑크 기합을 지르며 온힘을 다해 연습한 대로 차기받기를 할 때는 정말 실감나게 차고 맞고 했다. 연단18수로 중후감을 주며 7분 동안의 공연을 멋지게 마무리했다. 엄청난 박수소리와 휘파람 소리, 환호성이 터져 나왔다. 정말 감동적인 순간이었다.

우리 차례가 끝난 뒤 관중석 한쪽에서 이관영 사범님과 나머지 팀의 시범을 볼 수 있었다. 이관영 사범님은 두루마기 때문에 동작이 더 세밀하게 보이지 않았다며 아쉬워 하셨다. 그래도 주최측 가라데사 사장님은 택견이 무술대회를 더욱 빛나게 해주었다며 정말 멋있었다고 특별히 감사 인사를 보내주셨다. 밤 12시가 되어서야 모든 행사를 마치고 호텔로 돌아오니 긴장이 풀리면서 피로가 밀려왔다.

여섯째 날. 주최측에서 관광을 시켜준다고 해서 가이드 마조리의 유창한 한국말 안내를 들으며 버스를 타고 파리 시내 이곳저곳을 다녔다. 콩코드 광장은 1757~79년에 만들어져 루이 15세에게 바쳐진 것으로, 광장 중앙에는 룩소르 신전에서 기증받은 거대한 이집트 오벨리스크가 우뚝 서 있었다. 파리의 건물들은 대개 100년이 넘은 것이며, 지속적으로 외벽을 청소하며 관리를 잘하고 있었다. 건물과 건물 사이에 틈이 없어 보였는데, 자세히 보니 두 건물이 톱니 물리듯 엇갈리며 모두 맞물려 있는 것이 신기했다.

가라데사 사장님이 에펠탑 입장권을 구입히여 단체로 올리가게 되었다. 이 탑은 산업혁명 때인 1889년 만국박람회 기념으로 세워졌으며, 높이가 320미터이고 철 15만 톤을 용접해서 만든 것이란다. 내려 올 때는 자세히 보기 위해 철 계단을 걸어서 내려왔다. 그리고 세느강을 따라 거닐었다. 강물에 비친 건물들과 다리는 한 폭의 풍경화 자체였다.

다시 버스를 타고 개선문이 있는 곳으로 갔다. 서쪽으로 콩코드 광장까지 뻗어 있는 이 넓은 대지는 본래 연못이었는데, 이것을 메워 1667년 큰 거리로 만들었다. 오늘날은 호화상점, 극장, 유명 레스토랑 등이 늘어서 있다. 이곳에서 프랑스 요리를 대접받았다. 레스토랑을 나왔을 땐 이미 어두워져 아름다운 샹제리제 야경이 우리를 맞이하고 있었다.

일곱째 날. 주행사가 끝나 이제 남은 시간은 즐기기만 하면 되었다. 주최측 사무실을 방문하기로 약속되어 있었는데. 가라데사 사장님의 안내를 받아 먼저 파리시청부터 들렀다. 시청은 현대식 건물이 아니라 과거 사용했던 궁을 그대로 사용하고 있어 인상깊었다. 부시장과 만남의 시간을 가진 후 시청건물을 둘러봤다. 건물 안에 있는 모든 것들이 예술작품이고 유물들이었다.

가라데사 사무실이 샹제리제 거리에 있어 버스 투어로 자세히 보지 못 했던 개선문을 관광하고 방문하기로 했다. 비싼 입장료를 지불하고 개선문을 올라갔다. 개선문은 1805년 나폴레옹의 전승을 기념하기 위해 1806년부터 1808년에 걸쳐 세워졌다 한다. 모두 개선문을 카메라에 담기 바빴다. 그러나 샹제리제 거리를 내려다보는 것 외엔 별다른 게 없어서 실망을 하고 내려왔다.

가라데사 사무실에서는 우리가 준비해 온 치우가 새겨진 동패, 택견 책, 비디오 테이프 등 기념품을 전달하고, 우리도 몇 가지 기념품을 받고 기념촬영을 했다. 그리고 지난번 체육관 스튜디오에서 찍었던 사진 필름을 보여주었는데 너무나 멋있게 나왔다고 서로 자기 사진을 보며 감탄했다. 정말 사진을 잘 찍었다. 가라데사 사장님이 사진과 잡지가 나오면 반드시 행사 비디오 테이프와 함께 보내줄 것이라고 약속했는데, 아직까지 아무 것도 받아보지 못했다.

여덟째 날. 가라데사 사장님이 아침 일찍 호텔로 왔다. 체크아웃을 직접 해주고 차를 몰고 공항까지 갔다. 우리 공연에 흡족했던 사장님이 큰 호감을 보여준 것이다.

공항직원들이 TV중계로 택견 하는 것을 인상깊게 보았다는 둥 출국절차를 밟는데 우리를 알아보는 사람이 많았다. 준비해 간 택견 안내 팜플렛을 건네자, 펼쳐서 공연단 한 사람 한 사람의 사진을 다시 확인해 보고는 사인을 해달라고 요구했다. 우리는 멋있게 사인을 해 주고 뿌듯한 자부심을 가득이 안고 서울로 향했다 .

택견은 나의 길

정말 사람들에게
정해진 길이 있는 걸까?

새로운 인생을 꿈꾸며

사람은 누구나 새로운 인생을 꿈꾼다. 필자도 택견과 이혼(?)하는 새로운 인생을 꿈꿨었다. 2000년 3월 프랑스에서 돌아와 서울에 도착한 후 짐도 풀지 않고 사직서를 썼다. 그리고 다음날 출근해서 귀국보고를 하고 바로 회장님께 사직서를 드렸다. 회장님은 너무 놀라셨다.

"왜 그만 두겠다는 거냐?"

"그냥 쉬고 싶습니다."

"파리에서 무슨 일이 있었냐?"

"아뇨. 아무 일도 없었습니다."

회장님께서는 파리에 동행했던 사람들에게 일일이 물어보셨는데, 모두가 '별일없이 잘 다녀왔습니다' 하며 '왜 그러십니까?'라고 오히려 반문했다.

프랑스에서 무슨 일이 있었던 것이 아니라, 프랑스를 가기 전에 이미 새로운 일을 해보고 싶다는 생각을 하고 있었다. 회장님은 많은 일을 벌이면서 빨리빨리 하시는 편이라 늘 바쁘고 힘들었지만, 필자는 항상 회장님께서 말씀하기 전에 미리미리 일을 챙겨서 하려고 노력하였다. 90년대 중반부터 행사도 점점 많아지고 업무량이 늘어, 24시간 일을 해도 한 가지 일이 끝나면 마무리하기도 전에 다음 행사가 시작되었고, 몇 가지 행사가 겹치기도 하였다. 나름대로 업무계획을 세워 보지만 예기치 않은 일들이 계획을 흐트러 버리는 일이 자주 일어났다. 그래서 할일들을 제대로 못하고 시간이 지나가는 것에 무척 스트레스를 받고 있었다. 항상 완벽하게 일을 하려던 필자는 감정조절도 잘 안되었고, 즐기면서 하던 일이 엄청난 부담과 스트레스로 다가왔다.

필자가 힘들었던 것보다 회장님께서 몇 배 더 힘드셨을 것이라는 것을 잘 알기에 내색도 못하고 일을 해왔는데, 한계를 느끼게 된 것이다. 야근으로 날밤을 새다가 도저히 이대로는 안되겠다 싶어 업무 목록을 만들어 보니, 진행되고 있는 일이 20가지가 넘었다. 회장님이 출근하기를 기다렸다가 뽑아놓은 업무목록을 보여드리며, 가장 긴급한 일부터 순위를 정해 달라고 말씀드렸다. 그리고, 최선을 다해 처리할 테니 이 일들이 마무리되기 전에 다음 일을 안주셨으면 좋겠다고 말씀드렸다.

회장님은 난감해 하셨다. 모두가 긴박한 일들인데, 순위를 정하는 게 쉽지 않았을 뿐더러, 필자의 당돌한 행동에 조금 당황해 하셨다. 이렇게라도 하지 않으면 아무 것도 안되고 엉망이 되어 버릴 것 같아 밤새 고민하다가 생각해낸 방법이었다. 한 번도 불평불만없던 필자가 처음으로 힘들다는 표현을 한 것이다. 그리고 얼마 뒤 프랑스에서 시연제의가 왔다.

"프랑스에서 초청이 왔는데 가볼래?"

회장님께서도 필자가 너무 힘들어 한다는 것을 아셨다. 그래서 머리 식히고 새로운 마음으로 더 열심히 일하기를 바라셨던 것이다. 유럽은 한 번도 간 적이 없어 가보고 싶었다. 그보다 좀 쉬고 싶었다. 그래서 길게 생각하지 않고 "네" 하였다.

그런데, 항상 시간에 쫓기는 생활을 해왔던 필자는 프랑스 여행이 택견을 위한 재충전의 시간이 아니라 회장님의 뜻과는 다르게 택견과 이혼(?)을 결심하게 한 것이다. 프랑스에서 묵었던 숙소는 호텔이라기보다 하숙집같이 아담하였는데, 방에 거울도 없고 시계도 없었다. 시간이 멈춘 듯한 그 방에서 많은 생각을 했다. 그 동안 열심히 살아온 것 같은데 무엇을 위해 그렇게 바쁘게 살아왔는지, 앞으로는 어떻게 살아갈 것인지 한번도 생각해 보지 않았던 화두들이 필자를 유혹했다. 생체시계가 멈춘 듯 서른 다섯이 실감나지 않고 10년을 도둑맞은 것같은 허탈감에 온몸이 얼어버렸다. 그리고 서울과는 다른 프랑스 사람들의 여유로운 모습이 너무나 아름답고 인간답게 보였다.

프랑스를 다녀온 필자가 막무가내로 그만두겠다고 하니, 회장님께서는 많이 답답해 보이고 또 서운하셨을 것이다.

"일과 시간에 쫓기는 인생이 아니라 하늘도 바라보고, 친구도 만나고, 가족들과 시간도 보내며 살고 싶습니다."

"아니 사춘기도 아니고, 지금껏 잘해와 놓고 왜 그러는 거냐!"

"죄송합니다. 회장님께서 어떤 말씀을 해주셔도 제 생각은 변하지 않을 겁니다."

더 이상 설득이 안되겠다고 판단한 회장님께서는 "그럼 두 달간 유급휴가를 줄 테이니 좀 쉬었다 오너라" 하며 특별휴가를 주셨다. 그래서 정말 황금같은 시간을 누리게 되었다. 매일매일 새벽같이 일어나 출근하다가, 해가 중천에 뜰 때까지 늦잠자고, TV 보고, 음악 듣고, 책 보고, 산책하고 너무너무 행복한 시간을 보내기 시작했다. 며칠 쉬면서 집 청소하고 빨래도 하며 여유로운 시간을 즐겼다.

부산에 계신 부모님께 내려갔다. 택견협회를 그만두었다고 하니, 무슨 일이 있었는지 조금 걱정하면서도 한편으로는 잘됐다며 시집가라고 재촉하셨다. 당장 사람도 없거니와 마치 현실도피적인 것같아 그러고 싶지 않았다. 모처럼 가족과 함께 있는 건 좋았지만 자꾸 결혼하라 하는 것이 부담스러웠는데, 마침 2000년 5월 10일 첫 조카가 태어났다.

당시 오빠가 수원에 살고 있었는데, 올케언니 몸조리도 도와줄 겸 함께 있어주기로 하고 수원으로 올라왔다. 올케는 필자보다 2살 아래인데 오빠와 남동생만 있던 필자에게는 여자형제가 생긴 것처럼 좋다. 우리는 여느 시누이 올케와는 달리 친자매처럼 사이가 좋고, 서로 챙겨주려는 마음이 같아 정말 편한 사이이다.

오빠는 새로 시작할 사업 준비로 자주 집을 비워 올케랑 지현

첫 조카 여지현을 안고(2000년)

열심히 수련하는 지현(장유전수관, 2007년)

행복한 가족. 올케언니, 지현, 둘째 지영, 오빠

이랑 셋이서 함께 지냈다. 침대에 아기를 가운데 뉘이고 자다가
'앵~' 소리만 나면 잠귀가 밝은 필자가 바로 기저귀를 갈아주었
다. 다른 애기들은 두 세 번 쉬할 때까지 기저귀를 차고 있다던데
지현이는 축축한 것을 무척 싫어했다. 올케언니는 아침에 일어나
기저귀가 2~3개씩 나와 있는 걸 보고 엄마보다 고모가 더 애기를
잘 본다며 미안해 했다.

애기를 가만히 안고 있으면 내 심장과 애기 심장이 대화를 하
는 듯 특별한 느낌이 있었다. 아마 이런 걸 보고 핏줄이 당긴다 하
는가 보다. 출산을 하지는 않았지만 애기 엄마들의 마음을 알 것
같다. 2달 정도 올케랑 조카랑 함께 지내고 다시 서울로 올라왔다.

새로운 인생을 꿈꾸며 회장님을 찾아뵈었다. 회장님께선 휴
식시간을 갖고 다시 복귀할 것으로 기대하였지만, 필자는 반대로
그만두겠다는 생각이 더 강하게 자리를 잡아버렸다. 필자는 퇴직

금을 요구했고, 회장님께서는 더 설득하려고 애를 쓰셨다.

"대한체육회 가맹문제도 그렇고, 그 동안 정말 힘들고 어렵게 여기까지 왔는데, 좋은 모습을 못보고 지금 그만두면 나중에 후회하게 될지도 모르지 않느냐"며 계속 근무할 것을 설득하셨다.

"대한체육회 가맹문제는 제가 없어도 언젠가는 되리라 생각합니다."

"그 동안 택견만 해왔던 네가 뭘 하겠다는 것이냐!"

"그래서 다른 일을 해보고 싶습니다."

"무슨 계획이라도 있느냐?"

"없습니다. 이제부터 알아볼 것입니다."

"허허~ 참!"

"택견만 해오다보니 후배나 제자는 있지만 친구가 없어 외롭다는 생각을 많이 했습니다."

"지도자는 원래 외로운 것이다. 그런 것을 잘 이겨내야 진정한 지도자가 되는 것인데, 잘 해오다가 왜 이러는지 모르겠구나! 너 부산에 친구 있지 않느냐?"

"그 친구는 초등학교 때부터 친구이구요, 회장님도 아시다시피 그 친구 하나밖에 없지 않습니까! 저는 그게 아쉽다는 것입니다."

초등학교 5학년 때부터 만나고 있는 이학자(이서현으로 개명)이다. 초등학교 동창중 일찍 결혼한 친구 숙연이는 큰애가 대학생이다. 친구도 자주 봐야 정도 들고 계속 만남이 이어질 수 있을 텐데, 항상 바쁘다는 핑계로 친구를 만나러 간 기억이 거의 없다. 매번 택견행사장으로 불러 잠시 점심 같이 먹고 얼굴 보고 헤어지는 것이 다였으니, 그렇게 와주는 친구가 고맙고 한편으로는 미안했다. 택견행사장에서 만나다 보니 친구를 택견회원으로 오해하는 사람도 있었다.

연예인은 아니지만 유명 연예인들이 가끔 이야기하는 '외로움'을 이해할 수 있다. 주변에 사람은 많지만 정말 속내를 다 털어놓고 이야기할 만한 사람이 없는 '군중속의 고독' 같은 느낌, 특히 필자 주변엔 남자들만 있었고 여자는 혼자였기에 더욱 그러했던 것 같다. 이 날도 회장님과의 대화는 결론을 내지 못했다. 돌아와 여름 내내 잠수 모드로 들어갔다.

아침저녁으로 제법 선선해진 가을이 되었다. 협회에서 부산 부모님 집으로 연락이 와 있었다. 그래서 다시 택견협회로 가서 회장님을 뵈었다.

"그래 그 동안 뭐하고 지냈느냐?"

"그냥 이것저것 배우기도 하고 잘 지냈습니다."

"너는 잘 지냈는지 모르겠지만, 나는 항상 챙겨주던 니가 없어서 많이 힘들었다. 이제는 적응이 되었지만…"하시는데 조금 죄송스럽기도 했다. 사무실 직원들이 회장님 모시고 열심히 일한다고 하지만, 초창기부터 손발이 되어 움직이던 필자가 없어 불편하셨을 것이다.

"내가 아무리 생각해 봐도 니가 택견을 그만둔다는 것은 아닌 듯 하다. 그러니 사무처에 근무하는 것 말고 택견 테두리 안에서 하고 싶은 일을 하면 어떻겠느냐"며 다시 설득하셨다.

"니가 여자이긴 하지만 당차게 잘하니 지부를 맡는 것도 괜찮을 것 같은데, 경북지부가 좀 부실하니 그곳을 맡아 키워보든지, 수도권에 전수관을 하는 것도 괜찮을 것 같고, 아무튼 다른 지부라도 네가 원하는 곳이면 자리를 마련해 보마. 그러니 한번 생각해 보거라" 하시는데 마침 김현국 선생이 들어왔다.

"어서 오너라. 그런데 전수관 인수받을 사람은 찾았냐?"

"아니요. 아직. 그래서 오늘 찾아뵈러 온 것입니다."

"그래, 그럼 잘 되었네. 여덕이 니가 양천구를 맡아 보면 어떻겠느냐?" 며 회장님께서 농담처럼 제안을 하셨다.

김현국 선생은 부산 모라에서부터 운동을 했으며, 1992년 회장님께서 서울로 올라올 때 함께 올라와 고생을 했던 필자에게는 친동생같은 후배다. 제대를 하고 택견 지도자 자격을 득한 뒤 영등포에 전수관을 열어 열심히 잘 해서 양천구에도 전수관을 내었었다. 그런데 개인적인 사정으로 미국을 갈 것이라며, 현재 운영하고 있는 양천구 전수관을 맡을 사람을 찾고 있다고 했다.

김현국과 필자는 서로 쳐다보며 아무 대답을 못하고 있는데 "지금 내가 퇴근하려던 참인데, 한번 가보든지" 하며 따라 나서라는 듯 일어나 나가셨다.

둘은 뭐라 대답할 여유도 없이 따라 나설 수밖에 없었다. 인천에서 출퇴근하던 회장님께서 바로 목동사거리에 있는 양천구 전수관으로 차를 몰고 가셨다. 필자도 영등포전수관은 가보았지만 양천구전수관은 들러보지 않았기에 오랜만에 김현국 선생과 이야기도 할 겸 같이 갔다.

회장님께서 전수관을 잠시 둘러보시더니 "오랜만에 만났을 텐데 이야기도 하고 저녁 먹고 가거라" 하고는 필자를 남겨두고 댁으로 가셨다.

천하명인까지 했던 김현국 선생의 얼굴에 수심이 가득해 보였다.

"너 왜 전수관 그만두려는데?"

"누나는 왜 협회 그만뒀는데?"

둘은 서로의 마음을 털어놓으며 이런저런 이야기를 나누게 되었다. 김현국 선생은 미국으로 갈 것이라며 "다른 사람에게 넘기는 건 너무 아까운데, 누나가 맡아주면 그런 마음이 안들 것 같다"고 하며 무척 아쉬워했다.

"그래, 생각해 볼게"하고 집으로 왔다.

회장님과 김현국 관장은 필자가 양천구전수관을 인수받는 것으로 하고 실무적인 일을 의논했다. 그리고 1주일 뒤 필자는 양천구전수관 관장이 되었다.

관장님

택견을 그만두고 새로운 삶을 살아보려던 꿈은 꿈으로만 남았다. 양천구전수관은 상당히 잘 되었는데 김현국 관장이 개인적으로 힘든 일이 생겨 1년 동안 팽개쳐 놓다시피한 상태였다. 필자가 인수할 때는 회원이 어른 3명 어린이 9명뿐이었다. 그래도 큰 도로가라 열심히 하면 괜찮을 것이라 생각했는데, 환경도 좋지 않고 생각지 않은 어려움들이 있었다.

1993년에 서울로 올라왔지만, 신사동에만 있었으므로 강서구와 양천구 지리를 몰라 마치 지방에 와 있는 느낌이었다. 못을 하나 사려고 해도 철물점이 어디 있는지, 문구점은 어디 있는지 알 수가 없었고, 입회문의 전화가 와도 지리를 모르니 난감할 때가 많았다. 그래서 지도를 붙여두고 지리공부부터 하였다.

또 다른 문제는 전수관에서 운영하던 차를 김현국 관장이 가져가 버린 것이다. 인수인계할 때 차는 포함시키지 않았던 것이다. 회장님께서 협회에서 사용하던 승합차(1532)를 주셨다. 그러나 너무 지저분해서 그대로 아이들을 태울 수가 없었다. 시트도 바꾸고 정비하는데 꽤 많은 돈을 투자해 새 차를 만들었다.

문제는 주차장이 없어 주차문제로 매일같이 싸워야 했다. 관장이 여자로 바뀐 것을 안 다른 세입자들이 텃세를 부리기 시작했

필자가 직접 만든 옷을 입고 경연대회에 참가한 아이들

제1회 서울시장기대회 단체 3위

다. 차량운행 문제도 있고 하여 협회에 지도자를 요청, 남자 선생이 왔는데 초보운전이라 불안해서 항상 같이 타고 다녔다.

선생이 차량운행을 할 때는 필자가 지도를 하고, 가끔은 선생에게 아이들 지도경험을 쌓게 하기 위해 필자가 운행을 할 때도 있었다. 아이들은 선생과 아직 정이 덜 들어서인지 필자가 운전하면 더욱 좋아했다. 필자가 운전할 때 있었던 일이다.

"택견하러 오세요~"

"아줌마 택견 하면 살 빠져요~!"

목동역에서 신호를 받고 서 있는데 한 아이가 창문을 열고는 횡단보도에 서 있는 뚱뚱한 아주머니를 보고 소리를 쳤다. 다른 아이들도 덩달아 앵무새마냥 따라하기 시작했다.

"위험하니까 창문 닫고 얌전히 있으렴. 사람들이 관장이 시킨 것으로 오해하겠다!"

"맞아요. 우리 관장님이 시켰어요~!"

너무 당황스럽기도 하여 빨리 그곳을 벗어나고 싶었는데, 신호가 안 바뀌는 것이었다. 부끄러워 필자의 얼굴에도 빨간 신호등이 켜졌다.

차가 있어 편한 점도 있었지만 불편한 점이 더 많았다. 건물에 주차장이 없어 근처 유료주차장을 이용했는데, 제일 허름한 한 곳 외엔 건물을 짓는 바람에 주차난이 더 심해졌다. 한겨울 눈이 많이 오거나 영하 12도 이하 내려가는 날에는 차를 꺼내오지도 못해 운행을 놓하는 적도 많았다. 운행시간도 문제였다. 처음엔 35분이면 충분했는데, 나중에는 데려올 때 45분, 운동 끝나고 데려다 줄 때는 퇴근시간과 맞물려 무려 1시간 10분이나 걸렸다.

운행시간이 너무 걸려 아이들에게도 좋지 않다고 판단, 부모님들과 의논하여 차량운행을 없애기로 했는데, 몇몇은 불편하지 않겠느냐고 했다.

며칠 뒤 선생이 혼자 아이들을 데려다 주고 건물 앞에 주차하다가 가로수를 받아버렸다. 옆 문짝을 구하려 중고 부속시장을 몇 곳이나 찾아다닌 끝에 수리해서 협회에 반납하고 차 운행을 없애버렸다. 가까운 아이들은 걸어서, 조금 거리가 있는 아이는 자전거를 타거나 버스를 타고 다니는데, 거의 15~20분이면 충분했다. 지금 되돌아봐도 차량운행을 없앤 것은 잘한 일이라 생각한다.

선생은 6개월쯤 근무하다가 개인사정으로 그만두고 혼자서 운영하게 되었다. 우리 전수관에는 아이들이 그리 많지 않다. 그래서 수련 분위기는 항상 즐겁고 재미있다.

시합을 앞두고 한참 겨루기 연습을 하던 어느 날, 4학년 남자 아이가 겨루기 하다가 중요 부위를 맞고 쓰러졌다. 그 아인 두 손으로 그곳을 꼭 움켜쥐고 무척 아파했다. 필자가 괜찮냐고 물어보는데, 정말 많이 아픈 표정으로 "우리 관장님은 이 아픔을 모르실 거야~!" 하는 것이었다. 순간 웃음바다가 되어 버렸다.

눈물

2001년 5월 13일 우장산 축구장에서 열린 강서구민체육대회에서 택견 시연을 하였다. 그런데 그날 하나밖에 없는 동생 결혼식과 겹쳤다. '생활체육강서구택견연합회'를 만들고 처음으로 하는 특별행사인데다 결혼식보다 먼저 약속된 일이라 변경할 수가 없었다.

행사장이 축구장이라 우리 전수관 회원들만으로는 부족하여 시내 각 전수관 관장들과 치우패 단원들이 함께 했다. 오전 10시부터 전수관에 모여 연습을 했다. 행사 시작이 오후 2시인데 결혼식은 1시였다. 필자로서는 손오공처럼 분신이라도 만들고 싶었다.

동생에 대한 필자의 사랑은 남달랐다. 필자가 초등학교 2, 3학년 때 학교 마치면 친구들은 운동장에서, 동네 골목에서 놀기 바빴지만, 필자는 귀여운 동생 보려고 수업 끝나자마자 집으로 달려갔었다. 6살 아래인 동생도 필자를 잘 따라 우리는 항상 붙어 다녔다. 동생을 위해서라면 뭐든 다 해주고 싶었다. 그런 동생 결혼식을 못 보게 되어, 시연 연습을 하는데 자꾸 눈물이 돌았다. 그 모습이 안쓰러웠는지 회원들이 "그냥 알아서 할 테니 결혼식에 다녀오세요" 했다. 필자보다 나이가 많은 아주머니 회원 김성회씨

우장산 강서구민체육대회에서의 시연

동생과 함께

가 필자를 납치하다시피 차에 태워 달렸다.

총알택시처럼 날아서 조선호텔에 도착했다. 식장에는 시골에서 올라온 집안 어르신들과 사돈댁 손님들이 서로 축하를 하며 '하하 호호' 즐겁게 인사를 나누고 있었다. 필자는 신부 신랑 대기실만 들여다보고 "결혼 축하해" 하며 눈도장만 찍고 바로 차를 타고 날아왔다.

고향에서 올라오신 어르신들과 부모님께 제대로 인사도 못 드리고 왔다. 택견하느라 오랫동안 집안 행사에 참석하지 못했던 필자를 부모님은 이해해 주셨는데, 친척 중엔 "너는 왜 동생 결혼식에도 안 왔냐!" 하시는 분들도 계셨다. 돌아오는 발걸음이 너무 너무 무겁고 속상해서 엉엉 울면서 왔다.

당시 필자는 무릎이 안 좋아 고생을 하고 있었는데, 여러 가지가 마음에 겹쳐 서러운 눈물을 흘렸던 것 같다. 우장산 축구장에는 정말 많은 사람들이 모여 있었다. 필자는 마이크를 잡고 택견에 대한 소개를 하는데 목소리가 자꾸 떨렸다.

김상민 선생과 동갑인 동생은 결혼해서 아저씨가 되었지만, 필자에겐 마냥 사랑스런 동생이다.

2002년 8월 태풍이 왔을 때였다. 낮부터 내리던 빗줄기가 밤이 깊어지면서 더욱 강해져 유리창을 뚫으려는 기세였다. 보통 수련이 끝나면 밤 11시쯤 되는데, 회원들은 옷 갈아입고 가고, 출석부 정리하고, 홈페이지 확인하고 하다보면 금방 12시가 된다.

　퇴근하려고 창 밖을 내다보니 차들이 보트마냥 물 위로 둥둥 떠다니고 있어 어디가 차도이고 어디가 인도인지 구분이 안 갔다. 목동사거리는 완전히 잠겨버렸고, 금방이라도 건물 안으로 물이 들어오려는 듯 출렁거렸다. 집에 갈 것을 포기하고 커피 한 잔을 타서 음악을 틀어놓고 물난리를 구경하려고 창가로 다가갔다.

　잠시 뒤 창에서 두둑두둑 빗물이 떨어지기 시작했다. 비가 워낙 많이 내리다 보니 창틀 사이로 빗물이 들어와 같이 놀자고 했다. 찻잔을 씻으러 싱크대 앞으로 가자 남자 탈의실에서 물소리가 나고 있었다. 창문이 열렸나?

　이런 황당한 일이! 천장에서 수돗물을 틀어놓은 듯 물이 쏟아져 내려오고 있는 게 아닌가! 믿기 어려운 일이었다. 급히 남자화장실에 있던 큰 물통을 가져다 받쳐놓았는데, 물이 뚝뚝 떨어지는 게 아니라 폭포수가 내려쏟듯 금방 큰 물통을 다 채워버렸다. 그래서 세숫대야를 들고 와 물을 퍼 나르기 시작했다.

전수관 창가에서도 점점 물이 많이 새기 시작했다. 새는 곳마다 통을 받쳐두고 혼자 물 퍼 나르기 운동을 시작했다. 새벽 1시가 다 되어가는 시간이라 누구를 와 달라고 부를 수도 없었다.

순서를 제대로 지키지 않거나 조금만 발걸음이 늦으면 물통이 바닥으로 넘치려 했다. 전수관 5층에는 019 핸드폰 기지국도 있는데, 입구가 따로 있는 것이 아니라 전수관 안에 칸막이만 되어 있어 바닥 밑으로 물이 들어가면 사무실 안까지 물이 흘러들어 갈 것이다. 뒷수습이 걱정되어 어떻게 하든 전체가 물바다가 되는 것을 막아야만 했다.

빗줄기는 그칠 줄을 몰랐다. 하늘에 구멍이 났다는 표현은 이럴 때 쓰는 것일 게다. 하늘이 아니라 진짜 천장에 구멍이 났다. 효율적으로 하기 위해 순서를 정했다. 처음 입구 쪽 대야를 빈통으로 바꿔놓고 화장실에 가서 물을 버리고, 그 빈통을 다시 기둥 옆의 물통과 바꿔 물을 버리고, 그 다음 남자 탈의실의 물을 퍼 나르고, 다시 전수관 안쪽 물통을 퍼 나르고, 이렇게 5곳의 물받이를 순번을 정해 정신없이 돌았다.

빗줄기가 조금 가늘어지기 시작했다. 얼마나 시간이 흘렀을까? 시계를 봤더니 새벽 5시 20분이었다.

아침 7시쯤 건물주에게 전화를 했다. 고생했다며 바로 수리를 위해 사람을 보내주었다. 공사를 하러 온 분도 어이가 없다고 하신다. 건물 천장 안에 있는 PVC 배관이 제대로 마감이 안 되어 옥상의 빗물이 배수로로 빠지지 못하고 건물 안으로 흘러내렸다는 것이다. "밤새 고생했겠네요"하며 실리콘으로 손가락 굵기만한 구멍을 막아주고 갔다.

지하를 임대해 사용하고 있는 전수관들이 걱정되어 전화를
해보니 대부분 별일 없다고 했다. 밤새 물 퍼 나르느라 혼 줄이 났
다고 했더니, 5층 건물에서 어떻게 수해를 입었냐며 믿기지 않는
다고 했다.

2003년 6월 26일 아침 국민은행에 볼 일이 있었다. 은행에 갔다가 전수관으로 갈까 망설이다가, 일단 전수관에 들러 청소를 하고 은행을 가기로 마음먹고 계단을 올라와 전수관 철문을 여는 순간, 앗! 눈앞이 캄캄한 게 아무 것도 안보였다. 시꺼먼 연기들이 순식간에 필자를 덮쳤다. 순간 너무 놀라 숨이 멎어 버릴 것 같았다. 불이다! 생각이 드는 순간, 어? 전수관에서는 불날 일이 없을 텐데, 혹시 019기지국에서? 5층엔 019기지국과 전수관이 함께 있다.

단 한치 앞도 보이지 않는 상황이었지만, 불이 어디서 난 것인지 확인해야겠다싶어 숨을 죽이고 안으로 들어와 보니, 남자 탈의실 입구 싱크대가 있는 쪽에서 불길이 활활 타오르고 있었다. 신발장 옆에 소화기가 있었지만 캄캄해서 보이지 않았다. 급히 남자 화장실 문을 여니 통에 물이 없었다. 이런! 다시 여자 화장실 문을 열고 수도꼭지를 틀어놓고, 세숫대야에 물을 퍼 달려와 불길을 향해 날리기 시작했다.

순식간에 큰불이 되어 건물을 삼켜버릴 것같은 공포와 지독한 유독가스가 당황하게 하였다. 천장까지 올라가던 불길이 잠시 수그러든 사이, 핸드폰으로 119에 전화를 했다. 통화중이었다. 어떻게 119가 통화중일 수가 있는가! 다시 해도 통화중, 계속 통화중이었다. 불이야! 불이야! 크게 외쳐 보았지만, 아무도 오지 않았다. 맨발로 이리 뛰고 저리 뛰다가 4층으로 뛰어 내려가 보았는데, 독서삼매경에 빠진 몇 사람뿐 만화방 아저씨조차 없었다. 불이 났다고 이야기하자 한 남자가 공중전화로 119에 신고를 했다.

그때 만화방 아저씨가 4층으로 올라오며 "왜 그래요!"

"불, 불, 불이 났어요!" 너무 다급해 말이 제대로 안 나왔다. 당황한 만화방 아저씨는 소화기 분말을 5층으로 올라오기도 전에 계단에 다 뿌려버렸다. 정작 불 앞에 왔을 때는 빈 통만 들고 있었다. 필자는 계속 물을 퍼부었다.

잠시 뒤 소방차 3대가 도착했다. 소방호수가 올라왔을 때는 이미 불이 잡힌 상태였는데, 유독가스 때문에 방독면을 쓴 소방관 한 사람만 들어갔다 나왔다. 바닥에서 한 뼘 정도의 공간만 남기고 시커먼 연기가 꽉 차 있었기 때문에 위험하므로 나가 있으라고 했지만, 창문을 열어두고 계단 바닥에 주저앉아 한참을 기다렸다.

검은 연기가 창 밖으로 빠지기 시작하자 밖에서 사람들이 웅성거리는 소리가 들렸다. 한참 뒤 연기가 빠지자 소방대원들과 경찰, 그리고 현장을 확인하려는 카메라를 든 사람과 함께 안으로 들어가 보았다. 가스 중간밸브 바로 아래까지 불길이 붙어 쌀통과 가스렌지 등 모든 것이 녹아내려 버렸다.

소방관은 멀티전선에서 불이 났는데, 전선이 오랫동안 무거운 것에 눌려 있거나 먼지로 인해 화재가 날 수 있다고 설명해 주었다. 다행히 초기진화가 잘 되어 큰 불은 면했다며 위로의 말을 해주고는 돌아갔다.

한참을 멍하게 있다가 혼자서는 도저히 정리를 할 수 없을 것

같아 가까이 사는 회원들에게 전화를 했다. 많이 놀랐을 것이라며 한 회원이 우황청심환을 사왔다. 그리고 대한항공 부기장인 김금봉 회원이 단걸음에 달려와 저녁까지 청소를 했다. 다른 회원들도 모두가 내 일처럼 달려와서 팔을 걷어붙였다. 거울이며 천장은 그 을음을 닦아도 닦아도 묻어나오고, 냄새는 한 달 정도가 지나도록 남아있었던 것 같다.

검은 연기에 눈물과 땀이 얼룩져 폭격을 맞은 듯한 필자의 모습을 사진으로 남겨놨어야 하는데 아쉽다며 농담을 하면서 모두가 불난 집은 잘된다며 전수관이 잘 될 거라고 위로해 주었다.

KBS SKY 택견명인전 방송이 처음 시작되었을 때 일이다. 2005년 6월 13부터 매주 월요일 밤 10시 택견 중계방송을 한다는 현수막을 꽤 크게 제작해서 건물 외벽에 직접 달았다.

어느 날 밑에서 쳐다보니 현수막 가운데가 조금 찢어져 있었다. 찢어진 곳이 심하지 않아 그냥 지나쳤다가 바람에 심하게 펄럭거려 내려가 살펴보았더니 아래층 영화방의 현수막을 철거하면서 우리 현수막을 잘못 건들인 것이다.

팽팽하게 지탱하고 있던 줄이 칼에 반쯤 잘려 끊어질듯 아슬아슬하게 매달려 있었다. 그래서 여분의 줄을 연결해 겨우 당겨 놓고 올라왔는데, 바람이 점점 강하게 불어대더니 현수막이 벽을 치고 간판을 때리고 난리였다. 그냥 두었다간 간판까지 파손될 것 같아 현수막을 떼려고 옥상 철탑 위 꼭대기까지 올라갔다.

한쪽 줄을 칼로 자르고, 한손으로 잡아당기며 다른 쪽을 자르려고 하는데, 엄청난 바람 때문에 혼자 힘으로는 감당하기 어려울 정도로 무거웠다. 아래쪽은 아직 묶여있는 상태라 그냥 현수막을 위에서 놓아버리면 아래 다른 간판이나 전선에 걸릴 위험이 컸다. 도와줄 사람이 없는 상태여서 어쩔 수 없이 혼자 해결을 할 수밖에 없었다.

정신을 바짝 차리고 잠시 바람이 잠잠해지면 그때 아래로 떨어뜨리려고 하는데, 오히려 바람이 점점 세게 불어와 필자는 현수막과 함께 7층 높이의 건물 꼭대기에 바짝 붙어 있을 수밖에 없었다. 난간은 무릎 높이밖에 되지 않아 금방이라도 중심을 잃고 밑으로 추락할 것만 같았다.

일어서지도 못하고 쭈그려 앉아 바람이 멈춰주기만을 기다리는데, 바람은 미친 듯이 점점 더 강해졌다. 얼마나 더 버틸 수 있을까? 체력에 한계가 왔음을 느껴 더 이상 버틸 수가 없겠다는 생각이 들었다. 그래서 창피함을 무릅쓰고 아래 도로에 있는 사람들에게 소리를 쳤다.

"여기요! 여보세요! 도와주세요!"

그러나 거세고 얄미운 바람은 필자의 애절한 목소리를 허공

6층 위에서 혼자 작업한 현수막

으로 날려버려 아무도 듣지 못하게 하였다. 이 날 바람은 그냥 바람이 아니라 무서운 돌풍이었다. 119 아저씨가 정말 그리운 순간이었다. '9시 뉴스'에 나오겠구나 하는 생각부터 온갖 생각들이 필자를 괴롭혔다. 이를 악물며 정신을 차려야 한다고 스스로를 추스르고 있는데 순간적으로 잠시 바람이 잠잠해졌다.

이때다 하고 얼른 현수막을 감아서 아래로 던졌다. 단 1~2초 순간에 살았다는 희열을 느끼며 옥상에서 내려오는데 팔 다리가 덜덜 떨려 신발도 벗지 못한 채 전수관 입구에서 풀썩 쓰러지고 말았다. 나중에 보니 양 무릎이 시퍼렇게 멍이 들고, 두 손과 팔은 감각이 거의 없어 남의 팔을 달고 있는 듯한 느낌이었다. 항상 겁 없이 뛰어드는 필자에게 무리를 하면 다친다고 바람이 경고해 준 것일 것이다.

택 견 舞*

자색 철릭 山으로 선 잠시
굼실 모은 탄력
종아리에 고요로 고이다 넘치면
능청 튀올라 허공을 가르는 하얀 버선발.

다리 너울 팔 너울 바람으로 흐르다
이크 차 올리고 에크 피할 적
황금빛 腰帶 봉황깃으로 펄럭인다.

하늘 받든 玉手 미동도 않다가
어느새 땅을 들고 침묵으로 서더니
밀고 당기고 넘실넘실 물결친다.

고운 손가락 진양조 가락에 사분대다가
휘모리 장단으로 玉趾 휘달리면
사람은 들리지 않고 바람만 보이는데
이크 에크 이크 에크 이크에크 읽엨
뿜어대는 氣의 聲에 四圍가 숨죽인다.

태산으로 멈춘 그늘 아래
비로소 만물이 날숨을 토하는데
미리카락 한 올 선뜩이는 사이로
이마에 맺힌 구슬 또르르 흐른다.

* 이 시는 양천구전수관의 회원이며 피부비뇨기과 원장이신 민병훈님이 필자의 본때 8
마당 시연을 보고 썼다.

재탄생

전통이란
역사적 생명력을 바탕으로
끊임없이 재탄생 해가는 것.

제 수련체계

우리나라 전통기예능을 보존 육성시키기 위하여 정부는 1962년 법률 제961호로 문화재보호법을 공포하였다. 1983년 택견이 무술 중에서는 유일하게 무형문화재로 지정되었다. 하마터면 맥이 끊어질 뻔했던 택견은 '문화재 지정' 20여년이 지난 지금 택견 관련 법인단체가 4개나 되고, 택견을 조금이라도 익힌 사람이 100만 명을 넘어섰다. 그러나 각 단체의 택견 모습은 일반인이 보기에도 서로 다른 유형을 보이고 있다. 그 이유는 택견을 바라보는 시각과 해석이 다르기 때문일 것이다.

1973년 예용해* 문화재위원님이 작성한 「무형문화재 심사보고서」 102호에 의하면, 송덕기 선생님의 기본수는 11가지라고 나와 있다. 그리고 이 보고서에는 다음과 같이 밝히고 있다.

> 한편 본을 보여달라는 청에 선뜻 일어서더니 우쭐우쭐 몸을 스쳐 놀다가는 슬쩍 앞으로 한 발 다가서면서 배로 상대방의 배를 치면서 다시 뒤로 물러서면서 몸을 솟구쳐 지르는 것이 눈깜짝할 사이다. 몸

---

* 예용해(1929~95) 선생님은 우리나라에서 '인간문화재'라는 용어를 처음으로 사용하였고, 민속학 연구에 평생을 바치신 분이다.

을 능청능청 는지르다가 솟으면서 지르는 몸은 근래 유행했던 튀스트의 율동감과 비슷한 것이 있다. 송씨도 지금 세간에서 성한 당수, 공수, 태권, 수박, 태수에서는 '곧은발질'을 하지만 택견은 발을 꼬아서 발장심으로 치는 '늦은발질'이니 같은 발질을 해도 다르다는 얘기였다. 또 택견에서 몸을 능청대며 는지르는 것도 덮어놓고 하는 것이 아니고 발을 品자로 놓는다는 약속이 있으며, 누구든지 땅에 먼저 손을 짚으면 패하게 되어 있다고 한다. 택견은 아주 오래 전부터 전해온 우리 민족의 고유 맨손무술로 택견은 1년 내내 하는 것이 아니라 단오 무렵에만 이웃마을의 택견패들과 수를 겨루며 노는 것이어서 단오를 앞둔 보름이나 열흘 동안 성행했다고 한다.

■ 송덕기 선생님이 기억하고 있었던 11가지 기술

깍음대리	발장심으로 상대방의 무릎을 찬다. 차이면 정강이 살이 벗겨진다.
안짱걸이	발등으로 상대방의 발뒤꿈을 안에서 잡아 끌어 벌렁 나가 자빠지게 한다.
안우걸이	발바닥으로 안복사뼈를 쳐서 옆으로 들뜨며 넘어지게 한다.
낚시걸이	발등으로 상대방 발뒤꿈을 밖에서 잡아끌면 뒤로 훌렁 넘어진다.
명 치 기	발장심으로 명치를 찬다. 벌렁 넘어지면서 피를 토하고 죽는 위험한 수다.
발 따 귀	발바닥으로 따귀를 때린다.
곁 치 기	발장심으로 옆구리를 찬다.
발등걸이	상대방이 차려고 들면 발바닥으로 발등을 막는다.
무르팍치기	상대방이 쳐서 들어오면 손으로 그 발뒤꿈을 잡고 다른 한손으로는 옷을 맞붙잡아 뒤로 넘어지면서 발로 늦은배(하복부)를 괴고는 받아 넘긴다. 발등걸이와 무르팍치기는 다같이 수세에 있으면서 쓰는 수다
내복상살기기	발장심으로 가슴을 친다.
칼 재 비	엄지와 검지를 벌려 상대방의 목을 쳐서 넘긴다. 칼재비는 택견에서 손만을 쓰는 단 한가지의 수다

문화재전문위원 이보형 선생이 1984년에 쓴 글에는 다음과 같은 내용이 있다.

택견은 택견꾼들이 마주서서 발을 들어 서로 저 편을 차거나 걸어서 넘어뜨리기를 겨루는 것으로 씨름의 경우와 같이 일종의 전통 민속놀이다. 택견은 씨름의 경우와 마찬가지로 4월 초파일, 5월 단오, 8월 한가위 날과 같은 명절에 주로 했다 한다. 택견은 마을과 마을끼리 겨루는 경우가 많고, 흔히 지난번에 진 마을에서 택견을 걸어온다고 한다.

택견마당은 20평 가량 되게 만드는데, 땅이 고르지 못하면 섶을 깔고 그 위에 가마니를 깔았다 한다. 초저녁이 되어 어둑어둑해지면 양편에 횃등을 밝히고 두 마을 택견꾼들과 구경꾼들이 둘러앉으면 먼저 아이 택견부터 시작한다. 서로 겨루다 넘어지면 진 쪽에서 다른 택견꾼이 나와 이긴 택견꾼과 겨루는데, 아이 택견꾼은 11살에서 13살 사이 아이 11명으로 제한되어 있기 때문에 11명째 나온 택견꾼이 지면 그 마을이 지는 것이라 한다.

'아이택견이 어른택견 된다' 고 아이택견이 끝나면 어른택견으로 이어진다. 어른택견의 경우에도 한 마을에서 한 사람씩 나와 양편 마을이 겨룬다. 이긴 이는 계속 저편 택견꾼과 겨루는데 저편에서 나올 사람이 없거나 또는 이편 택견꾼이 저편 택견꾼 열 두 명을 이어서 이기게 되면 그만 승부가 난다고 한다. 흔히 가장 솜씨가 뛰어난 이들끼리 마지막 승부를 겨루기 때문에 긴박함이 넘치려니와 윗수들이 비장하고 있는 기막힌 솜씨들이 나오기 때문에 볼만 했다 한다.

승부가 나면 이긴 쪽은 환성을 지르고 진 쪽은 다음에 보자고 월

뿐, 이겼다고 상이 있는 것도 아니고 술 한 잔 있는 것도 아니라 한다. 막판에서 질 조짐이 보이면 "내일보자"고 외고 물러났다가 다음날 하기도 하여 2~3일 계속되는 수가 있다고 한다.

택견은 「무형문화재 심사보고서」와 이보형 선생의 글에서 보는 바와 같이 우리 민족이 씨름과 함께 즐겨했던 전통 민속놀이이다. 일반적으로 한 방에 사람을 때려잡는다는 무술과는 다르다고 봐야 할 것이다. 그 이유는 택견의 기본기술들을 분석해 보면 알 수 있는데, 대부분 상대방을 넘어뜨리는 기술이며 승부방법도 넘어지면 진다고 되어 있다.

송덕기 선생님이 기억하고 있던 간단한 기술이 1983년 무형문화재로 지정되는 과정에서 신한승 선생님에 의해 80여 가지가 넘는 기술로 재정립되었다. 그러면서 '수련체계'라는 틀을 만들게 되고, 민속놀이로 자연스럽게 행하던 택견과는 다른 본때뵈기 같은 형식 위주로 바뀌게 된 것이다.

신한승 선생님이 만든 수련체계는 각 과정의 난이도가 맞지 않고 경기와 동떨어진 부분이 많다. 그래서 이용복 회장님은 송덕기 선생님의 기술을 기본으로 하는 수련체계를 만들고자 1995년 도기현 선생에게 함께 이 작업을 하자고 제의하였으나 이루어지지 않았다. 그래서 대한택견협회에서는 1999년까지 신한승 선생의 수련체계를 따라오다가 그 동안의 연구 성과를 토대로 새 수련체계를 만들어 2000년부터 사용하고 있다.

새 수련체계는 기본수를 되도록 간결하게 하고, 기술용어 또한 통일성을 기하고 토속어를 활성화하여 언어학적 합리성을 강

결련택견 재현

조하여 만들었다. 모든 기술을 품밟기와 연결시켜 는질거리는 기법의 숙달 강화에 중점을 두고 난이도를 적정하게 배치하였으며, 무엇보다 원형기술에 충실한 송덕기 선생의 전통성과 신한승 선생이 추구한 현실적 균형을 고려하여 만들었다.

이용복 회장님께서는 다른 택견단체와 차별성을 두기 위해 새 수련체계를 만든 것이 아니다. '택견은 두 사람이 마주서서 발로 차서 쓰러뜨리는 경기' 라는 해석에 맞게끔, 그리고 송덕기 선생님의 택견 모습에 최대한 가깝게 다가가기 위한 방법으로 수련체계를 재구성한 것이다.

택견인들 사이에서 품밟기가 '역품이 맞다' '정품이 맞다' 며 말이 많다. 그 논쟁을 불러오게 한 중요 자료는 스튜어트 쿨린이 쓴 『코리언게임』에 있는 택견에 대한 내용이다.

1990년 9월 22일, 이용복 회장님께서 필자를 조일산업 임원실로 갑자기 불러 좌품을 해봐라, 품을 밟아봐라, 낚시걸이를 해봐라, 이것저것 시키셨다. 필자는 왜 그러는지 무척 궁금했었다. 회장님께서는 김용옥씨의 저서 『태권도 철학의 구성원리』 중 *GAMES OF THE ORIENT**에 나온 'HTAIK-KYEN-HA-KI' 를 설명대로 해보이면서 그 동안의 궁금증이 풀렸다며 아주 기뻐하셨다. 사실 필자도 그 동안 왜 품을 밟아야 하는지 궁금했는데, 하나하나 설명을 듣고 보니 금방 이해가 되었다. 이 내용을 보면 역품이 맞는지, 정품이 맞는지 판단할 수 있을 것이다.

---

* 19세기 말 Stewart Culin이 한국, 중국, 일본 세 나라의 전통놀이를 상세히 기록해 놓은 책(1958).

김용옥씨의 책에는 중요한 내용들이 많이 있다. 일반적으로 택견을 계승 발전시킨 것이 태권도라고 잘못 알려졌던 것을 '우리나라엔 태권도가 없었다' '태권도를 태꿘도라고 발음하는 이유' 그리고 '택견은 손기술 중심이 아니라 발기술 중심의 기예다' '택견은 무술이 아니다. 놀이 즉 놀음〔玩〕이나 유희〔戱〕의 행위인 것이다' '방어기 중심이 아니라 공격기 중심이다' 라고 했으며, 기타 택견에 관한 내용을 상세히 풀이해 놓았다.

김용옥씨는 책을 내기 전에 회장님을 만났었더라면 하며 무척 아쉬워 하셨다고 한다. 두 분은 자주 연락을 주고 받으셨다. 김용옥씨는 『태권도 철학의 구성원리』 때문에 태권도계로부터 심한 반발과 질타를 받기도 하였다. 필자는 이 책을 읽고 또 읽었다.

GAMES OF THE ORIENT(by Stewart Cluin, 1958)
HTAIK-KYEN-HA-KI—KICKING (Fr.Savate)

Htaik-kyen-ha-ki is a combat between two players, chicfly with the feet. They take their positions with their feet apart, facing each other, and take one step backward with either foot to a third place. His feet, there-fore, always stand in one of three positions. One leads with a kick at one of his opponent's legs. He moves that leg back and kicks in turn. A high kick is permitted, and is caught with the hands. The object is to throw the opponent.

This game also occurs in Japan, but the Chinese laborers from Canton do not appear to be familiar with it.

'택견하기' 는 두 경기자가 주로 발로 하는 경기다. 두 사람은 발을 벌리고 정면으로 마주보고 선다. 그리고 서로 상대방의 다리를 걸어 올려 차려고 시도한다. 경기자는 두 발 가운데 한 발을 한 걸음 뒤 제3의 지점에 갖다 놓을 수 있다.

그러므로 발은 언제나 3개의 지점 가운데 하나에 놓여진다. 게임은 한 사람이 먼저 상대방의 두 다리 가운데 하나를 차는 것으로 시작되는데, 상대방은 차인 다리를 뒤로 물린 다음에는 발을 바꿔 찬다. 이때 높게 차는 것도 허용되며, 이 높게 찬 다리를 양손으로 잡는데 이것은 상대방을 넘어뜨리기 위한 것이다.

택견복 철릭

택견복에도 많은 변화가 있었다. 옛날에는 택견복이 따로 있는 것이 아니라 그냥 평상복인 한복 그대로 입었을 것이다. 해방 이후 평상복이 서구화 또는 현대화 되면서 많이 다양해졌다. 그러나 택견은 일제강점기를 거치면서 거의 맥이 끊어질 뻔했다가 1983년에 무형문화재로 지정되어 그 공백만큼이나 택견복에도 시차가 생긴 것이다. 현대화된 운동복을 입으면 택견의 멋이 나지 않을 뿐더러 동작도 자유스럽지 못하다. 가방과 보자기의 차이처럼 츄리닝과 택견복에는 많은 차이가 있는 것이다. 그래서 택견의 현대 초창기인 80년대에는 누런 광목으로 고의적삼을 만들어 입었다.

광목으로 옷을 만들어 입다보니 고참과 신참의 구분을 옷 색깔로 알 수 있었다. 어떤 사람은 일부러 세탁을 자주 하거나 하얗게 표백을 해서 고참인 것처럼 입기도 하였다.

가끔 운동 끝나고 옷 갈아입기 귀찮아 택견복을 입고 식당엘 가면 상가(喪家) 사람들이 온 줄 알고 처다보기도 하였다.

협회가 서울로 올라 온 첫해는 부산에 있는 한복집에서 만들어 공급하였는데 너무 오래 걸렸다. 그래서 중앙본부전수관 회원 학생의 어머니에게 부탁하여 택견복을 만들기 시작했다. 집이 바로 전수관 건너편이라 좋았는데, 하루에 2벌 이상 만들지 못했다. 처음엔 회원이 그리 많지 않았으므로 괜찮았으나, 점점 회원이 늘어나고 각 전수관마다 제각각 옷을 만들어 입다보니 일체감도 없고 해서 한복 만드는 공장을 찾기로 했다.

중앙본부 회원이었던 서장범 학생의 아버지이자 택견지도자인 서양근 선생의 자문을 받아 이리저리 수소문하였다. 서양근 선생은 여성의류 디자이너이자 재단사였다. 나와 회장님이 동대문시장을 다니며 원단과 한복 만드는 가게에 가서 사정을 말했다. 그런데 가게에서는 나름대로 관행화된 룰이 있는지 좀체 공장을 알려주지 않았다. 회장님과 필자는 가게 부근에 몇 시간을 지키고 있다가 납품하러 온 사람을 뒤따라가서 그 사람을 설득해서 어렵게 창신동의 한복공장을 알아내게 되었다.

창신동 산동네 골목길 주변에는 온통 소규모 봉제공장들로 꽉 차 있었다. 우리가 찾아간 공장에서는 실제 입는 한복이 아니라 신복(神服:태우는 옷)을 만드는 곳이었는데, 일거리가 많아 새로운 일을 맡으려 하지 않았다. 그렇다고 어렵게 찾아낸 공장에서 그냥 돌아 올 수 없었다. 이용복 회장님께서 택견에 대한 설명과 함께 특별히 부탁하자 공장 사장님이 원단을 제공해 주면 옷을 만들어 납품해 주는 방식으로 하자고 해서 구두계약을 맺었다. 한번에 50벌씩 재단을 해서 만드니 공급이 원활해졌다.

옷간과 모양이 자리를 잡는 데는 꽤 오랜 시간이 걸렸다. 회장님께 허락을 얻어 중고 손재봉틀을 한 대 구입해서 직접 옷을 만들어 보았다. 흰색 고의적삼이 상복같아 보인다고 하여 색 있는 원단으로 샘플을 만들어 입어보고 했지만 폼이 나지 않았다. 한복

은커녕 옷을 만든 경험이라고는 없이 재봉틀만 겨우 돌릴 줄 아는 수준이었지만, 회장님의 아이디어에 따라 이렇게 저렇게 수 십 벌의 적삼을 만들었다. 그리고 그 재봉틀로 택견대회 때 각 팀 깃발을 필자가 밤새 만들면, 회장님께서 붓글씨로 팀 이름을 손수 적어 대회 경비를 절감하기도 하였다.

택견복 1벌을 팔면 5천원이 남았다. 그 수익금은 그대로 협회 운영자금으로 쓰이게 된다. 일부 전수관에서는 시중에서 쉽게 구할 수 있는 태권도복에 고름만 붙여놓은 옷을 저렴한 가격으로 구입하여 회원들에게 공급하기도 했다. 모든 전수관이 협회가 지정한 물품을 이용해주면 빨리 재정상태가 나아지고, 따라서 자금을 모아 택견복 품질도 더 좋게 개선할 수 있을 것이다. 그런데 협조체계가 잘 이루지지 않아 몇 년간 힘든 시기를 보내었다.

한복은 일반 기성복과 달리 수공비가 많이 들어간다. 최대한 저렴한 가격으로 회원들에게 공급하려다 보니 품질을 높이기 어려웠다. 원단도 1만 yard 이상을 구입하면 단가를 낮출 수 있었지만, 그만한 자금의 여력이 없어 보통 3천 yard씩 구입해서 사용했다.

지금은 버선을 신는 것이 당연하게 자리를 잡았지만, 초창기에는 버선 구하기가 쉽지 않아 맨발로 수련을 하였다. 시중의 버선은 여성용으로 값도 비쌌으며, 여러 사이즈의 물건을 쉽게 구할 수도 없었다. 따라서 버선도 제대로 만드는 공장을 찾아 6개월 분량을 한 번에 제작해서 사용하였다. 그러다가 한번 제품이 잘못 나오면 몇 달을 불편한 버선을 신어야 했다.

택견기술뿐만 아니라 택견복과 버선 하나에도 큰선생님의 사랑과 열정이 들어 있고, 필자의 땀방울도 섞여 있는 것이다. 요즘 새로 제작된 택견복은 정말 많은 발전을 한 것이다. 보면 볼수록 품위있고 멋있는 택견복을 디자인해 주신 소황옥 교수님께 감사의 마음을 전하고 싶다.

택견복을 철릭으로 정한 것은 매우 적절했다고 생각한다. 맨손무예의 근원으로 인식되고 있는 택견이 일본 유도복에서 유래된 복장을 입는 다른 무술과 차별되는 전통복장을 해야 함은 너무나 당연하다. 그리고 건강, 체형미, 호신술 등 생활문화로서의 다양한 효용성을 수용할 수 있는 기능적인 측면을 함께 갖추는 것이 바람직한 일이다.

택견은 신체의 모든 부위를 종합적으로 동작하여 다양하고 변화있는 기술을 구사한다. 신체 기능을 자연스럽게 최대한 발휘케 해야 한다. 그래서 복장이 팔, 다리의 큰 움직임을 쉽게 할 수 있어야 하고, 온몸이 적극적으로 동작할 수 있게 되어 있어야 한다.

택견은 겨루기 위주의 훈련으로, 형식 위주의 무술훈련에서 얻기 힘든 임기응변의 실전적 기술 구사를 할 수 있다. 한편으로 매우 유연하고 여유있는 동작으로 극한상황에서 심신의 경직에 따른 역기능을 최소화하고 순발력을 극대화할 수 있어야 한다. 따라서 이러한 효과를 높이기 위해 하단전에 기력의 중심을 집중시키는데 도움이 되도록 허리 여밈이 강화될 수 있어야 한다.

택견은 우리 전통사회의 예절과 격식을 따르고 있다. 이것은 민족적 주체성을 공고히 하고 원만하고 슬기로운 인격을 길러주는 사회적 기능이기도 하다. 한국 전통무예로서의 역사성과 우리 고유문화의 전통성을 계승하는 의미가 강조되어야 한다

철릭*은 고려 말 이래 조선에까지 오랜 기간 동안 다양한 계층에서 착용되어진 포(袍)류이다. 일반적인 포류와는 다른 구조의 상의하상에 치마에 주름을 더한 형태로, 이와 유의(類衣)한 형태를 중국의제(中國衣制)에서도 다양하게 나타나고 있다. 철릭 형태는 중국의 벽적포류(襞積袍類)처럼 다양하여 각 나라별로 명칭은 다르지만 기본구조는 거의 같다. 우리나라에서는 고려시대에 철릭이 정착되었다고 본다.

조선조부터 악동무복, 행사시 군사들의 시위복에 이어 왕의 상복(평상복)인 곤룡포의 표의 및 사대부 관복인 단령의 표의, 편복의 표의, 하급직인 별감, 악공, 향리에 이르기까지 광범위하게 착용되었다.

철릭의 기본 형태는 상의하상식(상의와 하의가 연결된 표로서)으로 시대에 따라 형태가 달리 나타나는데, 유물에는 상의와 하상의 비율이 1 대 1에서부터 1 대 3까지 찾아볼 수 있다. 소매의 폭은 좁은 착수에서부터 폭이 넓은 광수포로까지 보이는데, 하상에 잡은 주름은 대체로 0.1~0.2cm라 할 수 있지만, 시대에 따라 조금씩 달랐다. 또한, 기능성을 위하여 소매를 탈·부착할 수 있게 하였다.

철릭은 일반적인 국유포 형태와는 달리 저고리 부분과 치마 부분이 별도로 재단된 의복으로 하상에 주름을 더하여 말 탈 때나 사냥할 때 등 활동하기에 매우 편리하게 만든 옷이며, 몽골 복식인 질손의 유형으로 고려시대 원 영향기에 전래되어 입혀졌던 것

* 이하는 소황옥 교수님이 쓰신 철릭에 대한 설명임.

으로 볼 수 있다. 몽골의 질손으로부터 유래한다고 하여, 실제적으로 원대의 상하 연속의를 착용한 군병복에서 쓰였다.

　새 택견복은 유품자는 흰색, 유단자는 검정색 상의, 3~4단은 녹색, 5~6단은 청색, 7~8단은 자주색, 9단은 은색으로 구분한다. 그리고 심판복은 노랑, 선수복은 청·홍으로 입는데, 선수복은 청·홍 옷이 따로 있는 것이 아니라, 양면으로 되어 있어 그냥 뒤집어 입으면 된다. 시합 때 보면 심판복과 청·홍 선수복이 참 곱게 잘 어울린다.

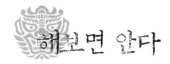
해보면 안다

　오늘날의 택견이 어느 시기부터 형성된 것인지 확인할 수는 없으나, 삼국시대 이전부터 경기 또는 놀이형태였음을 알 수 있다. 『후한서』에 "순제 영화 원년(永和 元年, A.D 136) 부여왕이 내조(來朝)했을 때 각저희(脚抵戲)를 하게 했다"고 하였으며, 『일본서기』에는 "백제 사신과 일본 무사들이 상박(相撲)을 했다"는 기록이 있다. 이것은 당시 맨손무예 경기가 국제간에 교류되고 있었고, 외교상의 중요한 의식으로 행해졌다는 것을 말해준다.

　『고려사』에도 수박(手搏) 또는 수박희(手搏戲)가 자주 보인다. "이의민(李義旼)은 수박을 잘하여 의종이 그를 대정(隊正)에서 별장(別將)으로 승진시켰다", "의종이 무신에게 명하여 오병수박희(五兵手搏戲)를 하게 했다", "장사들에게 수박희를 시켜서 이긴 자에게는 상으로 벼슬을 올려주었다", "왕이 상춘정(賞春亭)에 나가 수박희를 구경했다", "왕이 화비궁(和妃宮)에서 수박희를 구경했다" 등의 내용이다.

　이런 기록들은 당시 고려사회에서 맨손무예를 왕이나 귀족들이 즐겨 하였고, 민간에 이르기까지 폭넓게 전파되고 있었음을 확인해 준다. 그리고 수박희가 고위 무관의 승진기준이 될 만큼 제도적으로 장려되어 왔음을 알 수 있다. 이와 같은 경향은 조선시대 초기까지 이어졌으나 조선 사회가 차츰 문존무비 사조로 흐르면서 무예가 지배계층으로부터 소외되기 시작했다. 택견과 같은 맨손무예는 조선 말엽까지 기층민중들에 의하여 전승되고, 때에 따라 무과의 시재가 되기도 하였다.

정조(正祖, 1777~1800) 때 간행된 『재물보(才物譜)』에는 『고려사』, 『왕조실록』에 나타나는 '卞' '手搏' '角力' '武' 등의 한자 용어가 곧 '택견'이라고 밝히고 있다. 18세기 궁중 화원 신윤복, 혜산(惠山) 유숙, 기산(箕山) 김준근의 풍속도에도 씨름과 택견이 함께 그려져 있어 당시에도 택견이 대중화되어 있었음을 보여준다.

요즘은 무술에 대해 신비주의적 생각을 갖고 있는 사람들이 많지 않지만, 80년대에는 축지법을 쓰고, 도술을 부리는 도인들이 있을 것이라 믿는 사람들이 많았다. 그래서 1985년 1회 경기 때 송덕기 선생님과 신한승 선생님이 오신다고 하니, 도사님이 오시는양 잔뜩 기대에 부풀어 택견경기장을 찾은 사람들도 있었다. 1회 택견대회를 마치고 송덕기 선생님은 많은 불만을 토로하셨다. 경기가 옛날 모습과 다르다는 것이다. 그런데 어떤 점이 어떻게 다른지 자세한 설명없이 "이건 아니야!"라고만 하셨다.

그뒤 어린이들만 하는 애기택견경기, 전국체전에 대비하여 체급별로 하는 치우기 대회, 대학생들만 참가하는 대학결련택견, 영호남대회, 우수팀들만 참가하는 대회, 무체급 개인 명인전 등 수백회의 경기를 하면서 경기규정을 수정해 왔다. 택견의 기본기술이 적용되고, 송덕기 선생님께서 말씀하신 모습이 나오게끔 경기 때마다 분석을 하고 연구해서 많은 발전을 하였고, 그리하여 옛 택견 모습에 많이 접근하였다고 본다.

택견을 두고 무술이냐 경기냐, 혹은 춤이냐 논란도 많았다. 사전에는 '두 사람이 마주서서 차서 쓰러뜨리는 경기. 각희' 라고 나와 있다. 택견 자체를 무술이다, 경기다 단정짓는 것은 단편적인 견해라 생각한다. 복싱선수가 주먹을 날렸을 때 '싸웠다' 고 하지 '복싱' 한다고 하지 않을 것이다. 축구선수가 공을 차듯 뻥~ 차서 치한을 잡았을 때, 그냥 찬 것이 아니라 무술을 한 것이라 봐야 할 것이다. 이처럼 상황에 따라 달라지는 것이다.

택견은 기본동작과 기술형태로 봤을 때 경기임에 틀림없다. 물론 '옛법' 이라고 하여 상대방에 고통을 주어 제압하는 기술도 있지만, 송덕기 선생님께서는 경기에서 사용해서는 안된다고 하셨고, 또 그 옛법이라는 기술은 몇 가지 안된다. 대부분의 기본기

택견경기대회 책자 모음

술은 상대방을 안 아프게 하고, 상대방이 넘어질 때도 목덜미를 안전하게 잡아주면서 넘어뜨린다.

경기는 규칙에 따라 모습이 달라진다. 공을 발로 차는 축구, 손으로 던지는 미식축구, 손으로 던진 공을 방망이로 치면 야구, 굴려서 핀을 넘어뜨리면 볼링이 되는 것처럼, 모양은 다르지만 공을 어떻게 하느냐, 즉 규칙에 따라 달라지는 것이다.

택견의 규칙은 상대를 안 아프게 차고, 한발을 상대방 앞에 내어주고, 옷을 움켜잡지 않고, 주먹을 사용하지 않는다는 등의 규칙이 있다. 그러나 싸움을 할 때는 이와 반대로 하면 될 것이다. 이때 내 몸을 얼마나 내 마음대로 사용할 수 있느냐가 중요하다고 생각한다.

비유하자면 칼이라는 것은 날이 시퍼렇게 살아있어야 생명력이 있는 것이다. 그 날카로운 칼을 어떻게 사용하느냐에 따라 흉기가 되기도 하고, 생활용품이 되기도 하는 것이다. 그래서 무술이냐 경기냐 하는 것은 어떤 목적으로 하느냐에 따라 달라진다고 생각한다.

1985년 6월 30일 부산 구덕체육관에서 세 단체 18명이 참가하여 제1회 대회를 열었고, 이 대회에서 부산팀이 1위를 하고, 충주팀이 2위를 하고, 서울팀이 3위를 했다. 제1회 대회 참가선수 명단은 다음과 같다.

부산 : 정수은 조광묵 이용일 박준보 박상문 김지민
서울 : 도기현 이호범 주정훈 신재민 권수일 정유근
충주 : 박만엽 양만하 전용훈 김정한 정철용 이영재

수원화성 연무대. 생활체육택견대회에 모인 선수들(2005년)

1991년 11월 24일 부산 구덕체육관에서 충주가 불참한 채 택견계승회와 함께 제2회 대회를 열었다. 그리고 1992년 11월 8일 제3회 대회가 동국대학교 체육관에서 서울에서는 처음으로 열렸다. 충주팀과 계승회도 함께 시연을 했는데, 정경화씨는 특별 시연을 하기로 해놓고 늦게 와서는 단상에 앉아 있다가 갔다.

이후 전국택견대회는 1998년 제9회까지 진행되다가 1999년 대회부터 '문화관광부장관기 국민생활체육 전국택견대회'로 명칭이 바뀌었다. 최근에는 1,500명이 넘는 선수가 참가하고 있으니, 1회 대회와 비교해 보면 양적으로나 질적으로 엄청난 성장을 한 것이다.

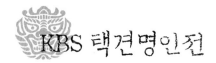

KBS 택견명인전

택견이 크게 성장한 상징은 TV를 통해 택견경기가 중계방송되었다는 점이다. 2005년 6월 18일 용인대 체육관에서의 제1회 KBS-SKY 택견명인전을 시작으로 2년간 내려오고 있다.

가끔 교양 프로그램이나 스포츠 뉴스 시간에 택견이 소개되는 일은 있었지만, 이렇게 택견경기를 간판으로 고정 프로그램이 생겼다는 것은 대단한 일이다. 처음 녹화할 때는 선수, 심판, 임원 모두가 너무 긴장한 나머지 제대로 실력발휘를 못해 아쉬움을 많이 남겼으나, 두 세 번 이어지면서 선수들이 카메라 앞에서 세레머니까지 하는 여유도 생겼다.

촬영 스탭들도 택견기술을 많이 알게 되었다. 특히 강준형 아나운서는 택견 전문가가 되었다. TV의 위력이 대단함을 실감하게 되면서 공중파 방송에서 더 좋은 시간대에 할 수 있다면 하는 욕심이 생기는 것은 필자만이 아닐 것이다.

녹화 날 오전 10시에 모여 룰에 대한 회의를 하고, 오후 2시부터 7시까지 녹화를 한다. KBS 명인전에서 김영진, 문영철, 긴상민, 장인재, 김정구 등 유명 선수들이 택견계 스타 탄생을 하였다. 선수 못지않게 인기를 누린 심판들도 많이 있다. 필자는 항상 감독심을 보았는데, 멋진 장면이 나올 때는 필자도 모르게 함성을

지르기도 하고, 경기에 몰입하다보면 몸이 들썩일 때도 많다.

한 가지 아쉬운 점은 필자는 한 번도 경기를 뛰어보지 못했다는 것이다. 팔자가 한참 운동을 할 때는 여자 선수가 없어 여자 경기가 없었고, 여자 경기가 가능할 때에는 고단자가 되어 선수로 뛸 수가 없었다.

■ KBS SKY 명인전 입상자

회	날 짜	장 소	1위	2위	3위	4위	5위	6위	7위	8위
1	05.6.18	용인대학교	문영철	김현준	김영진	박한철	김흥구	서상신	이홍표	김덕환
2	05.7.23	창동고교	장인재	김정구	한민수	김영진	이종범	김흥구	문영철	박정수
3	05.8.13	공주농고	김영진	박주덕	김상민	문영철	이혜선	장인재	이종민	김재훈
4	05.9.25	안산와동체	손영준	장인재	김원조	문영철	김영진	김현준	한민수	유철종
5	06.1.21	잠실체조관	김상민	장인재	김영진	이종범	한민수	서정우	김원진	김흥구
6	06.2.25	잠실체조관	김영진	장인재	류기욱	박태준	김원진	박주덕	이종범	김재훈
7	06.4.16	여수정보고	김영진	김현준	안철현	문영철	주부화	이종범	서문교	김재훈
8	06. 9.9	군산대학교	김영진	전종엽	안형수	서문교	박상민	박태준	류기욱	이종범
9	06.12.23	용인대학교	문영철	김정구	장인재	김현준	류기욱	김원진	서문교	전종엽
			박정인	박은혜	임미영	우상규	–	–	–	–
10	07 3. 1	학생체육관	김정구	안철현	박상민	장인재	한민수	조민제	문영철	서정우

■ 택견최고수전

회	날 짜	장 소	1위	2위	3위	4위	5위	6위	7위	8위
6	05.5.28	성남여성문화회관	김현준	문영철	장인재	김영진	김상민	김흥구	한민수	최재영
7	06.5.28	남산한옥마을	김영진	김상민	이종범	서문교	안철현	문영철	김현준	한민수
8	07. 4.3	올림픽제3체육관	김정구	장인재	김영진	안철현	서훈희	이근일	박병수	박태준

■ 천하택견명인전

회	날 짜	장 소	1위	2위	3위	4위	5위	6위	7위	8위
10	05.12.24	동대문구체	김정구	김영진	손영준	김현준	김상민	문영철	김원진	최일용
11	06.10.2	올림픽공원	김영진	서문교	장인재	안철현	박태준	안형수	류기욱	김정구

새 출발

어디에서나
출발점이 될 수 있다.

한국여성택견연맹

2004년 7월 31일 한국여성개발원 국제회의실에서 여성택견연맹이 탄생하였다. 여성연맹이 있는 경기단체가 몇 안되는데, 특히 무술단체에서의 여성연맹 출범은 대단한 일임이 틀림없다.

한국예술종합학교 남정호 교수님을 고문으로 모시고, 고연호 씨가 초대 회장을 맡았다. 그리고 필자가 부회장을 맡고, 피아니스트이자 원주대 교수인 이선희 선생이 전무이사를, 천은미 관장이 총무이사, 임미영 관장이 경기이사, 신오남 선생이 홍보이사, 허선경 관장이 심판이사, 안영주 선생이 감사를 맡았다.

모든 것을 여성들이 준비하다보니 세심하고 꼼꼼하게 하려고 애를 많이 썼다. 작은 예산으로 음식을 차리느라 이선희 전무님과 제자들이 수고를 많이 했었다. 이 날 축하해 주기 위해 이미경 국회의원님이 특별히 참석해 주셨으며, 남정호 교수님의 특강도 있었다.

다음해 12월 24일 동대문구체육관에서 첫 여성연맹회장기 대회를 성대하게 열었다. 이 대회에는 한국여성스포츠회 이덕분 회장님, 정현숙 부회장님, 강영신 전무이사님, 송희자 이사님께서 참석해 주셔서 여성연맹 출범의 의의를 더 깊게 했다. 여성택견연맹은 매년 한국여성스포츠회에서 주최하는 전국여성체육대회에도 참가하고 있다.

여성택견연맹 창립총회

제1회 여성택견대회

한국여성스포츠회

　이용복 회장님께서 "그 동안 많이 쉬었으니 이제부터 다시 활동을 해야 하지 않겠느냐"며 한국여성스포츠회 이사로 취임할 것을 권하셨다. 큰선생님은 국민생활체육협의회에서 이사로 함께 활동하고 있는 사라예보의 탁구 여왕, 우리 체육계의 스타인 정현숙(현 KOC 부위원장)님과 친해지셨다. 이를 계기로 여성스포츠계에 택견을 참여시킬 계획을 가지고 계셨던 것이다. 나는 전수관 경영에만 집중하고 싶었지만, 택견을 떠나지 못하고 복귀한 이상 할 수 있는 역할을 열심히 해야겠다고 마음먹었다. 그래서 2005년 3월 한국여성스포츠회 이사로 취임하게 되었다.

　한국여성스포츠회는 은퇴한 국가대표 선수들이 모여, 현역시절 국가와 국민의 성원으로 태극 마크를 달고 국위선양을 할 수 있었던 것에 보답하기 위해 설립되었다. 이덕분 회장님을 비롯한 임원들이 모두 유명 국제경기 메달리스트다. 택견이 올림픽이나 아시안게임 등 국제 스포츠 종목도 아니고, 더욱이 메달리스트도 아닌 내가 이사로 함께 한다는 것이 다소 부담스러웠다. 그러나 이덕분 회장님의 배려와 선배 이사님들이 모두 따뜻하게 맞아주셨기에 금방 적응할 수 있었다.

　처음 이사회에 참석할 때는 신참이라 좀 빨리 간다고 30분 일찍 갔다. 조금 일찍 왔으리라 생각하며 사무실 문을 열고 들어서는데, 이미 거의 다 와 계셔서 깜짝 놀랐다. 회의 때마다 모두 미리 와서 다정다감한 이야기를 나누다가 정시에 회의를 시작한다. 그리고 간략하면서도 깔끔하게 회의를 마치는 것을 보고 여성스포츠회의 분위기를 알 수 있었다.

여성스포츠회에서는 전국어머니종합체육대회*를 비롯하여 배드민턴대회, 탁구대회, 테니스대회, 지도자 세미나 등 많은 사업을 하고 있다. 동호인들이 아주 많은 종목의 경기대회를 볼 때마다 우리도 언젠가는 저렇게 성대한 대회를 치를 수 있겠지 하는 부러운 마음이 들었다. 그리고 각종 행사 때 가보면 선수나 임원 모두 늦게 오는 경우가 없고, 늦게 마친다고 투정부리는 사람도 없으며, 솔선수범하는 봉사정신이 몸에 배어 있음을 느낄 수 있었다.

2005년 9월 24~25일 충주에서 전국어머니종합생활체육대회가 열렸다. 여성스포츠회에서도 지방 개최는 처음이라 준비하는 데 상당히 신경을 많이 썼으며, 또 어려운 점도 많았다. 택견으로서는 두 번째 참가하는 대회로, 특히 충주택견이 있는 곳이라 더욱 신경 쓰였던 게 사실이다. 여성스포츠회 임원님들은 충주택견과 대한택견협회의 관계를 잘 모르는데, 그 긴 세월 동안의 이야기를 구구절절 설명드리기도 그렇고하여 필자의 심적 부담이 컸다.

자세한 내막을 모르는 여성스포츠회에서는 충주의 택견전수관을 대회장소로 선정해 두어, 필자가 좀 신중히 검토한 후 결정

* 2007년부터 전국여성체육대회로 변경함. 탁구, 배구, 농구, 테니스, 핸드볼, 볼링, 자전거, 배드민턴, 생활체조, 태권도, 택견, 당구 등 12종목.

해야 할 것이라고 말씀드렸다. 우리야 그곳에서 대회를 치루는 데 별 문제가 없지만, 충주택견에서 어떻게 받아들일지 모르는 일이었으므로 정경화 선생측과 박만엽 선생측의 의사를 확인해 보는 것이 좋을 것이라 생각했다.

몇 차례 논의 끝에 충주시와 충북생활체육협의회에서 장소를 삼원초등학교로 변경하였다. 그런데 이번에는 축하시연 문제로 또 신경을 곤두서게 만들었다. 충주시청측에서, 택견대회를 하니 충주 택견인들이 환영의 의미로 시연을 하면 어떻겠느냐고 제의를 해온 것이다. 우리는 그렇게 하라 하고, 충주에 택견단체가 2곳 있는데 어느 단체에서 할 것인지 물었더니 잘 모르겠다며 직접 알아보라는 것이었다. 두 단체에 전화를 해보니 아무도 한다고 한 일이 없다는 것이었다.

다시 충북생활체육협의회에 전화를 했더니 한국전통택견회 사무국장과 통화하라고 했다. 필자는 실무를 준비하기 위해 몇 명이 오는지, 시연시간은 몇 분이나 할 것인지 알려달라고 했다. 세부사항은 알려주지 않고 시연을 한다고 했다가 안한다고 하는 둥 몇 번을 번복하더니, 대회 이틀 전에 없었던 일로 하자며 통보해 왔다. 그 변덕스러운 내용을 여성스포츠회에 보고하는데 상당히 민망했다. 다행히 택견경기가 성대하게 잘 치루어져 좋은 평가를 받아 위축되었던 마음이 조금 풀어지긴 했지만, 안타까움은 가시지 않았다.

대회가 끝난 후 충주시장의 환영 리셉션이 있어 저녁만찬을 하는데 박찬숙 이사님이 필자를 부르셨다. 그 테이블에는 농구협회 회장님과 어른들이 앉아 계셔서 부담스러웠는데, 택견하는 여덕 이사라고 소개시켜주며 앉기를 권하셨다. 필자가 어려워하자 분위기를 풀어주시려 농담을 했다.

"여덕, 더덕 먹어봐~ 여덕, 더덕 먹어봐~! 진짜 맛있다."

그 재치있는 한마디에 모두 하하하 웃으며 맛있게 만찬을 즐겼다.

여성스포츠회에서는 여러모로 배우는 것이 많다. 일을 배우는 것도 좋지만, 사람들에게서 느끼는 정이 더욱 좋은 것 같다. 항상 소녀같으신 이덕분 회장님, 그리고 정현숙 부회장님과 강영신 전무님, 양정순 부회장님, 백옥자 부회장님 모두 너무 좋은 분들이라 함께 할 수 있다는 것만으로도 가슴 뿌듯함을 느낀다. 그리고 유도의 김미정 이사, 소프트볼 전문숙 이사, 하키의 진원심 이사, 배구 지경희 이사, 볼링의 이지연 이사, 그리고 필자와 동기인 당구 고윤송 이사 등은 나이차가 별로 없어 친하게 지내는 편이다.

엘리트 운동선수들이 무뚝뚝할 것이라 생각하는 사람들도 있는데, 평범한 여성들과 다를 게 없다. 어떤 면에서는 더욱 섬세하고 여성스러운 면이 많기도 하다. 시댁 이야기, 남편 이야기, 애들 이야기(필자야 그런 이야기 할 게 없지만)들을 할 때 보면 영락없는 여자들이다. 성실성, 인내심, 긍정적인 생각, 봉사하는 마음, 그런 것들이 몸에 깊이 배여 있음을 느낄 수 있다. 그래서 운동선수 출신 여성을 1등 신부감으로 추천하고 싶다.

여성스포츠회에서는 매년 한 종목씩 돌아가며 지도자연수회를 개최한다. 2006년 지도자연수회를 택견위원회에서 주관해 보라는 임원님들의 권유로 5월 27일 올림픽 파크텔에서 130명이 참

단양에서의 대통령기대회

작은 키 덕분에 김운용 회장님과 이연택 회장님 앞에 섰다

가한 가운데 여성택견지도자 세미나까지 치렀다. 행사를 축하해주기 위해 전국의 핵심 지도자들도 함께 자리했는데, 여성지도자 세미나에 남성분들이 함께 해줘 택견인들의 단합된 힘을 보여주었다.

정현숙 부회장님은 단양탁구팀 감독으로 계신다. 정현숙 단장님의 주선으로 제3회 대통령기 전국택견대회를 2006년 11월 18일 단양에서 멋지게 치를 수 있었다. 그리고 제15회 아시안게임이 12월 카타르 도하에서 열렸는데, 우리 선수들을 이끄는 단장에 정현숙 부회장님이 선임되셨다. 역대 올림픽과 아시안게임에서 여성이 선수단장으로 선임된 것은 처음이라고 한다. 탁구 국가대표 출신인 정현숙 단장은 1973년 이에리사 태릉선수촌장과 짝을 이뤄 사라예보 세계선수권대회에서의 단체전 우승 주역이셨다.

아시안게임 출정식이 올림픽공원 제3체육관에서 있었는데, 700여 명의 선수들과 각계각층의 축하객, 취재진들이 많이 모였다. 첫 여성단장이라 식이 끝나자마자 정현숙 단장님에게 취재진이 몰렸다. 인터뷰 하는 사진을 찍어드리고 있는데, 누군가 "여덕, 빨리 와!"라고 불러 돌아보니 단상에 여성스포츠 임원들이 단체사진을 찍으려고 줄을 서 있었다. 필자도 급히 올라가 뒷줄에 섰다.

"어머, 여덕 안보이겠다. 앞으로 가!"

박찬숙 이사님은 필자가 키가 작아 사진에 안 나올까봐 자꾸 앞줄로 가라고 하시는데, 어른들 계신 앞줄을 감히 갈 수가 없어 그냥 뒷줄에 섰다.

"여덕, 까치발 들어!"

"까치발 들은 건데요."

사진촬영이 끝나고 까치발을 들었음에도 보일락말락하는 필자를 모두 안쓰럽다는 듯이 바라보았다.

얼마 뒤 '윤곡상' 시상식이 있었다. 윤곡상은 88 서울 올림픽의 성공적인 개최를 영원히 기리며 올림픽 정신의 확산 보급과 한국의 여성스포츠 발전을 위하여 공이 있는 여성 스포츠인에게 김운용 IOC 부위원장께서 수여하는 상이다. 대한체육회 가맹단체 종목 중 여자선수 출신으로 현재 일선에서 활동하고 있으며, 스포츠 발전에 기여한 45세 이상의 여성과 한 해 동안 각 종목에서 우수기량을 발휘한 여자선수가 후보가 된다.

시상식을 마치고 단체사진을 찍을 때 이덕분 회장님께서 아시안게임 출정식 때의 일이 생각나셨는지 키 작은 사람은 앞으로 서라고 하셨다.

뒤쪽에 계시던 정현숙 단장님과, 박찬숙 이사님이 앞에 있는 필자가 안보였는지 "여덕, 어디 있어? 여덕, 안 보인다" 며 찾으셨다.

"네~ 저 앞에 있습니다" 했다. 아마 다른 분들은 왜 그러는가 하셨을 것이다. 이럴 때는 작아서 행복하다. 그리고 이렇게 항상 챙겨주시는 것이 너무 감사하다.

기나긴 여정

단거리 일거리 생각하고
출발했는데 뛰고 보니
마라톤이었다.

1991년 10월 대한체육회 가맹신청 2007년 2월 정가맹 승인

 제자리 찾기

가끔 회원들이 "대한체육회 가맹은 왜 하려는 거예요?"라고 묻는다. 그러면 필자도 스스로에게 묻곤 한다. 왜 하려는 것일까? 이유를 몰라서가 아니라 너무 오랫동안 힘든 시간을 지내오면서 지친 자신에게 물어보는 것이다. 요즘 모 방송에서 '위대한 유산 74434' 운동을 하고 있다. 해외 나가 있는 잃어버린 우리 문화유산을 찾자는 운동인데, 여기에 '택견 제자리 찾기 운동'도 하자고 해보고 싶다. 국내에 있는 문화유산 중에도 바로잡아야 할 것들이 택견 말고도 많이 있는 것으로 알고 있다.

1991년 1월 사단법인 대한택견협회가 설립되고, 그해 10월에 대한체육회에 가맹신청서를 내었다. 그런데 대한체육회에서는 문화재 보존단체인 타 단체와 통합을 해오라고 하고, 막상 타 단체들은 반대를 위한 반대만 해서 어려움이 많았다.

우리는 그냥 앉아 밥상 차려줄 때까지 기다리고만 있을 수 없어 제자리 찾기에 나섰다. 1995년 2월 28일 대의원총회 때 우리의 뜻을 전달하기 위해 200명이 넘는 지도자들이 고의적삼에, 붉은 글씨로 '택견'을 새긴 머리띠와 어깨띠를 메고 문화체육부에 항의서한을 전달했다.

그리고 오후에 대한체육회 앞에 다시 모였다. 날씨가 흐려지더니 찬바람과 함께 싸락눈이 날리기 시작했다. 너무 추워서 잠시 대한체육회 처마 밑으로 눈을 피하려고 갔다. 그런데 경찰은 200m 이내는 들어오면 안된다며 길가로 나가라고 한다. 경찰이 유리문 안에서 겹겹이 둘러싸 진입로를 봉쇄해 버렸다. 회의시간이 다 되었는데도 대의원들이 거의 안보였다. 알고 보니 이미 다른 통로로 다 들어간 뒤였다. 광복 50주년이 되는 해였는데, 택견 가맹문제가 제대로 처리되었더라면 더욱 더 기뻤을 것이다.

대한체육회 가맹 추진운동을 재개하는 결의문

우리 택견협회 회원들은 지난 2000년 1월 8일 대한택견협회 총회에서 김상현 회장으로부터 2월 초에 열릴 예정인 체육회 이사회에서 택견협회를 체육회 승인종목으로 인정하겠다는 김운용 체육회장과의 구두약속이 있었다는 보고를 받고 큰 희망과 기대를 가지고 지켜봐 왔다. 그러나 2월 9일 있었던 대한체육회 이사회에서는 택견에 관한 어떠한 논의도 없었던 것으로 확인되었고, 또 체육회가 95년부터 일관되게 주장하고 있는 충주택견과 통합을 해야 한다는 조건제시만 되풀이하고 있다는 사실을 알았다.

충주택견은 99년 7월 문화재청으로부터 문화재 관련 사단법인으로 인가됨으로써 택견협회와 통합할 수 없을 뿐만 아니라 경기단체로서 체육회에 가맹할 수 있는 성격의 단체가 아닌데도 통합을 하라는 요구는 체육회가 택견을 가맹시킬 의사가 전혀 없다는 것을 확연히 드러낸 것으로 간주한다.

우리는 민족 전래 체육을 이처럼 억압하고 공익법인의 가맹요청을 10년이나 묵살하고 있는 체육회의 처사가 반민족적 행위와 다름 아니며, 이것은 체육회 본연의 직무를 유기하는 위법행위이자 도덕과 양심에 반하는 비열한 작태로써 분노하지 않을 수 없다. 이제 우리는 96년 이후 체육회의 순리적인 수용을 기대하며 중단했던 대한체육회 가맹 추진운동을 전면적이고 강력한 투쟁방식으로 다시 전개할 것을 결의한다. 우리는 가능한 모든 수단과 방법을 동원할 것이며, 체육회의 태도를 보아가며 점진적으로 그 강도와 수위를 높여 나갈 것이다.

이런 우리의 노력에도 불구하고 빠른 시간 내에 체육회가 우리의 요구를 수용하지 않을 때는 당분간 체육회 가맹을 포기하고 체육회의 반민족적 행위에 대한 규탄으로 성격을 바꾸어 투쟁의 강도를 극단화할 것임을 천명한다.

우리는 택견의 체육회 가맹을 단순한 체육종목 하나를 전국체전 종목으로 추가한다든지, 전통문화 하나를 전문체육으로 되살리는 문제의 차원이 아니라, 민족정신 회복이라는 본질적이며 역사적 문제로 인식하고 의병에 나서는 비장한 각오로 이 일을 추진하고자 하는 것이다.

우리는 앞으로 우리가 해나갈 수단과 방법을 미리 공개하여 스스로의 의지를 결연히 다지고, 이를 반드시 실행할 것임을 굳게 다짐한다.

2000년 2월 12일
전국택견지도자 대표 일동

이렇게 결의문과 호소문 등을 통해 우리의 의사를 끊임없이 전달해 왔지만 매번 가맹결정은 유보되어 버렸다.

대한체육회는 1920년 7월 13일, 건강한 육체에 건전한 정신을 함양하여 민족정기를 살리자는 취지로 창설되었다. 일제 강점기 때 한때 해산되는 아픔을 겪기도 했으나 해방과 더불어 부활해 오늘에 이르고 있는 것이다. 이처럼 80여년의 역사를 갖고 있는 대한체육회는 매년 전국소년체육대회와 전국체육대회를 개최하여 스포츠에 대한 국민의 관심과 인식을 높이고, 우수선수 발굴과 스포츠 인구 저변확대에 앞장서고 있다. 그런데도 민족 전통 체육인 택견을 적극적으로 육성해주어야 할 체육회가 택견을 정가맹시켜 주지 않고 있는 것은 어떤 이유일까?

이후에도 매년 이번에는 되겠지 하며 애간장만 태웠다. 대한체육회 가맹을 위해 문화체육부, 충주시청, 문화재청을 좇아 다녔던 일을 다 이야기하려면 책이 몇 권은 나올 것이다. 너무나 힘든 시간들이었기에 2001년 인정단체로 되어 국회 헌정회관 강당에서 3월 9일 축하행사를 열 때 묘한 감정과 함께 기쁨의 눈물이 흘렀었다. 행사장에 부착된 〈먼길을 달려왔다, 이제 날자, 날자〉라는 포스터가 그 동안의 힘들게 달려 왔던 고된 여정을 여실히 말해주었다. 대한체육회 인정단체가 되자 반대를 일삼던 타 단체에서도 조용해졌다.

그러나 2년 동안 거의 움직임이 없던 택견원형보존회에서 2003년 '준가맹' 건이 이사회에 상정된다는 정보를 입수하고 다시 딴죽을 걸어왔다. 이사회 개최 며칠 전부터 문화관광부, 문화재청, 체육회, 각 언론기관 등에 진정서를 보내 극심한 반대를 하기 시작했다. 이용복 회장님은 한국전통택견회, 결련택견계승회 등과 논의하여 "대한택견협회가 체육회에 준가맹된 후 함께 협회에 참가하는 것을 조건으로 더 이상 대한택견협회가 단독으로 체육회에 가맹하는데 이의를 제기하지 않을 것을 합의한다"는 합의문을 이끌어내었다.

그러나 정경화 선생이 이끌고 있는 택견원형보존회에서는 합의문 서명을 거부하고 줄곧 반대의사를 밝혔다. 2003년 2월 11일, 이용복 회장님이 대한체육회 이사회에 출석하여 준가맹에 대한 당위성을 설명하였다. 이사 한 사람이 타 택견단체의 반발이 있으니 조정한 후 가맹시키자는 의견을 내는 둥 긴장된 분위기 속에서 어렵게 준가맹건이 가결되었다.

그리고 또 2년이 흘렀다. 이제는 정가맹이 되는 수순이다. 또다시 충주택견인들이 반대시위를 하지 않을까 걱정이 되었는데, 역시 기대(?)를 저버리지 않았다. 정경화 선생은 예전보다 더 극심한 반대시위를 시작했다. 대한체육회 앞에 봉고차로 천막을 치고 '무형문화재 택견살리기 무기한 묵언단식중, 택견인간문화재 정경화'라는 현수막을 걸어놓고 '택견 죽이기'를 하고 있었던 것이다.

임채정 회장님이 의장으로 있는 열린우리당 당사 정문 앞과 지역구에서 매일 1인시위를 했다. 국정에 바쁜 임채정 회장님을 '문화재를 훼손하는 나쁜 국회의원'이라 인신공격성 발언을 하며 국회 의원회관에서도 난동을 부렸다. 사태가 심각해지자 김대현 선생이 위원장, 필자가 부위원장으로 비상대책위원회를 구성하였다. 김대현 위원장과 함께 충주로, 대전 문화재청으로 쫓아다니며 우리의 입장을 피력했지만, 결정권을 갖고 있는 대한체육회가 움직이지 않는 이상 우리의 뜻이 이루어질 수가 없었다. 우리는 이를 계기로 문화재청에 택견 원형을 바로 잡아보려 노력하였다.

문화재청에 요구한 것은, 현 기능보유자가 본연의 업무에 충실하도록 관리감독을 철저히 해 줄 것, 정경화 선생의 주장만 듣고 문화재청에서 대한체육회에 이상한 공문을 더 이상 보내지 말 것, 현재 문화재로 등록되어 있는 택견원형을 재조사해 달라는 것이었다. 문화재청 관계자는 꿈쩍도 하지 않았다. 택견에 문제가 있음을 인정하면서도, 택견만의 문제가 아니기에 택견을 건드리면 타 문화재도 수정해야 하므로 들어줄 수 없다는 것이다.

　답답하고 안타까웠다. 대한택견협회는 체육 관련 법인으로 대한체육회에 가맹하는 것은 당연한 일이니 문화재청에서 왈가왈부할 사안이 아니므로 다시는 이상한 공문을 보내지 않겠다는 확인서를 써달라고 했다. 담당 과장은 자신의 이름을 걸고 구두약속은 해 줄 수 있지만, 문서로 만들어 줄 수는 없다고 했다.

　대전에 간 김에 대전협회 김정기 회장의 주선으로 정경화 선생의 제자 안××씨를 만나 몇 시간 이야기를 나누었다.

　그 사람은 "국가에서 인정한 문화재 택견을 왜 부정하느냐! 잘못된 것이 있으면 보완하면 될 것이지, 무효확인소송까지 한 것은 너무한 거 아니냐"며 필자에게 따져 물었다.

　"콩만 담겨있어야 할 그릇에 팥이랑 돌이 섞여 있는데, 거기에 콩을 조금 더 넣는다고 모두 콩이 되겠어요? 돌과 팥은 가려내고 콩만 담아야 되지 않겠어요!"

　"어쨌든 국가에서 지정한 것인데 부정하면 안되지!"

　"국가에서 한 것이라도 잘못된 점이 있으면 국민이 바로 잡아야 되는 거 아닌가요?"라고 했더니 나이가 좀 많다는 것으로 택견 경력이 훨씬 오래된 필자를 제압하려 했다.

찻집 주인은 다투듯 논쟁을 벌이는 우리가 싸움이라도 할까 걱정스러운 표정으로 귀 기울여 듣고 있었다. 다행히 찻집에는 다른 손님이 없었다. 택견에 애정을 갖고 열심히 하는 것은 좋지만, 제대로 알지 못하고 억지만 부리는 것이 답답해 보였던 필자는 묻는 대로 답변해 주었다. 이렇게 두 사람의 대화는 평행선만 달리다 헤어졌다.

정경화 선생의 '노력' 으로 대한체육회 가맹은 6개월 유보되었다. 그런데 그 6개월이 1년이 되어 2006년을 넘기고, 2007년이 되어서야 드디어 정가맹이 되었다. 정가맹이 되어 무척 기뻐야 할 텐데, 그 동안 너무 힘들어서였는지 기쁘게만 느껴지지 않는다. 적당히 배가 고플 때 간단한 먹을거리라도 주면 정말 고맙지만, 너무 지쳐 쓰러지기 직전에 진수성찬을 차려주면 고마움보다는 허탈감이 밀려오는 것처럼 정가맹 문제가 너무 오래 끌었다는 생각이다. 좀 더 일찍 되었더라면 하는 아쉬운 마음은 여전하다.

대한체육회 가맹 추진 상황

91. 1. 14	사단법인 대한택견협회 인가 획득. 동년 10월 대한체육회 가맹 신청.
93. 2.	임채정 의원(문공위 소속), 김운용 회장으로부터 가맹을 적극 돕겠다는 구두약속 받음.
10. 15	김상훈 회장, 이용복 부회장, 체육회 김운용 회장 방문, 택견 내부 통합을 요구받음.
94. 11. 23	대한체육회로부터 충주의 문화재 보존단체인 한국전통

택견회와 통합하여 전국통할단체로 인정되어야 검토대
상이 될 수 있다는 회신을 받음.

95. 2. 28   문체부, 체육회 앞에서 협회 지도자, 회원 200명 시위,
결의문 전달.

9. 29   국정감사시 박종웅의원 질의에 대해 대한체육회 회장으
로부터 '택견 내부 통합문제' 답변 청취.

96. 1. 6   대한체육회 가맹규정상 전국통할의 의미는 경기단체에
한정하여야 하므로 가맹수락을 해달라는 공문 발송.

1. 8   체육회 규정 적용의 유권해석 질의서를 문체부에 발송.

1. 18   체육부로부터 한국전통택견회를 배제하고 대한택견협
회 단독으로 체육회 가맹심의가 불가하다는 회신 접수.

1. 18   문체부로부터 체육회 의견에 동의한다는 유권해석 접수.

97. 11.   김상현 회장, 김운용 회장 조찬, 체육회 가맹 논의.

98. 1. 5   김운용 회장실 방문(회장, 부회장), 김운용 회장 사무차
장에게 가맹 처리하라는 지시를 함.

4. 21   김운용 회장과 회동, 협회 단독 승인종목 합의.
김운용 회장이 이용복 부회장에게 체육회 사무총장과
실무처리할 것을 피력.

5.   대한체육회 사무차장, 충주와의 통합을 강력히 요구함.

9. 8   대한택견협회 회장, 체육회 사무차장, 정경화 협의, 체
육회측의 국민생활체육협의회 가맹 제의에 대하여 정경
화 9월 말까지 입장 결정을 약속.
충주택견 2개로 분열, 각각 법인설립신청서 제출, 충청
북도 반려

10. 16   이용복 회장, 정경화 등과 충주에서 회동.

11. 13   국체협 중재로 이용복, 정경화 국체협가맹 합의.

11. 16   충주측과 대한택견협회 회동, 생활체육전국택견연합회
          창립 합의.

11. 23   택견연합회 창립 합의각서 작성(김상현, 최수영, 정경화).

11. 30   전국택견연합회 창립 총회.

99. 7. 28   한국전통택견회 문화재 관련 사단법인 인가.

11. 20   김상현 회장, 김운용 회장으로부터 가맹수용 약속을 받
          고 가맹신청서 재제출 지시.

12. 18   대한체육회 가맹신청서 다시 제출.

2000. 1. 5   김상현 회장, 김운용 회장으로부터 재차 2000년 첫 이사
            회 및 대의원총회에서 승인종목 결의하기로 확인.
            사무차장은 충주와의 통합을 전제조건으로 내세움.

   2. 1   사무차장 면담보고를 청취한 김상현 회장, 농성장에서
          김운용 회장과 통화, 협회 단독가맹 약속 재확인.

   2. 9   체육회 이사회에서 택견가맹 건 상정하지 않음.

2001. 2. 2   대한체육회 인정단체 승인.

2003. 2.   대한체육회 준가맹 승인.

2005. 2.   정경화, 충주를 떠난다며 삭발, 가맹반대 단식농성.

2006. 2.   6개월 유보, 택견단체 통합 요구.

2007. 2. 26   대한체육회 정가맹 승인.

역사적인 날

2007년 2월 8일 오전 10시, 대한체육회 이사회가 열리기 때문에 택견협회 사무처에 수도권 관장들이 모두 모였다. 이번 이사회에 꿈에도 그리던 '택견 정가맹건' 이 안건으로 들어 있기 때문이다.

함께 잘 해보자고 각서까지 썼던 정경화씨가 다시 변심하여 대한체육회 가맹을 반대한다는 내용의 문서를 회의 이틀 전에 대한체육회로 보냈다. 대한체육회 김정길 회장도 확실히 승인해 주겠다는 말은 하지 않고 있어, 이번에도 또 안되는 것 아닌가 하는 불안감을 떨쳐 버릴 수가 없었다.

간단히 자장면 한 그릇씩 먹고 모두 대한체육회로 향했다. 부슬부슬 비가 내리는 을씨년스러움은 불안감을 더욱 가중시켰다. 체육회 앞에 도착하자 1995년 진눈깨비가 내리던 엄청 추웠던 날 시위했던 생각이 나 마음이 더욱 착잡해졌다. 그냥 잘되기를 바랄 뿐, 결과가 어떻게 나올지 아무도 예측할 수 없는 상황이었다.

1시 30분부터 이사님들이 회의장으로 들어오기 시작했다. 어성스포츠회 이덕분 회장님(대한체육회 부회장), 박찬숙(부회장), 백옥자(이사), 이은경(이사)도 왔다. 필자는 일일이 손을 꼭 잡으며 택견이 정가맹될 수 있도록 힘써 주실 것을 부탁드렸다. 2시가

대의원총회장 앞에서 택견 가맹을 반대하는 시위

대한체육회 가맹축하 행사장에서
김미화씨와 함께

되자 준가맹단체 대표 1명, 참관인 1명씩만 입장하고 회의실 문이 굳게 닫혔다.

회의 시작 후 40분쯤 지나 이용복 회장님이 나오셨다. 얼굴 표정에 결과가 나와 있었다. 우리는 모두 함성을 질렀다. 여기저기 가맹승인이 났다는 연락을 하고, 축하전화를 받고, 분주해졌다. 필자도 즉시 회원들에게 이 소식을 문자 메시지로 전했다. 기쁘기도 하면서, 한편으로는 실감이 나지 않았다. 함께 기다리고 있던 박만엽 선생도 밝은 표정으로 돌아갔다.

17년의 힘든 여정을 마무리하는 대한체육회 대의원총회가 2007년 2월 26일 올림픽파크텔에서 있었다. 모두들 이사회를 통과했으니 대의원총회는 쉽게 넘어가지 않겠느냐 했지만, 그래도 불안했다. 아니나 다를까, 그날 택견원형보존회측 10여 명이 대의원총회장 앞에 현수막과 호소문을 들고 끝까지 발목을 잡으려고 나타났다.

대의원 총회는 식순에 따라 시작되었다. 다음은 그 날의 진행 과정을 정리한 것이다.

사회자 : 먼저 대한택견연맹 정가맹의 건입니다.

추진배경 및 경과사항을 말씀드리겠습니다. 택견은 1991년 최초로 가맹신청을 하여 2001년 인정단체, 2003년 준가맹 단체로 대한택견협회가 본회의 승인을 받았습니다. 2006년 2월 제6차 이사회에 정가맹 건을 상정하였으나 택견단체간 의견 통합이 안되었으므로 단체간 의견 통합을 위한 6개월의 기한을 주고, 그후 정가맹 건을 논의키로 한 바가 있었습니다.

대한택견연맹은 그후 택견단체들간의 의견통합을 위해 노력하고, 그간의 협의사항을 반영한 정관을 협회 대의원총회 의결을 통해 확정하고 본회에 정가맹 승인요청을 해옴에 따라 지난 2월 8일 본회 제10차 이사회에서 상정되었습니다.

이행실적은, 대한택견연맹은 유사 택견단체와의 협력체계 구축을 위해 유사단체들이 요구하는 명칭변경, 원형보존, 집행부 임원 배분, 경기규정 제정 등을 수용하기 위하여 동 협회 정관을 개정, 대의원총회(2007. 1. 26) 의결을 거쳐 반영하였음. 또한 택견단체의 통합을 위한 택견단체장 회의(1회), 택견발전위원회 회의(3회), 택견대통합주비위(2회 개최) 등을 통하여 택견단체 통합의 대원칙에 합의하고 구체적인 세부사항에 대해 협의중에 있는 것으로 알고 있습니다. 다만, 택견단체간 통합의 대원칙에는 다른 단체와 합의하였으나, 절차와 방법, 시간문제 등과 관련 일부 이견을 보이고 있음.

단체 주요 연혁을 설명드리겠습니다. 2001년 2월 인정단체로 승인, 2003년 2월 본회 준가맹 승인을 받은 바 있습니다. 시도지부 현황 및 산하연맹체로는 16개 시도지부와 1개 연맹체가 있으며, 선수등록현황은 남 1,180명, 여 323명 등 총 1,503명이 등록되어 있습니다.

사회자의 설명이 끝난 후 안건토의에 들어갔다.

김정길 의장 : 다른 의견이 없으시면 하나하나 승인 발표를 하도록 하
　　　겠습니다. 경기단체 가맹요건에 의하여 대한택견연맹 가맹승인
　　　에 이의가 있으십니까? 없으면 가맹되었음을 선포합니다.

의사봉을 들고 치려는데, 의장 의장! 누군가 고함을 질렀다.

김정길 : 네, 말씀하십시오. (방망이를 내려 놓으며)

궁도 대의원 : 저는 궁도협회 회장입니다. 그러지 않아도 생활체육과
　　　대한체육회의 관계가 상당히 갈등과 문제점이 많은데 저의 대의
　　　원들에게 호소문이 와 있어요. 그냥 이사회 결의됐다고 가맹단
　　　체를 만들어 놓으면 나중에 반대하는 쪽에서 문제가 발생이 많
　　　이 될 건데, 누가 책임질 것인가! (강조) 이것을 확실히 하고, 심
　　　사숙고해서 승인 여부를 결정해야 될 것으로 보입니다.

김정길 : 또 다른 의견 있습니까? 없으시면 대한택견연맹은 오래전부
　　　터 가맹문제를 가지고 문화재 택견과 갈등이 있었는데, 지난 이
　　　사회 때도 반대하는 유인물을 배포하고 했습니다만, 원칙적으로
　　　큰 문제는 없습니다. 일부 반대한다고 가맹 안시킬 것이냐, 지난
　　　이사회에서 논란 끝에 이 정도 타협이 되었으면 승인해 줘도 좋
　　　겠다 해서 이사회에서는 승인을 받았습니다.

궁도 : 그런데 의장! 제가 말씀드리는 건 이런 유인물이 도착했다는 것
　　　을 대의원들에게 얘기해 주시고, 오랫동안 심사숙고한 가맹단체
　　　이기 때문에 이사회에서는 결의가 된 것 같습니다. 그러나 택견
　　　원형보존협회 총재 정우택씨란 분이 대의원들에게 보낸 거란 말
　　　입니다. 정우택씨는 충북지사 아닙니까? 제가 이 분을 생각할 때

인격적으로 무리한 얘기를 하는 분 같지 않는데, 이런 호소문을 대의원들에게 배포했을 때는 충분한 이유가 있을 것이라 생각 끝에 말씀드리는 것이니까 의장님께서는 대의원들에게 찬의만 묻지 마시고, 의원들 의견을 숙지해서 결정해 주시기를 바랍니다. 저는 예산을 얼마 쓰니 뭐 이런 건 따지고 싶지 않은데, 이 부분은 좀 집고 넘어가야 될 것 같아요! 가맹 후 불상사가 생기면 의장께서 책임을 다 지시겠습니까? (무척 강한 어조로 협박하는 듯한 분위기를 만들었다)

김정길 : 예!

여기저기 몇 사람이 손을 들었다. 발언권을 얻은 검도 대의원.

검도 대의원 : 검도 대의원입니다.

김정길 : 네. 말씀하세요.

검도 : 대한체육회에서 배포한 자료에는 없었습니다만, 저도 여기 문앞에서 호소문을 받았습니다. 검도는 이런 적이 없습니다. 싸우다가 바깥으로 나간 사람들이 생활협회, 무슨 협회 바깥에서 말썽을 부리려고 하는 사람들이 허다합니다. 궁도협회에서 말씀하신대로 이사회에서 결의됐고, 아무도 이의없습니다 하고 넘어간다면 대의원총회가 너무 무력하다든지, 아니면 택견 호소문을 낸 분들에게 대한체육회가 어떻게 보일지 모르겠습니다. 말씀하신대로 여러분의 의견을 들어보시고, 그리고 한 두명이 아니라 적어도 단체장이 직인을 찍어 보냈을 때에는 어느 정도 합당한, 아니면 타당한 이유가 있었으리라 생각하시고, 한번 간단한 토

의를 거친 다음에, 그리고 넘어가도 늦지 않으리라 생각하구요, 저는 택견협회 사정을 잘 모르니까 1년쯤 보류해도 괜찮지 않겠느냐 그런 생각입니다.

김정길 : 대의원 여러분들이 다른 의견이 있으시면 말씀해 주십시오. 정우택 총재는 회의 오기 전에 직접 전화를 받았습니다. 제가 판단할 때는 그렇게 심각한 것으로 생각되지 않습니다. 택견을 꼭 가맹시켜줘야 된다는 분들도 많이 있습니다. 그래서 그런 일들이 몇 년째 되다보니까 그런데요. 저도 유인물을 받았습니다. 이견이 있는 택견원형보존협회는 인간문화재 쪽이거든요. 그래서 문화재단체와 구분되는 것이 있는데, 대의원 여러분이 참작해서 의견을 제시해주시고, 다른 의견이 없으면 가결하도록 하겠습니다.

궁도 : 여러 군데서 연락이 왔다는데 보니깐 회장이 국회의원이시구만? 맞습니까? 택견협회 정장선씨죠! 의장께서는 정우택 회장에게서도 연락을 받았고 택견협회 정장선 회장에게서도 잘 처리해 달라는 연락을 받았다는 거 아닙니까?

김정길 : 네. 맞습니다.

궁도 : 그러니까 사정을 알아야 합니다. 그래서 아까 말씀대로 이 호소문을 배포한 책임자를 불러서 이 자리에서 경위를 들어 본 다음에 결정해도 늦지 않을 것 같습니다. 어떻습니까?

여기저기서 발언권을 얻으려 손을 들었다

레스링 대의원 : 지금 의장님께서 말씀하신대로 큰 문제는 아니라니까 조건부로 승인하면서 체육회 중재 하에, 호소하는 내용하고

택견협회가 합의가 이루어지면 그때 승인해 주는 것으로 조건부 승인을 제의합니다.

회의장 안이 웅성거렸다.

볼링협회 대의원 : 볼링을 맡고 있는 지중섭입니다. 아마 이 자리에 참석하고 계신 대의원님들이 맡고 계시는 경기단체도 크게 작게 다 문제점을 안고 있다고 생각합니다. 경기단체가 어느 한 사람의 힘으로 전부 뭉쳐서 협력을 해나가기는 굉장히 어렵습니다. 택견이 준가맹을 거치면서 정가맹 되어오는 과정에 주도권 싸움이 아닌가 저는 그렇게 생각합니다. 근데 저희 대의원총회에서 그런 주도권 싸움에 호소문 하나 가지고, 여기서 호소문을 담보로 가맹을 시킨다, 이건 오히려 안 시키는 것이 더 낫습니다. 지금 준가맹 심의하는 것도 아니고 정가맹을 심의하고 있는 겁니다. 준가맹 심의과정에 한 3년 동안 대한체육회가 여러가지 관찰을 해 온 결과 대한체육회 이사회에서 택견을 정가맹으로 하자 했으면 우리 대의원총회에서도 심사숙고해야 하지만, 여기에서 정식으로 가맹시킬 것이냐 보류할 것이냐 하는 것은 여러 대의원들의 뜻을 모아 결정해야 된다고 저는 그렇게 생각합니다.

김정길 : 다른 의견 있습니까? 다른 의견이 없으시면, 호소문을 조건부로 해가지고 통과시키는 것은 적절한 것 같지 않습니다. 제 생각에는 이사회를 거친 것이, 특별한 이유없이 호소문 하나 때문에 대의원총회 통과하지 않는다면 그것도 상당히 문제꺼리가 될 수 있습니다. 그래서 대의원 여러분이 판단하시면 되지만, 일단 이

사회를 통과해서 대의원총회 올라온 것이니까 정가맹 승인을 하되, 우리 체육회가 원만하게 해결되도록 중재를 하는 조건으로 해서 그렇게 통과를 시켜주시는 것이 어떨까 합니다. 왜 그러냐 하면 실지적으로 내부 주도권 싸움이 있습니다. 여기에 대의원총회가 말려들면 굉장히 어렵다고 생각합니다. 그래서 전체 대의원들이 모두 합의하는 것도 좋지만, 어느 단체에서든 일부 반대하는 사람들이 있을 수 있습니다. 그 반대하는 몇 사람 때문에 이사회에서 충분한 논의를 거쳐서 대의원총회에 올라왔는데 또 반대하는 몇 사람이 호소문 돌려 보류가 되면 대한체육회의 권위 자체에도 문제가 있다고 생각합니다. 그래서 지난 이사회 때도 이런 유인물이 나왔지만 택견 내부 의견일치가 상당히 많이 해결되었고 일부 조금 문제가 있는 정도는 가맹을 해놓고 수습해도 되겠다는 판단으로 이사회에서 통과를 한 것입니다. 그래서 그런 점을 감안하면서 추인을 해주시고, 그 대신 이 호소문에 들어있는 내용은 대한체육회에서 중재를 해서 최대한 수용되도록 노력을 하는 것으로 했으면 하는 게 개인의 의견입니다. 그러나 여러분들이 그보다 더 좋은 의견이나 방안이 있으면 말씀해 주시면 또 따르겠습니다.

궁도 : 한마디만…

김정길 : 네. 말씀해 보세요.

궁도 : 자꾸 마이크를 잡아 죄송합니다. 혹시라도 생활체육과 지금 대치하고 있는 상황에서 앞으로 큰 문제가 많이 발생될 겁니다. 우리 궁도는 대한체육회 산하에 있는 회원이 200명이면 생활체육 회원이 한 100명 됩니다. 그 100명이 많은 걸 가지고 일을 저지

르고 다닙니다. 또 상당히 골머리를 앓고 있습니다. 앞으로 이런 일이 생길까 염려하는 거지, 반대해서는 아니란 말입니다. 그러나 체육회 회장인 의장님께서 책임지고 이 호소문에 대한 것을 해소하겠다고 하셨으니까 책임지고 이 문제를 해결해 주시기 바라면서 제 의견은 지금 이 자리에서 통과해도 좋지만은, 아까 어떤 분이 조건부 했습니다만 조건부는 좀 맞지 않는 것 같으니깐, 내가 알기로는 몇 십 명 밖에 와 있는 것 같은데, 이 호소문을 낸 단체를 불러 대의원 여러분에게 단 1분이라도 들은 다음 결정을 해도 늦지 않다고 생각합니다. 우리가 이사회 거쳤다고 아무 근거없이 여기서 정가맹으로 넘어가면 되겠습니까? 여러분도 반대 입장에서 한번 서 주세요.

김정길 : 호소문을 돌린 사람들을 이 자리에 불러서 이야기를 듣는 것은 적절하지 않은 것 같습니다. 호소문을 돌린 사람이 실제로 어떤 분인지, 신분이라든지 그 사람이 어느 정도 내부에 지지와 조직을 가지고 있는지도 모르고, 호소문 하나 때문에 대의원 총회장에 불러서 듣는 것은 적절하지 않는 것 같습니다. 그럼 두 가지입니다. 보류할 것인지, 아니면 가결할 것인지만 여러분이 선택하시면 됩니다. 제가 부탁드리는 것은, 다소 이견이 있지만, 이런 부분은 가맹을 시켜줄 때 저희 체육회에서 중재를 해서 최대한 이런 이견있는 분들을 흡수해서 함께 끌고 가는 방향으로 하도록 하겠습니다. 이미 이사회를 통과해서 대의원총회에 온 것이니까 여러분들이 큰 이견이 없으시면 가맹을 승인해 주시면 하고요. 만약 그럼에도 불구하고 보류하자, 그렇게 여러분이 동의를 하면 또 그대로 그렇게 하겠습니다. 그러면 여러분 의견을

개진해 주시기 바랍니다.

누군가 아~ 한탄의 한숨을 크게 쉬었다.

김정길 : 어떻습니까?

볼링 : 제 말씀 하나드리죠.

김정길 : 네. 말씀하세요

볼링 : 방금 의장님 말씀하신대로 정가맹시키기로 하고요, 의장님이
　　　 이 호소문 집단을 만나서 가지고 원만하게 처리가 될 수 있도록
　　　 하는 방법에 동의합니다.

김정길 : 그럼 일단 정가맹 승인을 하고요, 그 대신 정가맹 승인됐다고
　　　 소수의견을 무시하지 않고 충분히 반영될 수 있도록 권유를 해
　　　 서 앞으로 원만히 처리가 될 수 있도록 하겠습니다. 다른 의견
　　　 없습니까?

모두 : 네.

김정길 : 그러면 대한택견연맹 승인 건은 가결되었음을 선언합니다.

　　땅! 땅! 땅!

　　대한체육회 정가맹은 필자에게 또 하나의 선물을 주었다.
2007년 3월 4일 대한체육회 정가맹 행사 때 김미화씨와 영화배우
이혜은씨가 택견홍보대사로 위촉되었다. 김미화씨와는 정말 특
별한 인연인가 보다. 80년대 말 一자 눈썹의 '쓰리랑 부부' 인기
는 대단했었다.

부산에서 비오던 날 택시를 탔는데, 운전기사 아저씨가 깜짝 놀라며 돌아보고는 "혹시 김미화씨 아니세요?" 하고 물었다.

그날 갖고 있던 우산 손잡이가 야구방망이처럼 생긴 것이라 더욱 그래 보였을 것이다.

"닮았다는 이야기를 많이 듣는 편이지만 아닙니다" 라고 했는데도 아저씨는 김미화씨를 너무 좋아한다며 택시비를 극구 안 받겠다고 했다. 그래서 김미화씨 덕에 공짜 택시도 타보았다.

가끔 방송에서 '연예인 닮은 사람 찾기' 같은 프로를 하면 주변사람들이 한번 나가보라고 권하기도 했다. 1993년 「스포츠 조선」 김동국 기자님이 만나게 해 준다던 김미화씨를 2001년 3월 9일 처음으로 만나게 되었다. 국회도서관 대강당에서 대한체육회 인정단체 축하행사가 있었는데, 김미화씨가 축하차 왔다. 행사를 마치고 나가려는 김미화씨에게 김상민 선생이랑 몇몇이 "여기 닮은 사람 있어요" 하면서 만남을 주선하였다. 덕분에 공짜택시 탔던 이야기를 해주었더니, 그랬었느냐며 서로 얼굴을 보고 웃었다. 그리고 6년만에 다시 만나보니 두 사람 다 얼굴이 더 예뻐져 다른 모습이었지만, 키는 똑같았다.

대한체육회 정가맹 행사를 더 빛나게 하고 가슴 뿌듯하게 한 일이 또 있다. 1997년 총회 때 조경제 기자님께 택견협회에서 감사의 뜻으로 전달했던 금일봉을 택견발전기금으로 써 달라며 기탁해서 '경제장학기금' 이 만들어졌었다. 그 동안 기금 모금이 부진하여 안타까웠었는데 이 날 다시 출발을 하게 되었다. 초창기부터 택견 발전에 큰 힘이 되어 주셨던 그린조이*의 최순환 회장님을 이사장으로 모시고 새롭게 출발을 하게 되어 너무 기뻤다. 조경제 기자님께 빚을 지고 있는 기분이었는데, 이제 그 빚을 갚을 수 있게 된 것 같다.

택견이 오늘 이 자리에 오기까지 도움을 주신 분들이 정말 많다. 그분들에게 항상 감사하는 마음을 갖고 있다. 이 날 초대 회장이셨던 김상훈 선생님께서 바쁘신 일로 부산에서 올라오지 못해 많이 서운했다. 그래서 다음날 바로 감사의 마음을 담아 편지를 보내드렸다. 정경화 선생 덕(?)에 힘든 일을 겪으셨던 임채정 회장님께도 그 동안 애써주신데 대한 감사의 편지를 보내드렸다. 직접 찾아뵙고 인사드리고 싶었지만, 워낙 바쁜 분들이라 찾아뵙는 것이 오히려 불편하실 것 같아 시간 날 때 보시라고 편지를 보내드렸다.

필자의 마음이 잘 전달되었는지, 편지 잘 받아 보았다며 더욱 열심히 하라는 격려의 전화를 주셔서 더욱 힘이 났다. 그 동안 도움을 주신 분들께 보답하는 길은 택견을 더욱 열심히 보급하고 키워나가는 일일 것이다. 이제 대한체육회 정가맹이라는 날개를 달고 제자리를 찾았으니, 세계를 향해 힘차게 날아오르면 되는 것이다.

* 1976년 항도섬유로 출발. 1997년 주식회사 그린조이로 법인전환, 2000년부터 캐쥬얼에서 골프웨어로 전환한 부산의 향토우수기업.

아름다운 인연

인연이란
따로 있는 게 아니라
만들어 가는 것 아닐까?

대한체육회 가맹 기념식날
택견홍보대사로 위촉된
김미화(개그우먼), 이혜은(영화배우)

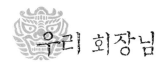

우리 회장님

김상훈 초대 회장님은 1984년 택견연구회 시절부터 택견을 이끌어 주고 계시다. 시조시인이며 전통문화에 애정이 남다르셔서 택견협회 회장직을 6년간 맡아주셨다. 처음 뵈었을 때 「부산일보」 논설위원, 주필로 계셨다. 필자는 김상훈 회장님 앞에 서면 항상 어렵고 조심스러웠다. 회장님은 말씀 한마디 눈빛 하나 표정 하나가 다 시적이시다. 정기총회나 전국지도자회의 때 바쁜 중에도 특강을 해주셨는데, 어찌나 말씀을 맛깔스럽게 하시는지 강의 시간이 금방 지나가 버려 항상 아쉬움이 남았다.

「부산일보」 사장으로 9년간 계시면서 택견에 대한 지원을 아낌없이 해주셨다. 특히 전국 대학동아리 택견대회를 개천대기전국대회로 명칭을 바꿔 「부산일보」에서 후원을 해 매년 치러 오고 있다. 지금은 따로 사무실을 내어 일흔이 넘은 연세에도 왕성한 활동을 하고 계신데, 끊임없는 열정에 감동을 받는다. 언제까지나 건강하게 택견인을 이끌어주시기를 바라며, 항상 딸처럼 따뜻하게 대해주신데 깊은 감사를 드린다.

김상현 회장님은 제6, 7, 8, 14, 15, 16대 국회의원을 지내셨으며, 1996~2000년 대한택견협회 회장님을 역임하셨다. 인맥이 워낙 넓으셔서 마당발이라는 별칭도 갖고 계신다. 전통문화에 관심도 많으셔서 판소리도 잘 하신다. 택견협회가 서대문에 있을 때 직접 택견을 익히기도 하셨다. 1998년 출발한 국민생활전국택견연합회 초대 회장을 맡으셨다. 요즘 국회의원이 국민들에게 좋지 않은 평가를 받고 있지만, 김상현 회장님은 정말 좋은 일도 많이 하시고 다정다감한 분이다. 택견과는 인연이 깊다. 결련택견 도기현 선생의 외삼촌이다.

김상현 회장님의 뒤를 이어 문학진 의원님이 국민생활체육전국택견연합회 제2대 회장으로 2004년 12월 15일 취임하셨다.

문학진 회장님은 고려대를 나와 「조선일보」 수습기자 시험에 수석합격을 하였으며, 「한겨레신문」 기자 시절 고문기술자 이근안을 세상에 알려 특종상을 받기도 하셨다. 경기도 하남시를 지역구로 하고 계시며, 2005년 국회감사시 우수 의원으로 선정되기도 하셨다. 참여정부 대통령 정무제1비서관을 역임하였고, 현재는 국회 건설교통위원으로 계신다.

문학진 회장님은 외모도 출중하지만, 어릴적부터 웅변을 해서 목소리가 전문 성우보다 힘이 있고 멋있으시다. 바쁜 일정 속에서도 택견대회에는 거의 빠짐없이 참석하고 일일이 선수들과 임원들을 챙겨주신다. 택견 가족들에게 항상 부담없이 편안하게 대해 주셔서 더욱 가깝게 느껴지는 분이다.

임채정 회장님은 2000년 12월 9일 대한택견협회 제3대 회장으로 취임하셨다. 임채정 회장님은 「동아일보」 기자로 활동하셨으며, 제14, 15, 16, 17대 국회의원이며 제16대 대통령직 인수위원회 위원장을 지내셨고, 지금은 막중한 국회의장으로 계신다.

처음 임채정 회장님을 뵈었던 것은 한국과학기술대학교에서

김상훈, 김상현 회장님과 함께

젊은이들과 함께, 택견수련을 하는 김상현회장

김상현 회장님 택견 수련모습

임채정, 정장선 회장님

정장선 회장님 취임

있었던 총회 때였다. 추운 겨울날 저녁 무렵에 도착하셨는데, 식당직원들도 다 퇴근해 버리고 그곳 시설도 불비하여 따뜻한 차 한잔 대접해 드리지 못했던 송구한 마음이 아직까지 남아 있다.

임채정 회장님은 약속을 잘 지키는 분이다. 대한체육회 가맹을 시키려고 많은 노력을 하셨지만 아쉽게도 재임 때 이루어지지 못했다. 그래서 대한체육회 정가맹 축하행사 때 "내가 있었을 때 되었으면 더 좋았을 텐데" 하는 말씀을 하셨다. 택견을 위해 애쓰신 만큼 정가맹이 기쁘셨을 것이다. 2006년에 대한체육회 가맹 지연문제와 바쁘신 의정활동 때문에 회장직을 정장선 의원님께 넘기셨다.

2006년 6월 23일 제4대 대한택견협회 회장으로 취임하신 정장선 회장님은, 택견에 대한 기초적인 지식도 모르시는 상태에서 김상현 회장님의 부탁으로 회장직을 맡으셨다. 남산 한옥마을에서 있었던 '택견 최고수전' 때 처음으로 택견 경기를 관전하신 것이다. 필자는 옆에 앉아서 경기방법과 택견에 대한 간단한 정보를 알려드렸다.

정장선 회장님은 제16, 17대 국회의원(평택 을)으로 현재 국회 건설위원회 위원과 한 · 몽의원친선협회 회장을 맡고 계신다. 상대를 배려하는 택견을 이끄는 회장님답게 결혼생활 20년 동안 부부싸움 한번 안하신 것으로 유명하며, 소박하고 가정적이시다. 김상훈 회장님, 김상현 회장님, 임채정 회장님을 거치면서 다져온 택견을 이제 세계화시켜야 하는 큰 임무를 맡게 되셨다.

필자의 인생에 있어서 중요한 만남은 택견과의 만남이 아니라 이용복 회장님과의 만남이 아닐까 생각한다. 택견이 무엇인지 전혀 모르면서 1985년 첫 직장으로 택견연구회에 근무하겠다고 결심을 하게 되었던 것도 이용복 회장님과의 만남 때문이었지 않았나 생각한다. 회장님의 80년대 모습은 그야말로 강직하고 묵직하

이용복 회장님

셨다. 택견은 몸을 건강하고 탄력있게, 유연하게 만드는 것은 물론이고, 상대를 배려하는 마음을 갖게 한다. 회장님께서도 택견을 오래하다보니 표정도 말씀도 다 부드러워지셨다.

사람을 객관적으로 바라보는 것과 생활하면서 느끼는 것은 많이 차이가 있다. 오랫동안 가까이 모시면서 느꼈던 점을 이야기하자면 우선 아주 알뜰하시다. 알뜰한 정도가 아니라 자린고비 정도이다. 돈 쓰는 데는 아주 인색하다는 이야기이다. 그래도 택견을 위해 써야 할 곳은 꼭 쓰지만, 개인적인 지출은 거의 안 하신

다. 신발이며 옷이며 사실 줄을 모른다.

스승의 날 제자들이 "회장님께 뭘 선물하면 좋을까?" 물어오면 생필품을 하나하나 이야기해주곤 했다. 평소에 그런 것을 전혀 사지 않으니 그렇게 선물로 마련해 드리곤 했다. 그리고 일에 대한 추진력은 대단하신데, 무엇 하나 생각하면 될 때까지 밀어붙이는 끈기, 인내심, 열정이 정말 대단하시다. 그러기에 오늘의 택견이 이만큼 발전하였던 것이다.

반면 큰 체격과 무술의 고수라고는 느껴지지 않을 만큼 감수성도 풍부하시다. 지도자들은 강습 수료식 때마다 민들레 이야기를 들었을 것이다. 이렇게 풀 한 포기 나뭇잎 하나에도 자연을 느끼고, 계절의 변화에 여자인 필자보다 더 감응하신다. 단점이라면 경상도 분이라 그런지 마음 속에 있는 정을 잘 표현하지 않으신다. 속정이 깊은 데도 정이 없는 것으로 오해하기도 한다.

이용복 회장님께서 택견 발전을 위해 큰 업적을 이루셨지만 10여 년 동안 생활비 한 푼도 가져간 일이 없으니, 한 가정의 가장, 남편으로는 그리 좋은 점수를 받지 못하셨을 것이다. 다행히 사모님께서 초등학교 선생님이라 생활을 할 수 있었던 것으로 알고 있다. 매년 결산 때마다 가수금이란 게 발생하는데, 그것은 상임부회장 활동비로 책정되어 있는 것을 지출로 잡고 전액 다 운영비로 사용했기 때문이다. 필자 또한 협회가 어려울 때 월급과 상여금을 제대로 받지 못한 때도 여러 번 있었다. 자금 사정의 어려움을 누구보다 잘 알고 있는 터였기에 어려운 시기를 참고 이겨내야만 했다.

한 푼이라도 아끼기 위해 유령회사(?)를 만들어 발품을 팔고 다녔다. '신사체육사' 라는 명함으로 업자 가격으로 물품을 구입하고, 행사 팜플렛이나 급한 인쇄물이 있을 때는 을지로 골목을 돌아 다니며 하룻밤 사이에 만들어 내기도 하였다. 일반 기획사에 맡기면 며칠씩 걸리기도 하고, 또 가격도 비싸지기 때문에 출력소에서 필름 원고를 받아 인쇄공장에 갖다 주고 종이를 직접 사서 넣어주고 기다렸다가 인쇄가 끝나면 제본집으로 들고 가 마무리할 때까지 직접 발로 뛰었다.

그렇게 할 수밖에 없었던 것은 비용절감 문제도 있지만, 참가 신청이 늦어 대진표가 대회전날이 돼서야 나오기도 했기 때문에 항상 다급하게 인쇄작업을 했다. 그래서 일반 인쇄소에서는 작업이 불가능하다며 해주지를 않았지만, 물리적으로 안되는 일을 필자가 만들어 오다보니 '도깨비 방망이' 라는 별칭도 얻었다. 이렇게 할 수 있었던 것은 이용복 회장님에 대한 믿음과 택견에 애정이 있었기에 가능했던 것이다.

지금 협회에 근무하는 사람들은 일반 기업체에 비해 아주 작은 급료를 받으며 많은 일을 하고 있다. 이제 정가맹도 되었으므로 협회 살림살이가 조금은 넉넉해 질 것이다.

어느새 회장님의 머리가 하얗게 세셨다. 앞으로 해야 할 일이 많이 남아 있는 만큼 건강관리에도 신경을 쓰셔서 오래도록 우리들을 이끌어 주기를 바래본다.

우리는 살아가면서 많은 사람들을 만나게 된다. 새로운 사람을 만난다는 것은 항상 반가움과 설레임이다. 만남보다 중요한 것이 헤어짐이라 생각한다. 어설픈 만남이었더라도, 헤어질 때 서로 아쉬움을 남기고 정을 느낄 수 있어야 좋은 만남이었다 할 것이다. 첫 만남이 아무리 멋진 만남이었더라도 헤어질 때 후회와 상처를 남기면 만나지 않았던 것보다 못한 것이다.

살아오면서 어설픈 이별을 한 사람이 몇 있는 것 같다. 물론 나에게 마음의 상처와 아쉬움을 줬던 사람들이지만 다시 만나게 된다면 반가운 마음으로 내가 먼저 따뜻하게 손을 내밀리라 마음먹고 있다.

건강

아파보면 안다.
건강이 얼마나 소중한지

양천구 전수관을 운영한지 벌써 7년째다. 2000년 가을 전수관을 인수받았을 때, 회원은 달랑 12명뿐이었고 시설도 어설펐다. 부지런한 병(?)이 있는 필자는 간판을 바꿔 달고 전수관 바닥 교체하고 사무실 꾸미는 등 하나씩 바꾸어 깔끔하게 새로운 분위기를 만들었다.

그 동안 이곳을 거쳐 간 회원이 수 백 명이다. 2003년에는 회원들이 많아 전수관을 더 넓은 곳으로 옮겨야 하지 않을까 고민했었다. 그런데 최근엔 반대로 회원이 너무 없어서 옮겨보는 것이 어떻겠느냐고 권하는 사람도 있다. 운영이 어렵긴 하지만 몇 년 동안 온갖 정성을 들여 만들어 온 전수관인데다가 회원들과 정이 쌓여 다른 곳으로 옮기는 것을 쉽게 결정할 수 없다.

그 동안 친가족처럼 지내 온 회원들과의 추억은 평생 잊지 못할 것이다. 안면도 바닷가에서 밤새 모닥불 피워놓고 김선웅씨의 통기타에 굼실 능청이며 새벽을 맞이했던 일, 기차 타고 소백산 눈꽃여행 갔던 일, 전수관 옥상에서 고기 구워먹고 수박 먹던 일, 경기장에서 이영철 선생님과 목청큰 김정호 등 모두 하나가 되어 '양천구 파이팅' 을 외쳤던 일, 2002년 월드컵 때 전수관에 모두 모여 목이 터져라 '대~한민국' 하며 응원했던 일 등 추억이 참 많다.

2002년 월드컵이 끝나고 한참 무더운 여름이었다. 2001년에는 남자 선생이 있었는데, 이때는 필자 혼자 운영하고 있었다. 신사동에서 생활하던 것처럼 새벽 6시부터 수련하고 밤늦게까지 혼자 뒷처리하다 보니 무척 힘들었다. 월드컵 때문에 회원이 많이 줄어 홍보물품을 제작했는데, 배달온 분이 그냥 1층에 두고 가버렸다.

전수관 건물은 엘리베이터가 없다. 필자 몸무게만큼이나 나가는 물건을 혼자 메고 5층까지 올라 온 뒤 오른쪽 무릎이 시큰거리고 아팠다. 가볍게 생각하고 파스 한 장 붙이고 수련을 했는데, 발차기를 많이 한 날에는 쑤시고 아파서 잠을 제대로 잘 수가 없었다.

그러던 어느 날 수련시간에 기본동작을 시범보이는데 갑자기 오른쪽 다리에 힘이 빠지면서 풀썩 주저앉고 말았다. 다음날 바로 관절 전문병원에 가보았다. 의사 선생이 MRI 결과를 보더니 반월상연골판이 조금 찢어졌다며 더 나빠지기 전에 수술을 하는 것이 좋겠다고 했다.

태어나 수술이라고는 한 번도 해본 일이 없는 필자는 덜컥 겁이 났다. 무섭기도 했지만, 그보다 전수관을 비워두고 병원에 누워 있을 수가 없어 그냥 물리치료만 하면 안되냐고 물어보았는데, 그냥 두면 더 찢어질 것이라 했다. 필자는 운동을 하는 사람이니 스스로 운동요법으로 해보겠다며 수술을 거부하고 왔다.

두 달간 회원이 근무하는 근처 정형외과에 가서 물리치료 받으며 수련 지도를 하였다. 조금 나아지는 듯싶어 발차기 몇 번 하고 나면 다음날은 걸어 다니는 것도 힘들었다. 겨울이 되었을 때는 더 심해져 앉아서 말로 지도하게 되었다. 계단 오르내리기가 너무 힘들어 회원들에게 필요한 생필품을 사다달라고 하며 1주일 내 집에도 안가고 5층에서 지내다가 집에는 주말에만 가곤 했다. 당시 신혜영 교수님과 한국예술종합학교 출강을 하고 있었는데, 무릎 때문에 그 학기까지만 하고 그만두어야 했다.

겨울 내내 몸이 무겁고 좋지 않았다. 젊은 시절(?) 생각만 하고 무리를 해서인지, 전부터 쌓여온 피로 탓인지 몸이 말을 듣지 않았다. 새벽부를 없애고 늦잠을 자고 나오는 데도 피로가 풀리지 않았다. 5시간 정도만 자면 충분하던 것이 10시간을 자도 몸이 무겁고 기운이 없었다. 너무 게을러진 것일까? 피로가 쌓여서 그러려니 하면서도 잠을 이겨내지 못하는 자신을 정신력으로 다잡으려 안간힘을 썼다. 그런데 머리카락이 한 움큼씩 빠지더니, 화장실을 가고 몇 분도 채 안되어 또 가고 싶어 가보면 별로 나오지도 않고 너무 이상했다. 병든 병아리마냥 늘어져 있는 필자에게 아줌마 회원이 병원을 가보라고 했다. 평소 감기약도 잘 안 먹지만 정상이 아닌 듯해서 가보기로 했다.

그런데 필자 보고 산부인과를 가보라고 한다. "아니, 결혼도 안한 아가씨가 산부인과를 왜 가요?" 했더니, 여자면 당연히 가는 곳이라고 설득을 해 근처 여의사가 있는 조그만 병원을 갔다. 여의사는 피곤해서인지, 성격이 그런지 무척 무뚝뚝하게 필자를 나무라듯 초음파검사 결과를 보고는 "혹이 있네. 당장 수술을 해야 할 것 같으니 큰 병원으로 가 봐요" 했다. 믿을 수가 없었다.

못 믿는다기보다 아니기를 바라면서 큰 병원으로 갔다. TV에도 자주 나오는 유명한 여자 원장님이셨는데, 근종이 커서(지름 9.2cm) 자궁절제술을 해야 할 것이라고 했다. 대학병원에 잘 아는 선생님을 소개해 줄 테니 빨리 가서 수술을 하라고 했다. 너무 놀라고 무서웠다. 암 선고라도 받은 듯 눈물이 쏟아졌다. 전수관에 돌아와 병원을 가보라고 권했던 회원에게 이야기했더니 자신의 일처럼 걱정을 해주었다. 아직 미혼인데 어떡하냐고, 다른 방법을 알아보자고 했다.

수술이 정말 싫어 근처 한의원을 다녔다. 두 달을 매일같이 침

맞고 약 먹고 치료했지만 워낙 오랜 기간에 걸쳐 생긴데다, 다른 증상들은 좋아졌지만 초음파 검사 결과 근종은 그대로 있었다. 도대체 혹이 왜 생긴 것인지 궁금해서 인터넷으로 검색해보고 자료를 찾아보았다. 그리고 전문서적을 사서 상세히 알아보았지만, 정확한 원인은 밝혀진 게 없다고 한다.

다만, 생리를 하는 여성이면 거의 3분의 1은 있다고 하는데, 크기가 작아 본인이 못 느끼는 경우가 대부분이라 하며, 한방치료보다는 양방치료를 권했다. 한방치료가 안되는 것은 아니고 효과를 보았다는 사람도 있었지만, 필자는 결국 수술을 하기로 결심하였다. 무릎수술이 싫어 그렇게 미련하게 지내던 필자가 난생 처음 피할 수 없는 수술을 받게 된 것이다.

큰 병원 몇 곳에 문의를 해보았지만, 모두 자궁절제술을 해야 한다고 해서 낙심을 하고 있던 차에 강서구에서 꽤 큰 여성전문병원에서 그냥 근종 제거만 해줄 수 있다고 해서 바로 달려가 예약하였다. 의사선생님은 아직 미혼인데 빈궁마마로 만들면 안되지 않겠느냐며 복강경 수술을 해주겠다고 했다. 절망에 빠져있던 필자는 자상한 의사선생님의 말씀에 희망을 걸었다.

그런데 문제는 보호자가 있어야 한다고 했다. 아무도 모르게 조용히 수술을 하고 싶었는데, 보호자 동의없이는 안된다고 했다. 혼자 살고 있기 때문에 보호자가 없다고 했는데, 부모님이 오든지 가족 중에 한 사람이 수술동의서에 서명을 해야 한다고 했다. 난감했다. 왜냐하면 당시 어머니는 허리가 안 좋으셔서 부산에서 서울 연세대 세브란스 병원을 다니고 계시던 중이었다. 어머니 허리 수술문제로 가족이 걱정을 하고 있는 터에 필자까지 수술한다고 도저히 이야기할 수가 없었다.

담당 선생님께 사정을 말씀드리고 세브란스의 어머니 진료일을 피해 수술일자를 조정하였다. 할 수 없이 남동생에게만 사실을 털어놓고 가족들에게는 비밀로 하라도 신신당부해 두었다.

보통 근종제거 수술하는데 1시간 반 정도면 끝나는데, 필자는 3시간이 넘게 걸렸다. 수술실에서 마취 전에 의료진과 대화한 것은 생각이 나는데, 눈을 떠보니 병실에 누워 있었다. 잠깐 의식이 돌아왔다가 잠들었다가 하는데 의식이 돌아올 때마다 엄청난 고통이 따라왔다. "누나 괜찮아! 누나 괜찮아!" 하는 말이 가늘게 들렸다 안 들렸다 했다. 무통주사를 맞고 있는데도 배를 칼로 찌르고 쑤시는 듯 땡기면서 아파 와 신음소리가 절로 나왔다.

동생은 올케에게도 수술사실을 알리지 않고 잠시 다녀오겠다고 왔기 때문에 저녁이 되자 집으로 가야 했다. 동생을 불러 "집에는 절대 연락 하지마"라고 당부하였다. 동생은 필자가 수술실에서 빨리 안 나오자 잘못된 게 아닐까 잔뜩 긴장하고 있다가 다음날 몸살이 나서 쓰러졌단다. 필자야 죽은 듯 마취상태로 있었으니 3시간이 흘렀는지 3분이 흘렀는지 몰랐지만, 필자보다 뒤에 들어간 사람들은 다 나오는데 제일 먼저 수술실로 들어간 사람은 소식이 없으니 얼마나 걱정을 하고 있었을까. 동생이 정말 고맙고 미안했다. 수술을 해주신 선생님도 초긴장상태로 수술을 하느라 몸살이 나서 바로 퇴근하셨다.

며칠 뒤 조금 회복되자 수술과정을 촬영해둔 사진을 보여주는데 놀라웠다. 근종이 크기도 했지만, 혈관들이 복잡하게 얽혀 있는 곳에 있어 수술이 굉장히 어려웠다고 했다. 자궁의 크기는 주먹만 하다고 하는데, 근종이 자궁의 80%를 차지하고 있으면서 방광을 누르고 있어 화장실을 자주 가야 했던 것이다. 이런 것이 몸에 있었는데 왜 몰랐을까? 새삼 자신의 몸에 관심없이 혹사만 시켰던 것이 부끄러웠다.

병실은 2인실이었다. 옆 침대의 환자는 회복기에 있어 보호자가 없는 필자를 많이 도와주었다. 다음날 이런 저런 경험담과 주의사항들을 알려주고 먼저 퇴원하였다. 3~4일이면 퇴원할 줄 알았는데 무통주사를 빼고부터 고열이 나기 시작하더니 계속 해열제를 투여해도 열이 떨어지지 않았다. 담당 선생님께서 수술은 잘 되었는데, 종양이 워낙 컸고 큰 수술이었기에 다른 사람보다 회복이 좀 늦어질 수 있다고 했다. 며칠간이었지만 아무 것도 먹지 못하고 해열제와 항생제에 취해 있어 지옥같았다. 매일매일 약으로 살아가고 있는 용성이와 용혁이가 생각났다.

회원들은 자유수련을 하고 당번을 정해 저녁 수련 마치고 한두 명씩 보고차 다녀갔다. 병원에 있다는 것을 비밀로 했기 때문에 핸드폰으로 전화가 오면 큰 숨을 한번 쉬고 아픈 배에 힘을 잔뜩 주고 전화를 받았다. "목소리가 조금 이상한 것 같아요?"라고 하면 "자다가 받아서 그래요"라고 둘러대었다.

의사선생님은 운동을 해야 빨리 회복되니 시간날 때마다 복도를 걸어 다니라고 했나. 병소 운동하는게 직업인 사람이니 걷는 것쯤이야 생각을 했는데 걷는게 이렇게 힘든 줄 몰랐다. 병실 안에 있는 화장실도 침대에서 다섯 걸음밖에 안되는데, 왜 그렇게 멀어보였는지 회복하고 보니 다른 곳 같았다.

맞은편 침대에 또 다른 환자가 왔다. 나이는 필자와 비슷해 보였는데, 남편이 다정하게 간호를 해주었다. 어찌나 닭살부부인지 필자가 민망할 정도였다. 화장실에 가고 싶은데도 두 사람 분위기를 깰까봐 그냥 누워 있었던 적도 있었다. 눈을 감고 있어서인지 두 사람의 대화는 더욱 선명하게 들렸다.

"자기야 많이 아퍼?"

"응! 자기야 나 물 좀 줘!"

자기야~ 그 자기야가 왜 그렇게 부럽게 들리던지. 부러운 만큼 외롭다는 생각도 함께 들었다. 그래서 연애를 하고 결혼을 하나보다 생각하면서 퇴원하면 남자를 사귀어봐야지 하는 생각을 했다. 그런데 그 생각은 하루도 못가 '그렇지, 혼자 사는 게 나아'로 바뀌었다. 밤새 병원에서 큰 소동이 벌어졌다.

닭살부부는 부부가 아니라 내연의 관계였던 것이다. 환자의 진짜 남편이라는 사람이 찾아와 난동을 부려 의료진과 필자를 놀라게 했다. 드라마같은 이야기에 필자의 환상은 깨져버렸다. 그 환자는 회복도 덜된 채로 야반도주해 버렸다.

다음날 중년의 아주머니가 오셨다. 연세는 있어 보였는데 공주같았다. 목소리는 아나운서같고 연예인처럼 예쁘고 피부는 백옥같았다. 그런데 남편은 키도 작고 건설업을 하신다 들었는데, 피부도 검어 시장 아저씨 같았다. 두 분은 진짜 부부라고 했다. 아저씨가 조금 무뚝뚝하긴 해도 정말 다정해 보였다. 아저씨는 바쁘다며 수술할 때 다시 오겠다며 가버렸다. 그래서 회복기에 접어든 필자와 아주머니는 하룻밤 이런저런 인생 이야기하며 지샜다.

"어머, 아직 결혼을 안했어?"

"네."

"우리 아저씨 참 못생겼지!"

"아저씨 좋은 분 같은 데요!"

"정말 좋은 사람이야! 그런데 내가 애기를 못 낳아서 너무 미안하지. 그런데다 이렇게 수술까지 하러 왔으니 미안해 죽겠어."

"수술 잘 하시고, 아저씨한테 더 잘해 주시면 되잖아요."

나름대로 위로의 말씀을 해드렸는데, 다음날 정말 뭐라고 위로의 말을 해드려야 할지 모를 일이 생겼다.

아주머니는 근종이 다발성이었는데 심전도 검사결과가 안 좋아 재검사를 했는데, 마취과 의사선생님이 마취를 해줄 수 없다고 했단다. 그래서 수술 자체를 할 수가 없게 되었다. 수술시간에 맞춰 온다고 허겁지겁 온 아저씨랑 아주머니는 아무 말씀이 없으셨다. 필자도 멍하니 있을 수밖에 없었다. 나중에 물어봤더니 그냥 그대로 살다가 가시는 수밖에 없다 한다. 아마 몇 년 못 사실 것이라고 했다. 비록 하룻밤 같이 있었을 뿐인데 아주머니가 너무 불쌍하고 안쓰러웠다.

다음날 필자는 또 밤새 울었다. 그 아주머니 다음에 오신 분은 7개월의 임산부였는데, 첫딸을 낳고 7년만에 생긴 아기란다. 부부가 아기를 간절히 바라고 있었던 터라 임신사실을 알고부터 너무 행복했단다. 그런데 그 아기가 중증의 기형아라는 검사결과가 나와 유산을 하러 왔다고 한다. 남편은 실망을 하고 병실에 오지도 않았다. 세상에! 그래도 그렇지, 어떻게 아내 혼자 병원에 보낼 수가 있단 말인가! 너무 화가 났다.

그 여자분은 남편에 대한 서운함보다 시부모님에 대한 죄송한 마음이 너무 크다고 했다. 친정 부모님께는 말씀드렸는데, 시부모님께는 남편도 용기가 안난다며 말씀을 못 드렸다고 한다. 석 달 있으면 손자를 보게 될 거라며 손꼽아 기다리고 계신 시부모 몰래 수술을 하는 것이라며 눈물만 흘렸다.

밤새 배를 만지며 "아기야 미안해, 아기야 정말 미안해!" 흐느껴 우는데 너무너무 안쓰러웠다. 여자에겐 왜 이렇게 힘든 일이 많은 건지, 남편 대신 눈물을 닦아주며 두 손을 꼭 잡아주는 것외엔 해줄 수 있는 것이 없었다. 다음날 "힘 내시구요!"라며 손 한 번 더 꼭 잡아주고 필자는 9일만에 퇴원을 했다. 의사선생님께 "정말 감사합니다" 인사를 드렸더니 "고생했어요. 빨리 좋은 사람 만나 결혼하세요"하며 "한 달 정도는 푹 쉬세요"라고 했다.

집으로 가지 않고 바로 전수관으로 향했다. 회원들은 수련시간에 나오지도 못하게 사무실에만 가두어 두고 중환자 취급을 하며 삼시 세끼를 챙겨 주었다. 수술 후 이틀은 아무 것도 못 먹다가 3일째 미음을 먹고 6일만에 죽이 나왔다. 멀건 죽을 먹는데, 왜 그렇게 반갑던지. 식판에 있던 '623호 - 죽' 쪽지를 고이 간직하고 있다. 출산도 하지 않았는데 산후조리하듯 권형옥 선생과 정석화 씨 등 회원들이 챙겨주는 미역국을 앉아서 받아먹었다. 그 고마운 마음은 죽 쪽지와 함께 평생 잊지 않고 간직할 것이다.

우리 주위에는 건강이라는 중요한 행복을 가졌음에도 불구하고 무언가를 더 얻으려 갈망하고, 스스로를 불행하다고 생각하는 사람들이 많다. 반면 돈도 명예도 다 필요없고 건강하기만 하면 좋겠다는 사람들도 꽤 많다.

7년째 필자와 인연을 맺고 있는 귀여운 형제가 있다.

용성이와 용혁이는 난치성 질환을 앓고 있는데, 또래 아이들보다 체격이 작은 것 말고는 평범해 보인다. 이 형제가 앓고 있는 병은 만성육아종으로, 반복적이고 치명적인 세균, 박테리아의 감염과 육아종 형성을 특징으로 하는 유전성 면역결핍 질환의 일종이다. 백혈구의 일종인, 외부의 세균이나 박테리아를 잡아먹는 대식세포의 결함으로 발생한다. 10세 이전에 사망하는 경우가 대부분이다. 현재로선 감염 부위에 대한 항생제 치료가 모두.

그래서 항상 항생제를 달고 살아야 하고, 병원을 제집 드나들 듯 하게 된다. 우리나라에 16명의 환자가 있는데 그중 2명이 이 아이들이다. 처음 택견을 배우러 왔는데 뽀얀 얼굴이 너무 귀여웠다. 용성이가 첫 심사를 보던 날 '이용성!' 호명을 했는데 너무 긴장해서 엉엉~ 울기만 했다. 그래도 꾸준히 운동을 해서 2년만에 초단을 받아 단증을 수여하는데, 가슴이 뭉클하면서 뿌듯했다. 용성이도 단증을 받고부터는 의젓해지고 자신감도 많이 생겼다.

두 아들 모두 난치병을 앓고 있어 언제 이별을 하게 될지 항상 불안할텐데 엄마는 강하다. 간혹 주변에서 아이들이 오래 살지 못할 텐데 공기 좋은 곳에 가서 사는 게 어떻겠느냐고 권하는 사람도 있다. 용성이 엄마는 그러한 특별난 생활보다 학교 다니면서 친구도 사귀고 평범하게 사는 것이 낫다고 생각하고 있다.

그러면서도 아이들을 밝고 강하게 키운 것을 보면 정말 대단한 엄마다. 용성이가 한참 택견에 재미 붙였을 때 입원을 하게 되어 병문안을 갔다. 또래 친구들이 운동하러 잘 나오냐며 물어보았

이용성·이용혁

다. 요즘 아이들은 학원을 몇 개씩 다녀 매일같이 나오지 못하는 아이들도 많이 있다.

그래서 누구는 나왔고, 누구는 요즘 안 나온다고 했더니 "나는 몸만 안 아프면 하루도 안 빠지고 열심히 나갈 텐데, 몸도 안 아픈 애들이 게으름을 피운다" 며 나쁘다고 했다.

동생 용혁이가 많이 아파 입원을 했었을 때 일이다. 주사를 많이 맞다보니 혈관이 다 숨어버려 가슴에 인공혈관을 심고, 여러 가지 검사하고 치료하느라 힘들 때였는데, 필자가 병문안을 갔더니 눈물이 살짝 고여 있는 눈으로 "관장님 나 안 울었다. 나 꾹 참았다!" 하며 5살 애기가 미소를 지어 보이는데, 눈물을 참을 수가 없어서 얼른 화장실로 들어가 한참을 울었다.

작년(2006)에 용성이의 식도가 좁아져 아무 것도 먹지 못해 입원하였는데, 비장까지 엄청 부어 며칠을 고열로 고생하였다.

"관장님, 하마터면 어제 나 갈 뻔했어요!"

"왜?"

"이걸 한번 보세요. 시간마다 체크한 체온이에요. 열이 42도까지 오르락내리락 했거든요. 40도 넘어가니깐 아무 생각이 없더라구요. 이제 나는 가는구나 싶었어요."

마치 남 얘기하듯 차트를 보여주며 웃어 보이는 용성이를 꼭 안아주고 왔다.

전수관에서 1년에 한 두 번 벼룩시장을 열기도 하고 모금운동을 하여 큰 돈은 아니지만 조금씩 도움을 줘 왔다. 처음 초등학교 입학할 때 안가겠다고 울며 엄마를 힘들게 했던 용성이도 이제 6학년이 되었다. 의학적으로 10대를 넘기기가 어렵다고 하는데, 우리나라에서 가장 오래 살았던 26살 청년이 2년 전 하늘나라로 가고 현재는 16살짜리가 가장 나이가 많다.

용성이가 대학생이 되고 어른이 되어 하고픈 것을 맘껏 누릴 수 있었으면 좋겠다. 용성이에게 마음을 모아준 회원들에게 감사의 인사를 전한다. 특히 큰 힘이 되어 주었던 이동현 회원과 그 친구들의 따뜻한 도움으로 용성이, 용혁이가 더욱 건강하게 자랄 것이다.

요즘 거리마다 폐지 박스를 줍느라 분주히 다니는 분들이 많다. 그런 분들을 뵐 때마다 마음이 시리다. 젊어서 고생을 많이 하셨을 텐데, 허리가 휘고 머리에 하얗게 서리가 내려서도 힘들게 다니시는 것을 보며, 대부분 '나이 들어 저렇게 안되어야 될 텐데' 하는 생각을 할 것이다.

목동사거리에는 그런 측은한 마음이 들지 않는 할머니가 한 분 계신다. 40Kg도 안되어 보이는 할머니에게 연세를 여쭤 봤더니 여든 둘이라고 하신다. 그 작은 체구에 남자 못지않게 힘쓰시는 걸 보면 정말 놀랍다. 리어카에 가득 실은 짐을 한번 끌어 보았었는데 보통 힘든 게 아니었다.

이 할머니는 아침 일찍부터 밤늦게까지 많은 일을 하신다. 이 할머니를 뵈면서 나도 나중에 저렇게 부지런히 움직일 수 있을까 생각해 본다. 무엇보다 그 할머니가 존경스러운 것은 항상 밝은 미소를 잃지 않고 즐겁게 일하신다는 것이다. 희망과 꿈이 있어야 즐겁게 일할 수 있을 것이다. 필자 나이의 곱을 사신 할머니를 보면 더욱 더 열심히 살아야겠다는 생각을 하게 된다.

다른 택견단체 사람들이 택견협회가 돈이 많아 사업을 많이 하는 것으로 오해를 하는 글을 본 적이 있다. 오늘이 있기까지 얼마나 힘들고 어렵게 살림을 꾸려왔는지 모르니 그런 생각을 하겠지만, 우리는 돈으로 일을 한 것이 아니라 열정과 피나는 노력을 통해 성장해 온 것이다.

지난 시간들을 펼쳐놓다 보니 쑥스럽기도 하고 감회가 새롭기도 하다. 정말 힘들 때는 잠자리에 누워 '제발 내일 아침에 눈 뜨지 않게 해 주세요' 기도하며 잘 때도 있었다. 가장 힘든 건 육체적 피로가 아니라 마음이 지쳐있을 때였던 것 같다.

힘들었던 이야기들을 가족들이 읽어보면 마음 아파할 것같아 조금 걱정되기도 하지만, 이미 다 지나온 시간들이고, 지금은 건강하고 행복하게 잘 살고 있으니 편하게 받아주셨으면 좋겠다. 하나밖에 없는 딸을 강하게 키워주신 부모님께 감사드린다. 필자는 항상 씩씩하게 오뚝이같이 살아왔고, 또 앞으로도 열심히 노력하며 살아 갈 것이다.

하루하루가 급변하는 세상이라 내일을 정확히 예측하기 어렵지만, 무술시장이 점점 더 어려워지고 있는 것은 명백한 사실이다. '건강하게 살자' 가 최대 관심사인데, 이왕이면 택견을 열심히 해서 모두가 몸과 마음이 건강한 삶을 살았으면 좋겠다는 생각을 해본다.

　사제간의 예의가 엷어진지도 오래다. 그러나 필자보다 훨씬 나이도 위고 많이 배우셨는데도 깍듯이 스승 대접을 해주는 분들도 계신다. 회비 내고 운동하러 온다며 친분을 빙자하여 친구 대하듯 하는 사람도 있다. 대통령의 권위도 바닥에 떨어지고, 교사를 스승으로 바라보지 않는 세상이니, 택견하는 곳이라 다르기를 바라는 것이 무리인지 모르겠다.

　세월이 지날수록 그리워지는 사람이 있는가 하면, 하루 빨리 잊혀지기를 바라는 사람도 있다. 그래도 불편하게 한 사람보다 서로 존중하며 따뜻한 마음을 주고받은 사람이 더 많으니 항상 고맙게 생각한다. 서로 바쁘다 보니 그 고마운 사람들과 자주 보지 못하고, 늘 보고픈 마음만 간직하고 있다.

　필자의 바쁜 일정을 대신하여 부관장 역할을 톡톡히 해주고 있는 조대웅 회원에게 고마움을 전한다. 고마운 사람들이 너무 많아 일일이 이름을 다 들지 못하지만, 필자를 믿고 따라준 회원들에게 가슴 뭉클할 정도로 고마운 마음을 전한다.

　어느 분야든 첫 길을 여는 사람은 힘들게 마련이다. 20여년의 세월이 참으로 어렵고 힘든 시간들었기에 다시 되돌아가서 해보라고 하면 못할 것 같다. 그러나 그만큼 택견이 발전하고 성장한 것에 보람을 느끼게 된다. 부모님으로부터 성실하게 사는 것을 배웠으며, 이용복 큰선생님께 택견과 열정을 배워 필자의 능력 이상 꽃을 피웠다고 생각한다.

이제 택견 지도자로 들어서는 사람들은 앞으로 더욱 건강하고 화려한 꽃을 피우게 되리라 믿는다. 우리 모두 한 톨의 민들레 씨가 되어 방방곡곡, 세계 도처로 날아가 각자의 능력만큼 꽃을 피우고, 수없는 택견의 홀씨를 만들기를 바란다.

끝까지 읽어주신 분들께 감사드리며, 이 책을 엮느라 전수관 운영에 신경을 많이 못 썼는데도 필자를 이해하고 도와준 회원들에게 고마운 마음을 전한다. 부족한 것 많은 필자를 사랑해주신 모든 분들께 거듭 감사의 인사를 드린다.

부록

택견 관련 단체들

무형문화재 지정 이후 택견 연보

택견 관련 단체들

사)대한택견연맹

법인명칭 : 사단법인 대한택견연맹
법인설립 : 1991년 1월 14일
법인대표 : 정장선 (국회의원, 4대 회장)
실무대표 : 이용복 (송덕기 · 신한승 사사, 택견 9단)
법인주소 : 서울 송파구 잠실1동

설립목적
한국 고유의 무예인 택견을 계승발전시켜 민족전통문화 창달에 기여하고, 택견경기를
국민에게 널리 보급하여 국민체력 향상과 건전하고 명랑한 기풍을 진작하며, 택견경기
인 및 그 단체를 통할, 지도하고 우수한 경기자를 양성하여 국위선양에 이바지함을 목적
으로 한다.

수련체계
1999년까지 신한승 선생의 수련체계를, 2000년부터 새 수련체계를 사용하고 있다. 앞엣
거리, 기본거리, 맞대거리, 홀새김, 겨루기 등으로 나뉘어 있다. 단급제도를 차용한다.

택견경기
1985년 제1회 전국택견경기회를 시작으로 85년 제1회 애기택견경기, 92년 제1회 대학결
련택견대회, 영호남대회, 최우수선수권대회, 우수팀초청대회, 천하명인전, 최고수전, 대
통령기택견대회, KBS 택견명인전 등 많은 대회를 개최하고 있다.

참고
대한체육회 가맹 추진 중 대한택견협회가 대한택견연맹으로 변경하였다.
사단법인 대한택견협회는 초대 인간문화재 고 송덕기 옹과 신한승 옹을 고문으로 모시
고, 1984년 부산에서 설립된 한국전통택견연구회가 모체이며, 2007년 사단법인 대한택
견연맹으로 발전하였다. 대한택견연맹은 경기단체이다.
생활체육 택견은 국민생활체육전국택견연합회에서 관할하며, 재단법인 세계택견본부
는 택견의 전수활동과 지도자 양성, 전수관 관리 등을 관할한다.

국민생활체육전국택견연합회

대표 : 문학진 (국회의원, 2대 회장)

설립 : 1998년 11월 30일

문화관광부장관기대회 주관. (주최 : 국민생활체육협의회)
국제협의회장기 전국택견대회, 전국택견연합회장기 대회
주최. (후원 : 국민생활체육협의회)

재단법인 세계택견본부

이사장 : 김상훈

총　사 : 이용복

세계택견본부에 소속된 전국 전수관은
모두 통합경영을 한다.

치우를 상징 마크로 사용하고 있다.
통합경영본부 마크이다.

사)한국전통택견회

법인명칭 : 사단법인 한국전통택견회

법인설립 : 1999년 9월 7일

법인대표 : 김구익 (사업가, 2대 회장)

실무대표 : 박만엽 (신한승 제자, 택견 전수조교)

법인주소 : 충북 충주시 호암동

설립목적

민족 고유의 무예이자 중요무형문화재 제76호로 지정된 택견의 원형을 계승 보존하며,
이를 적극적으로 전수 보급함으로써 조상의 얼과 기상을 되살리고, 국민의 건전한 의식
과 민족의 자긍심을 함양하며, 나아가 인류문화의 향상에 기여함을 목저으로 한다.

사)택견원형보존회

법인명칭 : 사단법인 택견원형보존회
법인설립 : 2002년 6월 20일
법인대표 : 정우택 (충북도지사)
실무대표 : 정경화 (신한승 제자, 현 기능보유자)
법인주소 : 서울 송파구 오금동

설립목적

본회는 국가로부터 지정된 중요무형문화재 제76호 택견의 원형을 계승, 보존, 발전시키고 택견 국가전수자(국가이수자, 국가전수생) 및 전수관장, 지도자의 체계적인 교육과 인격도야를 위함과 동시에 전통문화를 계승, 발전시켜 택견 국가전수자로서의 자긍심을 함양함으로써 민족문화의 융성과 발전에 이바지함은 물론 국민 체위 향상을 위하고 국민생활무예로서 우리 민족의 얼을 되찾는데 크게 이바지함을 그 목적으로 한다.

수련체계

신한승 선생님이 재구성한, 문화재관리국에 등록된 택견을 기본으로 활갯짓을 강조하며, 혼자익히기, 마주메기기, 견주기, 본때뵈기로 구성되어 있다. 현재는 정경화 선생이 별거리, 육모거리 등 새로운 과정을 추가하여 수련과정 내용이 많이 늘어나 있다.
단급제도로 동, 째를 사용한다

택견경기

1996년 제1회 전국택견대회 개최.
2003년부터 전국 어린이비각술대회를 개최하고 있음.

참고

정경화 선생은 품밟기, 활갯짓, 발질의 독특한 몸놀림으로써 상대로 하여금 타격점을 흐트러 놓아 공격의 기세를 둔화시킬 수 있고 몸을 굼실댐으로써 충격을 완화시켜 자기의 몸을 보호할 수 있다고 풀이하고 있다. 그리고 택견의 수련원리로 삼살법(三殺法)-기를 죽이고, 기술을 죽이고, 발을 죽인다고 풀이하고, 택견은 분명 무술이므로 택견이 무술이냐, 경기냐, 놀이냐 운운하는 것은 어리석은 소치라며 무술임을 망각하고 우선 보급발전의 일환으로 놀이형태로 발전시킨다면 무술의 본체를 잃어버린다고 설명하고 있다. "택견은 무술이므로 경기를 하면 원형이 훼손된다"고 주장하여 왔다.

사)결련택견협회

법인명칭 : 사단법인 결련택견협회
법인설립 : 2000년 8월 29일
법인대표 : 박 진 (국회의원, 2대 회장)
실무대표 : 도기현 (송덕기 제자)
법인주소 : 서울 종로구 신교동

설립목적

한국 민족만의 고유한 상무적인 놀이 문화로 발전되어온 결련택견을 보존하고 계승하여 진취적이고 신명나는 민족문화 발전에 기여함을 목적으로 한다.

수련체계

수련단계를 열 두 마당으로 나누고 있으며, 여덟 마당을 이수하면 택견꾼으로 인정한다고 한다. 단급제도가 없다.

택견경기

1996년 제1회 결련택견 연고전 개최
제1회 고송덕기 스승님 추모 결련택견대회
1999년 제1회 어린이 결련택견대회.
2004년부터 인사동에서 '택견배틀' 경기를 개최하고 있다.

참고

초대 인간문화재 고 송덕기 옹으로부터 택견을 배운 대학생들을 중심으로 1983년 '택견보존회' 라는 명칭으로 서울 종로구 사직동에서 시작. '송덕기 택견' 을 지키고 보급하기 위해 노력해 오고 있음.

중요무형문화재 지정 이후 택견 연보

1983. 6. 1 택견 중요무형문화재 제76호 지정

(송덕기, 신한승 기능보유자)

1984. 9. 15 한국전통택견연구회 설립

1985. 4. 1 한국전통택견연구회 사회단체 인가 (부산직할시)

6. 30 제1회 전국택견경기회 및 제2회 시연발표회

(부산 구덕체육관)

8. · 택견계승회 도기현 미국유학 감

9. 6 제1회 택견승급심사회 (택견연구회)

12. 1 제1회 애기택견경기회 (동주여상)

1986. 4. 27 제2회 애기택견경기회 (동성초등학교)

8. 16 대한택견협회 결성 (부산 중앙동 화춘)

11. 택견강습회 (고 신한승 선생 주재)

1987. 5. 17 택견발표회

(서울놀이마당, 서울 · 부산 · 충주 3단체 참여)

7. 1 정경화 택견 국가 이수자 인정(문화재관리국)

7. 2 신한승 선생 타계 (57세)

7. 20 송덕기 선생 타계 (96세, 서울 적십자병원)

8. 1 충주택견 정경화 전국총전수관장 취임

1988. 1. 15 부산 모라전수관 개관 (택견연구회 사무실 겸)

1. 23 한국전통택견회 창립 (초대 회장 하태성)

택견계승회 도기현 귀국 후 군입대

1990. 10. 10 정경화 택견예능보유자 후보로 인정 (문화재관리국)

1991. 1. 14 사단법인 대한택견협회 인가 (체육청소년부)

5. 15 택견협회 사무실 개설 (광무체육관 가건물)

8. 31 경북지부 창립행사 (김천관광호텔)

11. 24 제2회 전국결련택견대회 (부산 구덕체육관)

1992. 1. 17 전국 동계수련회 개최 (지리산 가랑잎국민학교)

2. 1 택견협회 사무소 이전 (서울 강남구 신사동 629-15)

2. 계승회 여의도 태권도장 빌려 택견 지도

6. 14 제1회 부산 · 경남 결련택견대회

9. 27 제1회 전국대학결련택견대회 (부산 수산대학교)

11. 8 제3회 전국결련택견대회 (동국대학교)

11. 14 택견계승회 중앙전수관 개관 (혜화동 26-26)

1993. 3. 5 서울택견협회 창립이사회 (리버사이드호텔)

4. 17 제1회 택견학술발표회 (흥사단)

5. 30 제1기 택견지도자 연수, 자격고시 (중앙본부전수관)

7. 10 국제여름학교 택견 강습 (한국과기원)

9. 11 KBS-TV 〈한국 힌국인〉 촬영 (광릉수목원, 노고단)

1994. 4. 3 한국민속촌 택견정기공연 시작 (이후 7년간 정기공연)

7. 24 제1회 전국치우기대회－체급별 경기 (은광여고)

8. 13 국립극장 택견 공연

9. 11 제3회 전국대학결련택견대회 (부산 구덕체육관)

11. 27 제1회 영호남 결련택견대회 (남원시민회관)

12. 서울 정도 600년 기념 사진전

(이용복, 여덕 타임캡슐 소장)

1995. 2. 28 대한체육회 가맹촉구 결의대회 (문광부, 대한체육회)

6. 1 중요무형문화재 제76호 택견예능보유자 정경화 인정

12. 3 제2회 우수팀 초청대회 및 최우수선수선발대회

(대전과기원)

1996. 6. 29 제2회 택견학술발표회 (국립민속박물관)

7. 제1회 결련택견 연고전 개최 (택견계승회)

10. 5 강무재 개관기념 제1대 천하명인전 예선전 (충북 옥천)

11. 2 대한택견협회 김상현 제2대 회장 취임

(세종문화회관 세종홀)

11. 3 제1대 천하택견명인전 (장충체육관), 명인―안두만

11. 23~12.2 제1차 해외원정 시연 (LA. 캐나다 7개 도시 순회)

11. 제1회 고 송덕기 스승님 추모 결련택견대회 개최 (계승회)

1997. 1.~ 안성기씨 연단18수 수련하여 〈이방인〉 영화에 택견 소개

6. 7 제1회 서울단오제, 명인전, 결련태 시연 (용산가족공원)

9. 11 제2대 천하택견명인전 (장충체육관), 명인―김현국

9. 14~22. 제2차 해외원정 시연 (하와이, LA)

1998. 2. 8 IMF 극복을 위한 특별공연 (서울역광장)

11. 29 제3대 천하택견명인전 (장충체육관), 명인―김상민

7. 5   제5회 치우기 대회 (장충체육관)

8. 30 ~   제3차 해외원정 시연 (카자흐스탄)

11. 30   생활체육전국택견연합회 창립총회 (여의도관광호텔)

1999.   제4차 해외원정 시연 (LA, 라스베가스)

6. 12   서울 단오제 택견공연 (보라매공원)

9. 7.   사단법인 한국전통택견회 설립 (박만엽)

10. 3   제1회 국민생활체육 전국택견연합회장기대회
          (독립문공원)

10. 17   제1회 문광부장관기 국민생활체육전국택견대회
          (명지대학교)

10. 31   제4대 천하택견명인전 (한국민속촌), 명인 − 홍주표
          제1회 어린이결련택견대회 (올림픽공원. 계승회)

9. 20   택견협회 서대문 사무소 개설 (사조참치 사옥)

2000. 2. 24   대한체육회 가맹촉구 결의대회 (대한체육회)

3. 1   대한체육회 가맹촉구 결의대회 (마로니에공원)

3. 21~27   제5차 해외원정 시연 (프랑스)
            제6차 해외원정 시연 (캐나다)

5. 7   택견협회 사무실 잠실종합운동장으로 이전

6. 25   제2회 국민생활체육협의회 전국결련택견대회
          (대구 국채보상공원)

8. 29   사단법인 결련택견계승회 설립 (도기현)

12. 19   대한택견협회 제3대 임채정 회장 취임

2. 2   대한체육회 '택견' 인증종목 승인

6. 15~17   국민생활체육 전국한마당축전 택견경기 정식종목
            참가 (제주도)

2001. 10. 6~9   세계관광박람회 시연 (대치동 무역전시장)
      10. 9   전국체전 전야제 시연 (천안 시외터미날)

2002. 8. 31   사단법인 택견원형보존회 창립발대식 (정경화)
      10. 1   (재)세계택견본부 발족
      10. 8~15   제13차 해외원정 공연 (프랑스, 영국, 벨기에)

2003. 4. 4   카자흐스탄 택견지도자 1년간 파견 (문영철)
       2. 11   대한체육회 준가맹 승인

2004. 12. 4   제1회 대통령기 전국택견대회

2005. 6. 13   KBS SKY 택견명인전 개설
      11. 1   택견아리랑 공연 (창작마을, 세계본부)
      12. 12   택견발전대토론회 (KAIST 미래홀)
      12. 24   제1회 여성연맹회장기 전국여성택견대회

2006. 6. 23   대한택견협회 제4대 정장선 회장 취임

2007. 2. 3   대한체육회 이사회 정가맹 통과
       2. 26   대한체육회 대의원총회 정가맹 승인

＊ 고딕은 사)대한택견협회 외의 사항.

여덕의 택견이야기

. . . .

글쓴이 │ 여　덕
펴낸이 │ 양해경
펴낸곳 │ 학민사

등록번호 │ 제10-142호
등록일자 │ 1978년 3월 22일

주소 │ 서울시 마포구 대흥동 150-1번지(121-809)
전화 │ 02-716-2759, 702-3317
팩시밀리 │ 02-703-1495
홈페이지 │ http://www.hakminsa.co.kr
이메일 │ hakminsa@hakminsa.co.kr

1판 1쇄 인쇄 │ 2007년 11월 10일
1판 1쇄 발행 │ 2007년 11월 15일

ISBN 978-89-7193-180-6(03690), Printed in Korea

한국무예 택견

이용복 지음 │ 값 12,000원

민족문화를 아끼는 소수인에 인해 그 맥이 간간히 이어져오고
있는 우리 무예 택견에 대한 본격적 해설서. 이 책은 일찍부터
우리 전통무예에 관심을 가져온 저자가 고 송덕기, 신하승 두 인
간문화재로부터 직접 택견의 이론과 실기를 배운 후, 나름의 우
리 무예에 대한 연구 성과를 접목시켜 기술하였다. 택견의 유래,
택견의 이론과 실제동작 등 택견의 규칙, 경기장 그림 등 수록.

개정판 택견 연구

이용복 지음 │ 값 12,000원

태권도는 택견인가? 중요무형문화재 택견의 원형은 무엇인
가? 최근 일반인들의 궁금증을 불러일으키고 있는 전통무예 시
비에 대한 명쾌한 답을 내리고 민족무예의 실체와 민족무예 택
견의 정통성을 밝히는 연구서이다.
택견 구조에 내재한 민속성, 택견의 새로운 학습체계, 결련 택
견의 문화재 지정을 촉구한다, 택견관련 참고자료 등 수록.

이 용 복

택견기능보유자 송덕기 · 신하승 사사
사단법인 대한택견협회 창설
현) 사단법인 대한택견협회 상임부회장
　재단법인 세계택견본부 회장(총사)
　국민생활체육협의회 이사